Beck-Rechtsberater:
Allgemeine Geschäftsbedingungen von A–Z

Von Dr. Jürgen Niebling
Rechtsanwalt

3. Auflage
Stand: 1. August 1996

D1673314

Deutscher
Taschenbuch
Verlag

Marie-Régine Fried gewidmet

Redaktionelle Verantwortung: Verlag C. H. Beck, München
Umschlaggestaltung: Celestino Piatti
Umschlagbild: Birgit Koch
Gesamtherstellung: C. H. Beck'sche Buchdruckerei, Nördlingen
ISBN 3 423 05066 7 (dtv)
ISBN 3 406 41382 X (C. H. Beck)

Vorwort

Der vorliegende Rechtsberater soll sowohl dem Verwender Allgemeiner Geschäftsbedingungen als auch dem Kunden und Verbraucher ein zuverlässiger Ratgeber über die aktuelle Rechtsprechung sein. Die jeweiligen Stichworte sind daher umfassend und mit vielerlei Belegstellen versehen behandelt worden. Das am 1. 4. 1977 in Kraft getretene AGB-Gesetz verzeichnet zwischenzeitlich einen Rechtsprechungs- und Literaturanfall, der auch für den Fachmann kaum mehr zu überschauen ist. Die Zahl der veröffentlichten Gerichtsentscheidungen dürfte bei über 5000 liegen. Ziel meines Buches ist es nicht, diese Rechtsprechung vollständig auszuwerten. Dem Leser ist am meisten damit geholfen, wenn er die wesentlichen Entscheidungen und deren Inhalt durch einen schnellen Zugriff kennenlernt und so mit Inhalt und Systematik des Gesetzes vertraut wird.

Für die 3. Auflage wurden verschiedene Stichworte neu eingefügt und die Europäische Richtlinie über mißbräuchliche Klauseln in Verbraucherverträgen und deren Umsetzung in nationales Recht durch die AGB-Novelle vom Frühjahr 1996 eingearbeitet. Im übrigen ist die Darstellung vollständig überarbeitet, erweitert und aktualisiert.

Im Juli 1996   *Jürgen Niebling*

Stichwortübersicht

(Die im folgenden angeführten Begriffe sind in alphabetischer Reihenfolge erläutert. Wenn bei einem Stichwort durch → auf ein anderes verwiesen wird, findet sich die Erläuterung unter diesem Stichwort.)

Stichwortübersicht

Stichwortübersicht

Abkürzungs- und Literaturverzeichnis

Abkürzungs- und Literaturverzeichnis

XIV

OLG	Oberlandesgericht
OVG	Oberverwaltungsgericht

Palandt . . . . Palandt, Kurzkommentar zum BGB,
(-Bearbeiter)   55. Aufl. 1996

Rdnr. . . . . Randnummer
RIW . . . . Recht der internationalen Wirtschaft
                     (Zeitschrift)

s. a. . . . . siehe auch
str. . . . . strittig

TranspR . . . . Transportrecht (Zeitschrift)

Ulmer . . . . Ulmer/Brandner/Hensen, AGB-Gesetz,
                    Kommentar, 7.. Aufl. 1993
UWG . . . . Gesetz gegen den unlauteren Wettbewerb

VerbrKrG . . . . . . Verbraucherkreditgesetz
VersR . . . . Versicherungsrecht (Zeitschrift)
VKG . . . . Verbraucherkreditgesetz
VO . . . . Verordnung
VOB . . . . Verdingungsordnung für Bauleistungen
VOC . . . . Verdingungsordnung für Computerleistungen
VVG . . . . Versicherungsvertragsgesetz

WiB . . . . Wirtschaftsrechtliche Beratung (Zeitschrift)
WM . . . . Wertpapiermitteilungen (Zeitschrift)
Wolf . . . . Wolf/Horn/Lindacher, AGB-Gesetz, Kom-
                     mentar, 3. Aufl. 1994
WPO . . . . Wirtschaftsprüferordnung
WuW . . . . Wirtschaft und Wettbewerb (Zeitschrift)

ZHR . . . . Zeitschrift für das gesamte Handels- und
                    Wirtschaftsrecht
ZIP . . . . Zeitschrift für Wirtschaftsrecht
ZMR . . . . Zeitschrift für Miet- und Raumrecht
ZPO . . . . Zivilprozeßordnung

Hinweis: Paragraphen ohne Kennzeichnung sind solche des AGBG.

A

Abtretungsausschluß. Eine Forderung kann durch Vertrag auf einen anderen übertragen werden (Abtretung nach § 398 BGB). „Durch Vereinbarung" nach § 399 BGB kann dies jedoch ausgeschlossen werden. Eine gleichwohl vorgenommene Abtretung wäre gegenüber jedermann unwirksam (BGH, NJW 1971, 1311; NJW 1993, 901). Eine Ausnahme enthält hiervon enthält nunmehr § 354 a HGB. Hiernach kann eine Geldforderung trotz Abtretungsverbot abgetreten werden, wenn das Rechtsgeschäft, das diese Forderung begründet hat für beide Teile ein Handelsgeschäft ist. Der Schuldner kann hierbei jedoch mit befreiender Wirkung an den bisherigen Gläubiger leisten. Hiervon abweichende Vereinbarungen sind unwirksam. Aus der generellen Zulässigkeit des Abtretungsausschlusses im BGB folgt jedoch nicht, daß auch durch AGB die Forderungsabtretung ausgeschlossen werden könnte. Zweck der Inhaltskontrolle nach dem AGBG ist es, die für Individualvereinbarungen bestehenden Gestaltungsmöglichkeiten zu beschränken.

Die Rechtsprechung billigt i. d. R. den Abtretungsausschluß in AGB, da der Schuldner ein berechtigtes Interesse habe, den Abrechnungsverkehr klar und übersichtlich zu gestalten und zu verhindern, daß ihm im voraus eine nicht übersehbare Vielzahl von Gläubigern gegenübertritt (BGH, NJW 1969, 415; BGH, NJW 1971, 1311; BGH, NJW 1988, 1210; enger BGH, NJW 1980, 2245: nicht ohne weiteres wirksam). Auch hat die Rechtsprechung Verkaufsbedingungen, die es dem Käufer verwehrten, ohne Zustimmung des Verkäufers seinen Lieferanspruch abzutreten – etwa im Kfz-Handel – gebilligt. Begründet wird dies mit dem Interesse an unkomplizierter Vertragsabwicklung und dem Interesse des Verkäufers, einen „grauen Markt" zu verhindern (BGH, NJW 1981, 117; NJW 1982, 178; ausführlich Niebling RIW 1995, 881).

Ein Abtretungsausschluß ist jedoch unwirksam, wenn ein schutzwürdiges Interesse des Verwenders hieran nicht besteht oder die berechtigten Belange des Kunden hinsichtlich der Abtretbarkeit vertraglicher Forderungen das entgegenstehende Interesse des → Verwenders überwiegen (BGH, NJW 1981, 992;

Abwehrklauseln

BGH, NJW 1989, 2750). Beim → Reisevertrag können auch Mitreisende Ansprüche gegen den Reiseveranstalter geltend machen, ohne daß es darauf ankommt, ob sie die Reise selbst angemeldet haben; eine Klausel, wonach die Abtretung nur vom Anmelder geltend zu machender Ansprüche aus dem Reisevertrag ausgeschlossen ist, verstößt gegen § 9 Abs. 1 AGBG (BGH, NJW 1989, 2750).

Bedenken gegen die Rechtsprechung, die einen Abtretungsausschluß bei Lieferantenforderungen zuläßt, bestehen deshalb, weil der Lieferant ein berechtigtes Interesse haben kann, seine Außenstände durch Abtretung zu finanzieren oder hierdurch Sicherheit zu leisten. Auch wird der Lieferant vielfach nur zur Weiterveräußerung fremdbezogener Waren ermächtigt sein, wenn er seine Forderung dem Vorlieferanten abtreten kann. Da überdies der Abnehmer hiermit rechnen muß, kann ein Abtretungsausschluß in Einkaufsbedingungen dazu führen, daß der Verwender nicht von der Veräußerungsbefugnis des Lieferanten ausgehen kann und kein Eigentum erwirbt (§ 366 HGB). **Lit.:** Burger, NJW 1982, 80; Klamroth, BB 1984, 1842; Hadding/Van Look, WM 1988, Beilage 7; Wolf AGBG § 9 Rdnr. A 11.

Abwehrklauseln → Kollision von Vertragsbedingungen

ADSp. Die Allgemeinen Deutschen Speditionsbedingungen sind als Konditionenempfehlung beim Bundeskartellamt angemeldet und gelten ausschließlich für Kaufleute. Ist der Spediteur zugleich Frachtführer, gehen die Regelungen des GüKG sowie KVO über § 413 HGB vor (BGH, VersR 1986, 84). Zur Einbeziehung der ADSp sowie die Geltung gegenüber ausländischen Kunden ist von der Rechtsprechung diffizil geregelt (BGH, NJW 1976, 2075; NJW 1981, 1905; VersR 1986, 285). Die Inhaltskontrolle der ADSp darf sich nicht auf die einzelne Klausel beziehen, wenn die Gesamtregelung der ADSp dem Vertrage zugrunde liegt (BGH, NJW 1982, 1820; strittig). Der Haftungsausschluß des Spediteurs für jedwedes Verschulden bei mündlich erteilten Aufträgen ist nach § 9 Abs. 2 Nr. 1 unwirksam; vgl. § 7 a S. 2 ADSp (Löwe, Bd. III, Nr. 31.1 Rdnr. 4). Die Haftungsfreizeichnung für Schäden, die von der Transportversicherung gedeckt werden, ist unbedenklich (BGH, NJW-RR 1988, 1437 zu § 41 a ADSp). Bedenken bestehen auch gegen

§ 16 a ADSp, der Beschränkung der Haftung des Spediteurs auf die Sorgfalt „im Rahmen des geschäftsüblichen" (Löwe/von Westphalen, a. a. O., Rdnr. 5). Auch die Fälligkeit der Rechnung 10 Tage „nach Zugang der Rechnung" (§ 29 ADSp) ist bedenklich (Löwe/von Westphalen, a. a. O., Rdnr. 9). Der Ausschluß der Haftung des Spediteurs, soweit der Schaden bei einem beliebigen Dritten entstanden ist, dürfte gegen § 9 Abs. 2 Nr. 1 verstoßen, weil hierin auch die Haftung zu Auswahl- und Überwachungsverschulden eingeschränkt wird; vgl. § 52 a ADSp. Zulässig ist dagegen, den ausgeschlossenen Anspruch gegen den Spediteur durch einen Anspruch gegen den Versicherer zu ersetzen (BGH, VersR 1986, 278). Tritt die Versicherung nicht ein, so haftet der Spediteur bei eigenem groben Verschulden oder dem seiner leitenden Angestellten (BGH, VersR 1988, 824).

Die in § 64 ADSp getroffene Verjährungsregelung von acht Monaten, beginnend ab Kenntnis des Berechtigten von dem Anspruch ist nach § 9 Abs. 2 Nr. 1 nicht zu beanstanden (OLG Düsseldorf, VersR 1980, 275; BGH, NJW-RR 1988, 1374). Sie greift aber nicht, wenn dem Spediteur oder seinen leitenden Angestellten grobes Verschulden zur Last fällt (BGH, VersR 1987, 1131; OLG Hamburg, VersR 1988, 798). Im kombinierten (multimodalen) Verkehr trifft die Beweislast hinsichtlich des Schadensortes den Frachtführer, in den Fällen der §§ 412, 413 HGB den Spediteur. Soweit die Allgemeinen Deutschen Spediteurbedingungen (§ 51 lit. a, § 52 lit. c ADSp) die Beweislast in solchen Fällen dem Auftraggeber auferlegen, benachteiligen sie diesen jedenfalls dann unangemessen im Sinne des § 9 AGB-Gesetz und sind unwirksam, wenn der Spediteur hinsichtlich der Beförderung auf einer Teilstrecke unabdingbar haftet (BGH, NJW 1988, 640). In der Regel können sich der Unterfrachtführer und dessen Schiffer gegenüber dem Absender auf haftungsbeschränkende Klauseln in der AGB des Hauptfrachtführeres berufen (BGH NJW 1995, 2991). Auch kann sich die Vereinbarung einer Haftungsbeschränkung oder Verkürzung der Verjährungsfrist zwischen Spediteur und Eigentümer zu Gunsten des vom Spediteur eingeschalteten Frachtführer auswirken (BGH NJW 1995, 2991). Die Beweislastregelung in § 51 b S. 2 ADSp ist nicht unangemessen iSv § 9 AGBG (BGH NJW 1995, 3117).

Änderungsvorbehalt

Änderungsvorbehalt. Das Schuldverhältnis erlischt, wenn die geschuldete Leistung an den Gläubiger bewirkt wird; § 362 BGB. Kraft Gesetzes ist vielfach der Leistungsinhalt festgelegt. Der Käufer einer nur der Gattung nach bestimmten Sache (§ 480 BGB) kann nur Waren mittlerer Art und Güte verlangen (§§ 243 BGB, 360 HGB). Bei einem Kauf nach Probe oder nach Muster sind die Eigenschaften der Probe oder des Musters als zugesichert anzusehen (§§ 494 f. BGB), so daß der Käufer auf Lieferung einer der Zusicherung entsprechenden Ware bestehen kann. Ausnahmsweise ist dem Käufer nach Treu und Glauben auch zuzumuten, eine unerhebliche Änderung der versprochenen Leistung hinzunehmen, oder nach den Grundsätzen des Wegfalls der Geschäftsgrundlage den Vertrag an neuere Umstände anzupassen (§ 242 BGB). Grundsätzlich obliegt es jedoch den Parteien, Art und Umfang der Leistung zu bestimmen, § 305 BGB.

Änderungsvorbehalte bezwecken hier, die Erfüllungswirkung auszuweiten und Leistungs- und Gewährleistungsrechte des Kunden zu verkürzen. Andererseits wird in bestimmten Fallgruppen der Warenproduktion ein berechtigtes Interesse des → Verwenders bestehen, Änderungsklauseln zu verwenden.

§ 10 Nr. 4 AGBG legt bei einem nicht-kaufmännischen Vertragspartner (§ 24 S. 1 AGBG) fest, daß Änderungsvorbehalte, als Recht, die versprochene Leistung zu ändern oder von ihr abzuweichen, grundsätzlich unwirksam sind. Sie sind jedoch wirksam, wenn die Änderung oder Abweichung unter Berücksichtigung der Interessen des → Verwenders für den anderen Teil zumutbar ist.

Leistungsänderungen sind Änderungen der Beschaffenheit oder Menge der versprochenen Leistung; Abweichungen von der versprochenen Leistung sind anderweitige Leistungen. Beispiele: Mengen-, Gewichts- und Qualitätstoleranzen, die Klauseln Modellwechsel-, Konstruktionsänderung, technische Änderung, Nachfolgemodell – vorbehalten, „unverbindliche", „annähernd", „ca.", „geringe oder handelsübliche Abweichungen".

Die Wirksamkeit derartiger Klauseln ist nicht pauschal zu beantworten („Zumutbarkeit"). Zunächst ist hier zu fragen, ob nicht individualvertragliche Vereinbarungen vorliegen (Vorrang des Individualverfahrens); § 4 AGBG. Aus Gründen der Transparenz (Transparenzgebot) verlangt die Rechtsprechung, daß die Gesichtspunkte, nach denen die Zumutbarkeit zu beurteilen ist, von der Klausel klargestellt werden (BGH, NJW 1983, 1322, 1325). Eine Fluggesellschaft, die Linienflüge durchführt, kann sich nicht offenhalten, einseitig Flugpläne, Zwischenlandeplätze, den Luftfrachtführer oder das Fluggerät zu ändern, da hierin eine erhebliche Leistungsabweichung liegt. Eine Klausel: „Abweichungen in Struktur und Farbe gegenüber dem Ausstellungsstück bleiben vorbehalten, soweit diese in der Natur der verwendeten Materialien liegen und handelsüblich sind", ist deshalb unwirksam, weil hierin (untrennbar) der Fall mitgeregelt ist, daß ein Kauf nach Probe oder Muster vorliegt und hier nach § 494 BGB deren Eigenschaften als zugesichert gelten. Durch den Hinweis auf die „Handelsüblichkeit" kann dies jedoch nicht ausgehöhlt werden (BGH, NJW 1987, 1886). Es liegt daher trotz § 360 HGB (Leistung mittlerer Art und Güte) keine mit der Gesetzeslage übereinstimmende Klausel (deklaratorische Klauseln) vor. Der Vorbehalt, über den erteilten Auftrag hinaus erforderliche Zusatzarbeiten durchführen zu können, ist in Kfz-Reparaturbedingungen unwirksam (BGH, NJW 1987, 2818).

Auch eine Klausel auf Überweisungsträgern, die es der Bank ermöglicht, auf ein anderes Konto des Empfängers zu überweisen (sogenannte Fakultativklausel), ist unwirksam (BGH, NJW 1986, 2428).

Im kaufmännischen Geschäftsverkehr sind über § 9 AGBG (vgl. § 24 ABGB) ebenfalls strenge Zulässigkeitsvoraussetzungen zu stellen, so daß sich nur ausnahmsweise Besonderheiten ergeben. Ein freies, an keine Voraussetzungen gebundenes Änderungsrecht des → Verwenders ist auch hier in jedem Falle unwirksam (BGH, NJW 1984, 1182 – Gebietsänderungsklausel eines Kfz-Herstellers –; BGH, NJW 1985, 623, 623 – Kfz-Vertragshändler); daß der Verwender sein Leistungsbestimmungsrecht nach billigem Ermessen ausüben muß, ändert nichts an der Unwirksamkeit der zu weit gefaßten Klausel (BGH, NJW 1985, 623, 624).

Ist dagegen der vom → Verwender eingeräumte Änderungsvorbehalt nach § 10 Nr. 4 oder § 9 AGBG wirksam, dann entfallen insoweit Gewährleistungs- und Nichterfüllungsansprüche.

AGNB. Die AGNB „Allgemeinen Beförderungsbedingungen für den gewerblichen Güternahverkehr mit Kraftfahrzeugen"sind Allgemeine Geschäftsbedingungen für die Beförderung im Güternahverkehr. Sie gelten nicht kraft Handelsbrauch (§ 346 HGB), sondern müssen im Einzelfall vereinbart werden. Dies kann auch stillschweigend geschehen (BGH NJW 1995, 2224 = WiB 1995, 801 mAnm Niebling). Der Rollfuhrverkehr sowie der Güternahverkehr sind jedoch von der Anwendung ausgenommen (§ 1 Abs. 4 AGNB). Im Güternahverkehr sind jedoch die → ADSp verbreitet. Nach § 17 AGNB haftet der Unternehmer über § 429 HGB hinaus ohne Verschulden für den unmittelbaren Schaden am Beförderungsgut. Dies vermag jedoch die Unwirksamkeit des Haftungsausschlusses nach § 15 Nr. 1 e AGNB wegen § 11 Nr. 7 und 8 AGBG nicht zu rechtfertigen. Auch der Ausschluß für mittelbare Schäden, die durch den Güterschaden entstehen, dürfte gegen § 11 Nr. 7 (bzw. 9 gegenüber kaufmännischen Kunden) verstoßen. Gleiches gilt für das Unternehmerpfandrecht in § 23 AGNB (Verstoß gegen § 9), da es sich auch auf fremdes Gut zur Sicherungen inkonnexer Forderungen bezieht. Regelungen in AGB, die die zweijährige gesetzliche Verjährungsfrist für Vergütungsansprüche des Güternahverkehrsunternehmens (§ 196 Abs. 1 Nr. 3 BGB) auf drei Monate abkürzen, sind nach § 9 AGBG unwirksam und mit dem Grundsatz der Tarifbindung des Güterkraftverkehrsgesetzes (§ 22 Abs. 2, § 84 Abs. 1) nicht zu vereinbaren (BGH, NJW 1988, 2888). Die → Verjährungsregelung des § 26 AGNB ist nicht wegen unangemessener Benachteiligung des Vertragspartners des Verwenders insgesamt nach § 9 AGBG unwirksam; allerdings kann sich der Nahverkehrsunternehmer dann nicht auf die Verkürzung der Verjährungsfrist auf 6 Monate berufen, wenn ihm oder seinen leitenden Angestellten Vorsatz oder grobe Fahrlässigkeit zur Last fällt. Diese – bedenkliche – Ausnahme vom Verbot der →geltungserhaltenden Reduktion rechtfertigt der BGH damit, daß die AGNB unter Mitwirkung der beteiligten Verkehrskreise zustandegekommen ist. Da die Klausel die wahre Rechtslage jedoch verschleiert sollte diese entsprechend den allgemeinen Grundsätzen des AGBG insgesamt entfallen, für systemwidrige Ausnahmen besteht kein Anlaß (Niebling aaO). Der BGH hat diese Rechtsprechung jedoch auch auf die → ADSp übertragen (NJW 1995, 3117).

Allgemeine Geschäftsbedingungen. Allgemeine Geschäftsbedingungen sind alle für eine Vielzahl von Verträgen vorformulierten Vertragsbedingungen, die eine Vertragspartei (Verwender) der anderen Vertragspartei bei Abschluß eines Vertrages stellt. Gleichgültig ist, ob die Bestimmungen einen äußerlich gesonderten Bestandteil des Vertrages bilden oder in die Vertragsurkunde selbst aufgenommen werden, welchen Umfang sie haben, in welcher Schriftart sie verfaßt sind und welche Form der Vertrag hat; so § 1. AGB liegen dagegen nicht vor, soweit die Vertragsbedingungen zwischen den Parteien im einzelnen ausgehandelt sind; § 1 Abs. 2. Wesentlich ist daher, daß AGB einseitig vorformuliert sind und die Einbeziehung in den Vertrag auf Verlangen eines Vertragsteiles erfolgt. AGB sind keine Rechtsnormen, sondern Vertragsbestandteile, die eine Seite der anderen aufzuerlegen versucht. Eine behördliche Genehmigung ändert nichts am Vorliegen von AGB. Anders nur dann, wenn der Inhalt von Leistungen oder Gegenleistungen auf öffentlich-rechtlichen Bestimmungen beruht, etwa auf Gesetz, Verordnung oder Satzung. Vertragsbedingungen der öffentlichen Hand unterfallen für *privatrechtlich ausgestaltete* Verträge § 1 AGBG (BGH, NJW 1989, 3010). Dies gilt auch für „Geschäftsanweisungen" der Staatslotterie an die Vertriebsorganisation (BGH, a. a. O.). § 1 differenziert nicht zwischen Haupt- und Nebenabreden, so daß auch Bestimmungen über die Hauptleistungspflicht unter § 1 fallen (OLG Düsseldorf, WM 1984, 83). Als AGB sind insbesondere folgende Bestimmungen und Klauseln anerkannt: Vorformulierte Erklärungen, durch die der Kunde die Geltung der AGB akzeptiert (BGH, NJW 1982, 1388), Bestimmungen über den Vertragsschluß, Auftragsbestätigungen, einseitige Erklärungen wie Abfindungserklärungen (BGH, NJW 1985, 970), Ausgleichsquittungen, vorformulierte Anträge auf Abschluß von Kaufverträgen (BGH, NJW 1983, 1603, 1605), Bevollmächtigungen (BGH, NJW 1982, 2314, 2315), Bewerbungsbedingungen und Bietererklärungen in Bauaufträgen (BGH, NJW 1988, 2536), Datenverarbeitungsklauseln mit der Einwilligung der Erfassung personenbezogener Daten des Kunden und zur Weitergabe dieser Daten an die Schufa (BGH, NJW 1986, 46), Eintragungsbewilligungen (OLG Stuttgart, NJW 1978, 222, 223), Einwilligung in die Operation und Bestätigungserklärungen über Durchführung und Umfang der

Allgemeine Geschäftsbedingungen

ärztlichen Aufklärung (Niebling MDR 1992, 193; Gounalakis NJW 1990, 173), Einziehungsermächtigungen, Entbindungserklärungen des Arztes von dessen Schweigepflicht gegenüber dem Versicherungsunternehmen, Ermächtigung zur Weitergabe der erlangten Daten, Unterwerfung unter die sofortige Zwangsvollstreckung. Die → Frage der Einordnung von Teilungserklärungen gem. § 8 WEG ist dagegen sehr strittig (Wolf AGBG § 9 Rdnr W 21).

Die Vertragsbedingungen müssen vorformuliert sein, d. h. sie müssen durch ein Medium aufgezeichnet sein für mehrere Verwendungsfälle. Auch dann, wenn der Verwender die von ihm ausgearbeitete Klausel nur aus dem Gedächtnis in den jeweiligen Vertragstext übernimmt, sind die Voraussetzungen des § 1 Abs. 1 S. 1 AGBG gegeben (BGH, NJW 1988, 410).

Die Vertragsbedingungen müssen auch für eine – nicht notwendig unbestimmte – Vielzahl von Verträgen aufgestellt sein. Vertragsbestimmungen, die lediglich in einem Fall verwendet werden sollen, sind keine AGB, es sei denn, es werden gebräuchliche Vertragsmuster oder gebräuchliche Einzelklauseln benützt. Ist dies nicht der Fall, so liegen AGB jedoch bereits im ersten Verwendungsfalle vor, wenn eine Mehrfachverwendung geplant ist. Besonderheiten gelten insoweit für Verbraucherverträge, § 24 a.

Der Verwender muß dem anderen Vertragsteile die Vertragsbedingungen stellen. Entsprechend dem Schutzzweck des AGBG bedeutet dies den Versuch, die Vertragsgestaltungsmacht einseitig auszuüben und den Kunden Vertragsbedingungen einseitig aufzuerlegen. Auf ein wirtschaftliches oder intellektuelles Übergewicht des Verwenders kommt es nicht an. Sind die Vertragsbedingungen keiner der Parteien zuzurechnen (Notar), sind diese auch nicht einseitig gestellt. Dies schließt jedoch nicht aus, eine Inhaltskontrolle nach Treu und Glauben gem. § 242 BGB durchzuführen (BGH, NJW 1988, 1972). Beim Bauherrenmodell werden die Vertragsbedingungen dem Initiator zuzurechnen sein, so daß es an der Einseitigkeit nicht fehlt. Werden von beiden Vertragsparteien Einzelklauseln oder Klauselwerke (VOB) als Vertragsgrundlage benannt, so liegen AGB nicht vor (strittig). AGB sind auch sogenannte Formularverträge, etwa vorformulierte Mietverträge, → Leasingverträge u. a. Auch auf dem Briefkopf enthaltene Klauseln zum Gerichtsstand unterliegen dem AGBG. Die Schriftart ist unerheblich, auch handschriftliche Zusätze sind AGB, wobei es ausreicht, daß der Kern der handschriftlich ergänzten Klausel in einer Vielzahl von Verwendungsfällen Anwendung finden soll. Haben die Vertragsparteien die Vertragsbedingungen im einzelnen ausgehandelt, so liegen AGB nicht vor. Für eine Individualvereinbarung reicht es daher nicht, daß der Kunde über Bedeutung und Tragweite der vorformulierten Klausel belehrt wird (BGH, NJW 1984, 171). Ebenfalls ist es in der Regel nicht ausreichend, daß im Vertragstext zu Streichungen aufgefordert wird (BGH, NJW 1987, 2011) oder dem Kunden durch Ankreuzen die Wahl zwischen alternativen Klauseln gelassen wird. Gleiches gilt für den Fall, daß dem Kunden im Formulartext Lücken gelassen werden, die nach Rücksprache ausgefüllt werden (OLG Stuttgart, WM 1987, 114). Grundlegend hat der BGH hierzu folgendes entschieden: Sehen Formulare für den Vertragspartner des Verwenders Wahlmöglichkeiten vor, denen ein vorformulierter Vorschlag hinzugefügt ist, handelt es sich um gestellte Allgemeine Geschäftsbedingungen im Sinne von § 1 Abs. 1 AGBG, wenn der Vorschlag durch die Gestaltung des Formulars im Vordergrund steht und die anderen Wahlmöglichkeiten überlagert.

Enthält das Formular lediglich offene Stellen, die vom Vertragspartner nach seiner freien Entscheidung als selbständige Ergänzung auszufüllen sind, ohne daß vom Verwender vorformulierte Entscheidungsvorschläge hinzugefügt wurden, stellt dieser Formularanteil keine Allgemeine Geschäftsbedingung dar (BGH v. 7. 2. 1996, BB 1996, 611).

Ein „Aushandeln" liegt dagegen vor, wenn der Verwender zunächst den in seinen AGB enthaltenen „gesetzesfremden" Kerngehalt, d. h. die den wesentlichen Inhalt der gesetzlichen Regelung ändernden oder ergänzenden Bestimmung inhaltlich ernsthaft zu Disposition stellt und dem Verhandlungspartner Gestaltungsfreiheit zur Wahrung eigener Interessen einräumt mit zumindest der realen Möglichkeit, die inhaltliche Ausgestaltung der Vertragsbedingungen zu beeinflussen (so ausdrücklich BGH, NJW 1988, 410). In der Regel führt dies zu einer Änderung des vorformulierten Textes. In Ausnahmefällen kann ein Vertrag allerdings auch dann als Ergebnis eines „Aushandelns" gewertet werden, wenn es nach gründlicher Erörterung bei dem gewünschten Entwurf verbleibt (BGH, NJW 1988, 410). Auch in diesem Fall muß der Verwender aber seine Klausel grundsätzlich zur Disposition stellen, ihre Beibehaltung muß dann erfolgen, wenn er den Kunden von ihrer sachlichen Notwendigkeit überzeugt (BGH, a. a. O.). Nicht ausreichend ist, wenn der Verwender den Kunden vor die Wahl stellt, entweder die gestellten Bedingungen unverändert zu akzeptieren, oder aber vom Vertrag Abstand zu nehmen. Für ein Aushandeln genügt es dagegen, wenn der Verwender dem Kunden in einem Teilpunkt entgegenkommt, etwa in der Entgeltvereinbarung (BGH, a. a. O.). Hierbei dürfte jedoch zu beachten sein, ob der Verwender nicht von vornherein seine Vertragsbedingungen weit überzogen hat und die Abänderung nur dazu führt, eine von vornherein geplante – unbillige – Vertragsgestaltung durchzusetzen. Ein Vermerk, die Bestimmungen seien besprochen und anerkannt, oder die Klauseln seien im einzelnen ausgehandelt, macht diese nicht zu Individualabreden, vielmehr verstoßen derartige Klauseln gegen § 11 Nr. 15 b (BGH, NJW 1977, 624). Kann der Verwender den Nachweis führen, daß einzelne Klauseln ausgehandelt sind, so ändert dies nichts daran, daß der Vertrag im übrigen dem AGBG unterliegt.

Aufgrund Umsetzung der → EG-Richtlinie über mißbräuchliche Klauseln in nationales Recht gilt für Verbraucherverträge (§ 24 a AGBG) nun folgendes:

– AGB gelten als vom Unternehmer gestellt, es sei denn daß sie durch den Verbraucher in den Vertrag eingeführt werden. Dies ist jedoch nicht schon dann der Fall, wenn der Vermieter den Mieter bittet, ein Vertragsformular zu besorgen.

– Auch Klauseln, die nur zur einmaligen Verwendung bestimmt sind, unterliegen der Inhaltskontrolle (und der Beurteilung nach den §§ 5 und 6), soweit der Verbraucher aufgrund der Vorformulierung auf ihren Inhalt keinen Einfluß nehmen konnte. Für diese »Einmalklauseln« findet das – Verbandsverfahren jedoch keine Anwendung, da wegen der bloßen Verwendung im Einzelfall ein Schutz des Rechtsverkehrs im allgemeinen nicht erforderlich ist.

– Bei der Beurteilung der unangemessenen Benachteiligung nach § 9 sind bei Verbraucherverträgen auch die den Vertragsschluß begleitenden Umstände zu berücksichtigen. Dies

Allgemeine Lieferbedingungen

ist ein Fremdkörper bei der an sich erforderlichen objektiven (objektiv-generalisierenden) Auslegung. S. a. → EG-Richtlinie. **Lit.:** Wolf/Ungeheuer JZ 1995, 77, 176.

Allgemeine Lieferbedingungen für Erzeugnisse und Leistungen der Elektroindustrie. Diese Bedingungen basieren auf einer Konditionenempfehlung im Sinne des § 38 Abs. 2 Nr. 3 GWB des Zentralverbandes der elektrotechnischen Industrie e. V., Frankfurt. Sie sind unter dem 27. 5. 1978 im Bundesanzeiger Nr. 96/1978 bekanntgegeben. Die Ziffer III (erweiterter Eigentumsvorbehalt) – („aus der Geschäftsverbindung zustehende Ansprüche") ist jedenfalls bei Verwendung gegenüber Nichtkaufleuten unwirksam (Löwe/von Westphalen, Bd. III, Nr. 31.2, Rdnr. 3). Gleiches gilt für die Verzugsklausel unter Ziffer V bei Verwendung gegenüber Nichtkaufleuten (von Westphalen, a. a. O.). Auch die → Salvatorische Klausel „soweit in Fällen des Vorsatzes oder der groben Fahrlässigkeit zwingend gehaftet wird" ist unwirksam (BGH, BB 1985, 218; BGH, BB 1996, 656, 657). Die Pauschalierung des Aufwendungsersatzanspruches von 0,5% des Rechnungswertes für jeden angefangenen Monat dürfte nach § 11 Nr. 5 a bzw. 9 Abs. 2 Nr. 1 unwirksam sein. Die Gewährleistungsklausel in Ziffer IX verstößt im nicht-kaufmännischen Verkehr gegen § 11 Nr. 10 e, da hierin eine unverzügliche Rügepflicht vorgesehen ist und sich diese nicht lediglich auf „offensichtliche Mängel" im Sinne des § 11 Nr. 10 e bezieht. Auch Ziffer IV Abs. 4 dürfte unwirksam sein, da der Begriff des Fehlschlagens in § 11 Nr. 10 b nicht auf das Kriterium begrenzt werden kann, daß der Lieferer „eine ihm gestellte angemessene Nachfrist verstreichen läßt" (BGH, ZIP 1985, 161, 172). Die Regelung der Ziffer IX Abs. 8, der Beschränkung der Nachbesserung auf drei Monate, ist unter dem Gesichtspunkt des § 477 BGB unwirksam. Auch Ziffer IX Abs. 9 ist angesichts fehlender Transparenz nach § 9 unwirksam, die → Salvatorische Klausel vermag hieran nichts zu ändern. Gleiches gilt für Ziffer IX Abs. 10. Die Berücksichtigung der §§ 11 Nr. 7 und 11 Nr. 11 lediglich mittels einer → Salvatorischen Klausel verstößt gegen das → Transparenzgebot (BGH, ZIP 1985, 161, 167).

Auch im kaufmännischen Bereich bestehen erhebliche Bedenken gegen Ziffer IX Abs. 2 sowie Ziffer IX Abs. 9 (von

Altenheimverträge

Westphalen, a. a. O., Rdnr. 8). Die Beschränkung des Schadensersatzanspruches des Kunden auf den Fall der verschuldeten Unmöglichkeit der Lieferung/Leistung verstößt gegen § 9 Abs. 2 Nr. 1 nur insoweit hierin eine Haftungsbegrenzung von zehn Prozent enthalten ist; vgl. § 11 Nr. 7. Dies gilt gleichermaßen bei Verwendung gegenüber Kaufleuten und Nichtkaufleuten (vgl. BGH, ZIP 1985, 161, 167).

Altenheimverträge. Einen (sehr unvollständigen) Schutz älterer Menschen in Altenheimen stellt das Gesetz über Altenheime, Altenwohnheime und Pflegeheime für Volljährige (HeimG) vom 7. 9. 1974 (BGBl. I, S. 1873) dar, das seit dem 1. 1. 1975 gilt. Hiernach führen überhöhte Pensionspreise zur Nichtigkeit des Unterbringungsvertrages; § 2 Abs. 1 Nr. 2 HeimG. § 14 Abs. 2 HeimG enthält das Verbot verlorener Einstandszahlungen. Hiernach ist die Geldleistung der Behörde anzuzeigen, jährlich zu verzinsen und nach Ende des Heimvertrages zurückzuzahlen. Es verstößt gegen § 9, wenn derartige Zahlungen als „Pflegegarantie" und dergleichen bezeichnet werden und kurzen Verfallzeiten unterliegen. Auch in den Formularverträgen und Hausordnungen der Heime finden sich zahlreiche unwirksame Regelungen. Soweit das HeimG Lücken aufweist, sind ergänzend die Regelungen des Miet-, Dienstvertrags- und Kaufvertragsrechts heranzuziehen (BGH, NJW 1981, 341). Kautionen von über zwei Monatsmieten sind daher unwirksam. Preiserhöhungsklauseln müssen die Äquivalenz des ursprünglichen Preis-/Leistungsverhältnisses wahren und konkret und vorausschaubar angeben, aufgrund welcher Umstände eine Erhöhung eintreten kann. Kündigungsfristen von lediglich bis zu drei Monaten werden der Situation älterer Menschen sicher nicht gerecht und verstoßen gegen § 9. Kündigungsklauseln, die eine Kündigung ermöglichen, bei Zahlungsrückstand von nicht mehr als vier Wochen sind ebenso unwirksam wie Klauseln, die die Höhe des Rückstandes nicht berücksichtigen. Eine Klausel, die eine Kündigung bei Verzug mit zwei Monatsmieten vorsieht, sollte ausdrücklich klarstellen, daß dies nicht gilt, sofern der Heimbewohner in einer angemessenen Frist nach Zugang des Kündigungsschreibens besondere Gründe dartut, die den Zahlungsverzug als hinnehmbar erscheinen lassen und spätestens bis zum Ablauf eines Monats nach Eintritt der Rechtshängigkeit

des Räumungsanspruches entsprechend § 554 Abs. 2 Nr. 2
BGB die Mietzahlung befriedigt (BGH, NJW 1989, 1673). Bestimmt der Altenheimvertrag, daß ein wichtiger Grund zur
Kündigung vorliege, wenn der Bewohner bzw. der kostenerstat-
tungspflichtige Dritte mit der Zahlung des Leistungsentgeltes
für mehr als zwei Monate im Rückstand sei, so verstößt dies
wegen der unangemessenen Abweichung von der gesetzlichen
Regelung (§ 545 BGB) gegen § 9. Hiernach setzt die Kündigung
des Mieters voraus, daß dieser mit der Mietzinszahlung in Verzug ist. Hat der Mieter den Zahlungsverzug nicht zu vertreten,
trifft ihn hieran kein Verschulden, so liegt kein Verzug vor und
eine Kündigung scheidet aus (§§ 587, 276 BGB). Auch scheidet
durch diese Klausel die genannte „Heilungsmöglichkeit" des
Heimbewohners nach § 554 Abs. 2 Nr. 2 BGB aus. Der Bewohner muß aus wichtigem Grunde sofort, im allgemeinen aber
spätestens mit einer einmonatigen Frist zum Monatsende kündigen dürfen. Nach dem Tod des Bewohners darf der Vertrag
nicht länger als zwei Wochen laufen. Klauseln, die generell eine
Verlegung des Bewohners in ein anderes Zimmer – auch minde-
rer Güte – zulassen und eine Leistungsänderung ermöglichen,
ohne hierfür einen konkreten Rahmen anzugeben, und ohne
daß dies dem Bewohner zumutbar wäre, verstoßen gegen § 9.
Längst überfällige Änderungen des Heimgesetzes gelten im
wesentlichen seit dem 1. 8. 1990. Sie greifen auch für bestehende
Heimverträge von dem Zeitpunkt ab, zu dem die Neuregelung
in Kraft tritt. Hiergegen oder gegen den „Gerechtigkeitsgehalt"
dieser Neuregelung verstoßende AGB sind unwirksam. Wesentliche Änderungen sind insbesondere: Das Entgelt darf nicht
in einem Mißverhältnis zu den Leistungen des Trägers stehen
und nur erhöht werden, wenn sich seine Berechnungsgrundlage
verändert hat; der Träger hat seine Leistungen dem Gesundheits-
zustand des Bewohners anzupassen; der Bewohner kann spätestens am 3. Werktag eines Kalendermonats für den Ablauf des
nächsten Monats schriftlich kündigen; die Kündigungsmöglichkeit des Trägers entspricht im wesentlichen § 554 BGB (s. o.).

Altverträge. Verträge, die vor Inkrafttreten des AGBG am 1. 4.
1977 (vgl. genauer § 30) geschlossen wurden, fallen nicht unter
das AGBG (§ 28 Abs. 1). § 9 gilt jedoch auch für vor Inkrafttreten des AGBG abgeschlossene Verträge über die regelmäßige

Altverträge

Lieferung von Waren, die regelmäßige Erbringung von Dienst-
oder Werkleistungen, sowie die Gebrauchsüberlassung von
Sachen, soweit diese Verträge noch nicht abgewickelt sind, § 28
Abs. 2. Unabhängig von diesen Grenzen führt die Rechtsprechung eine Inhaltskontrolle nach Treu und Glauben durch,
wenn es zum Schutze eines Beteiligten erforderlich ist (BGH,
NJW 1988, 135). Dies gilt auch für → notarielle Verträge zur
formelhaften Freizeichnung des Veräußerers neu errichteter
oder erst zu errichtender Häuser und Eigentumswohnungen
(BGH, NJW 1982, 2243). Wesentlicher Unterschied ist der
Ausschluß der → Verbandsklage und nach der Rechtsprechung
die grundsätzliche Zulässigkeit der → geltungserhaltenden
Reduktion, die nach dem AGBG ausgeschlossen ist. Für den
Stichtag entscheidet der Vertragsschluß, nicht etwa die Absen-
dung des Angebotes (BGH, NJW 1986, 711). Das AGBG gilt
jedoch, wenn ein durch Kündigung oder Zeitablauf beendeter
Vertrag fortgesetzt wird (OLG Frankfurt/Main, NJW 1987,
1650). Nachträge im Mietvertrag über den 1. 4. 1977 hinaus,
führen nicht zur Anwendung des AGBG, wenn diese schon im
Vertrag vorgesehen waren und der Mietpreis nur den geänder-
ten Verhältnissen angepaßt wurde (OLG Frankfurt, a. a. O.).
Hier gilt nach § 28 Abs. 2 nur § 9. Anders jedoch, wenn durch
Änderungsvereinbarung der sachliche oder zeitliche Anwendungsbereich des Vertrages erweitert wird, etwa – im Versicherungsrecht – die Erhöhung der Versicherungssumme mit der
Folge einer Erweiterung der im Versicherungsfall geschuldeten
Leistung (BGH, NJW 1985, 971), was auch durch neue AGBG
erfolgen kann.

Für Dauerschuldverhältnisse greift § 9 ein; § 28 Abs. 2. Ein
Verstoß gegen das verfassungsrechtliche Rückwirkungsverbot
liegt hierin nicht (BGH, NJW 1984, 2404). Verträge über die
regelmäßige Lieferung von Waren oder regelmäßige Erbringung
von Dienst- oder Werkleistungen (der Begriff entspricht § 11
Nr. 12) umfassen insbesondere Zeitungs- und Zeitschriftena-
bonnements, Mitgliedschaften in Buch- und Schallplattenclubs,
Verträge über die Lieferung von Werbematerial (BGHZ 84,
113), → Bierlieferungsverträge u. a.; Dienstleistungen umfassen
→ Unterrichtsverträge (OLG Köln, NJW 1983, 1002), Ehe- und
→ Partnerschaftsvermittlungsverträge, Schlankheitskurse, Steu-
erberater- und Anwaltsberatungsverträge, Pflegeverträge, → Mak-

lerdienstverträge, nicht jedoch der Makleralleinauftrag (BGH, BB 1981, 756). Unter dem Begriff der Werkleistung fallen insbesondere Werkverträge, Wartungsverträge, Giroverträge u. ä.

Ob → Versicherungsverträge unter § 28 Abs. 2 fallen, hat der BGH ausdrücklich offen gelassen (BGH, VersR 1982, 482), doch werden diese durch Änderung der Einzelbedingungen zumeist insgesamt abgeändert und neugefaßt und unterliegen so dem AGBG. Gebrauchsüberlassungsverträge über Sachen (nicht Rechte) und Miet- und → Leasingverträge (BGH, NJW 1989, 1279, 1280), ebenso wie Pacht- und Leihverträge fallen hierunter, nicht dagegen das Darlehen (offen lassend BGH, NJW 1985, 617, 618).

Anfahrtkosten. Die Pauschalierung von Anfahrtkosten *KFZ Kostenanteil pro Anfahrt pauschal... DM* unterliegt nach Auffassung des BGH nicht der Inhaltskontrolle nach den §§ 9–11 AGBG (BGH NJW 1992, 688 = BB 1992, 228 = WM 1992, 533 m. krit. Anm. Niebling WuB IV B. § 8 AGBG 1.92).

Annahme- und Leistungsfrist. Eine Bestimmung, durch die sich der → Verwender unangemessen lange oder nicht hinreichend bestimmte Fristen für die Annahme oder Ablehnung eines Angebotes oder die Erbringung einer Leistung vorbehält, ist bei Verwendung gegenüber Nichtkaufleuten nach § 10 Nr. 1 unwirksam. Der Zweck dieser Bestimmung liegt darin, Klauseln zu verbieten, welchen den an sein Angebot gebundenen Kunden ungebührlich lange darüber im Ungewissen lassen, ob der Verwender sein Angebot annimmt oder ablehnt. Auch soll der Verwender den Zeitpunkt der Leistungserbringung nicht unangemessen weit hinausschieben oder überhaupt offen lassen, da dem Kunden so die Möglichkeit genommen wird, den Verwender in Verzug zu setzen. Der Verwender könnte so über den Umweg des § 10 Nr. 1 die zwingende Haftung für Verzug ausschließen, was ihm nach § 11 Nr. 8 und 9 verwehrt ist. § 10 Nr. 1 regelt den Vertragsabschlußtatbestand. Der Verwender muß nach BGB einen Antrag zu einem Zeitpunkt annehmen, in welchem der Antragende den Eingang der Antwort unter regelmäßigen Umständen erwarten darf; § 147 Abs. 2 BGB. Es kommt daher darauf an, wann der Antragende nach den gesamten Umständen mit Rücksicht auf die Verkehrssitte bei vernünftiger Beurteilung mit dem Eingang der Antwort rechnen kann. § 10 Nr. 1 regelt nicht den Fall, daß der Antragende selbst für die Annahme des Antrages eine Frist bestimmt; § 148 BGB. In § 10 Nr. 1 ist der Fall geregelt, daß der Verwender als Antragsempfänger den Antragenden an sein Angebot unangemessen lange binden will. Behält sich der Verwender vor, an sein eigenes Vertragsangebot nicht oder nur unter bestimmten Voraussetzungen gebunden zu sein, z. B. „freibleibend", „Liefermöglichkeit vorbehalten" oder „soweit Vorrat reicht", so fallen diese Klauseln nicht unter § 10 Nr. 1, sondern unter § 10 Nr. 3 und § 9. Beispielsweise fällt unter § 10 Nr. 1 die Klausel: „Der Antragsteller ist X Wochen an den Antrag gebunden", die der Verwender und Antragsempfänger dem Kunden vorlegt und beispielsweise auf dem Formular des Verwender vom Kunden unterzeichnet werden soll. Gebräuchlich ist dies insbesondere bei Bestellung nach Zusendung von Prospekten oder Katalogen durch den Verwender. Welche Frist „unangemessen lange" ist, ist durch Wertung anhand der Richtlinien des § 147 Abs. 2 BGB zu entscheiden. Bei Alltagsgeschäften dürften zehn bis vierzehn Tage als Richtlinie die Obergrenze sein. Die Neuwagenverkaufsbedingungen enthalten die Klausel, daß der Käufer an eine Bestellung gebunden ist, wenn der Verkäufer das Angebot binnen vier Wochen (bei Nutzfahrzeugen binnen sechs Wochen) annimmt. Nach OLG Köln (NJW-RR 1988, 504) ist dies wirksam (a. A. LG Hamburg, NJW 1988, 1150). Zulässige Bindungsfristen sind dagegen ein Monat im Möbelversandhandel (OLG Celle, AGBE I, Nr. 4), vier Wochen bei Bestellung von Fenstern und Rolläden (LG Trier, AGBE II, Nr. 8) und sechs Wochen bei der Lebensversicherung (OLG Hamm, NJW-RR 1986, 388). Dagegen verstößt es gegen § 10 Nr. 1, wenn sich eine Hypothekenbank für die Annahme eines Darlehensantrages generell eine Frist von sechs Wochen einräumen läßt (BGH, NJW 1986, 1807). Dagegen hat der BGH eine Frist von einem Monat noch gebilligt, jedoch Zweifel gegen die Zusatzklausel angemeldet, nach der zur Wahrung dieser Frist die Absendung der Annahmeerklärung mit der Post genügen soll (BGH, NJW 1988, 2106). Für das Bauwesen ist § 19 Nr. 2 VOB-A von einer maximalen Bindungsfrist von 24 Werktagen eine Richtlinie, jedenfalls sind acht zu lang (OLG Nürnberg, AGBE I, Nr. 5). Ist die Annahmefrist nicht hinreichend bestimmt, so ist die Klausel insgesamt unwirksam. Der Kunde muß wissen, unter welchen tatsächlichen Voraussetzungen das von ihm abgegebene Angebot akzeptiert oder abgelehnt wird. Dies gilt insbesondere für Klauseln, die an Ereignisse anknüpfen, auf die der Kunde keinen Einfluß hat, z. B. zwei Wochen nach Eingang der Kreditauskunft. Ist die Klausel unwirksam, so ist der Kunde mit Ablauf der gesetzlichen Annahmefrist nach § 147 Abs. 2 BGB nicht mehr an sein Angebot gebunden. Die verspätete Annahme des Angebotes durch den Verwender gilt als neuer Antrag; § 150 Abs. 1 BGB. Die Unwirksamkeit einer Klausel im nicht-kaufmännischen Verkehr ist hier ein Indiz für die Unwirksamkeit der Klausel im kaufmännischen Verkehr. Lieferfristen werden zumeist individualvertraglich vereinbart. Diese Individualabreden gehen abweichenden AGB vor; § 4. Die Individualabrede kann auch nicht durch einen Leistungsvorbehalt in den AGB abgeändert werden. Ist ein individueller Liefertermin vereinbart worden, so ist die Klausel, daß die Auslieferung bis zu sechs Wochen verschoben werden kann, unbeachtlich (BGH, NJW 1984, 2468). Auch zugesagte Verkehrs- und Ankunftszeiten in den Beförderungsbedingungen der Lufthansa können in den AGB nicht als unverbindlich erscheinen (BGH, NJW 1983, 1322, NJW 1984, 2468). Eine Lieferzeit von sechs Wochen ist im Kfz-Neugeschäft zulässig (BGH, NJW 1982, 333). Eine Lieferzeit von drei Wochen im Möbelhandel ist wirksam (OLG Bamberg, AGBE IV, Nr. 4), nicht dagegen sechs Wochen (OLG Hamm, NJW-RR 1987, 315); BGH, NJW 1983, 1321: zu drei Monaten). Bei Fertighäusern sind in der Regel sechs Wochen zu billigen (OLG Frankfurt, BB 1983, 2075). Die Neuwagenverkaufsbedingungen schreiben vor, daß bei Vereinbarung einer unverbindlichen Lieferfrist der Käufer den Verkäufer sechs Wochen nach Fristüberschreitung durch Mahnung in Verzug setzen kann. Da der Käufer Mahnung und Ablehnungsandrohung nach § 326 Abs. 1 BGB jedoch kurz bemessen kann, wird die Klausel von der Rechtsprechung gebilligt (BGH, NJW 1982, 331, 333). Nicht hinreichend bestimmte Leistungsfristen sind Klauseln wie „Lieferung so schnell wie möglich", „nach Herstellung der Ware", „nach Selbstbelieferung" oder Beginn der Lieferfrist mit einer „schriftlichen Bestätigung durch den Hersteller" (BGH, NJW 1985, 855). Ebenfalls unbestimmt: „Acht Wochen ab Aufmaß".

Annahmeverzug

Dagegen ist die Frist für die Erbringung einer Leistung bestimmt, wenn sie der Kunde berechnen kann. Bei einer vereinbarten Lieferzeit ist dies zu bejahen, wenn der Beginn der Frist von einem Ereignis im Bereich des Kunden abhängt, der Kunde z. B. Unterlagen vorlegen oder Maße mitteilen muß (BGH, NJW 1985, 855, 856).

Leistungsvorbehalte wie „Liefermöglichkeit vorbehalten", „Zwischenverkauf vorbehalten" fallen nicht unter § 10 Nr. 1, sondern unter § 10 Nr. 3. Die Unwirksamkeit von Leistungsfristen im nicht-kaufmännischen Verkehr dürfte auch ein Indiz der Unwirksamkeit im kaufmännischen Verkehr sein, sofern hierdurch die Bedürfnisse des Handels nach Schnelligkeit und Exaktheit tangiert werden.

Annahmeverzug. Da sich die §§ 10 und 11 auf den Gläubigerverzug beziehen, gilt für den Annahmeverzug die Generalklausel des § 9. Leitbild für die Wirksamkeitsbeurteilung von Einzelklauseln sind die §§ 293 ff. BGB. Hiernach setzt der Annahmeverzug lediglich voraus, daß der Gläubiger die ihm tatsächlich oder wirklich angebotene Leistung nicht annimmt; §§ 294, 295 BGB. Mit den wesentlichen Grundgedanken dieser Regelung ist es nicht zu vereinbaren, wenn der Verwender die Voraussetzungen des Annahmeverzuges verschuldensabhängig ausgestaltet, insbesondere Annahmeverzug des Verwenders nur bei grober Fahrlässigkeit eintreten läßt. **Lit.:** Löwe/Graf von Westphalen, Bd. III, Nr. 1.2.

Anhörung im Verbandsverfahren. Im → Verbandsverfahren sind je nach dem Gegenstand der Klage verschiedene Behörden zu hören. Ist Gegenstand der Klage eine Bestimmung in Allgemeinen Geschäftsbedingungen, die nach Maßgabe des Versicherungsaufsichtsgesetzes zu genehmigen ist, so ist (i. d. R.) das Bundesaufsichtsamt für Versicherungswesen nach § 16 Nr. 1 anzuhören. Bezieht sich die Klage dagegen auf Bestimmungen, die das Bundesaufsichtsamt für das Kreditwesen nach Maßgabe des Gesetzes über Bausparkassen, des Gesetzes über Kapitalanlagegesellschaften, des Hypothekenbankgesetzes oder des Gesetzes über Schiffspfandbriefbanken zu genehmigen hat, so ist das Bundesaufsichtsamt für Kreditwesen anzuhören; § 16 Nr. 2. Die Sachkompetenz dieser Behörden soll so in das Verfahren

einfließen, soweit es um Unterlassung und Widerruf nach § 13
geht. Die Behörde erlangt hierdurch keine Parteistellung,
sie kann daher nicht Rechtsbehelfe oder Rechtsmittel einlegen
oder sich solchen anschließen. Die Unterrichtungspflicht umfaßt insbesondere das Zusenden der Schriftsätze, die Verpflichtung des Gerichtes, den schriftlichen oder mündlichen Vortrag
in der mündlichen Verhandlung zur Kenntnis zu nehmen und
der Behörde eine Ausfertigung der Entscheidung zu über-
senden.

Anzeigenbedingungen. Vielfach werden nicht die beim Bundeskartellamt als Verbandsempfehlung angemeldeten (BAnz
1979, Nr. 66) Anzeigen-AGB für Anzeigen in Zeitungen und
Zeitschriften zugrunde gelegt, sondern Klauseln, die weitergehende Belastungen enthalten. Bei einem → fernmündlichen
Vertragsschluß werden die AGB vielfach nicht wirksam nach
§ 2 einbezogen. Die Klausel, daß „Anzeigen im Zweifel zur
Veröffentlichung innerhalb eines Jahres nach Vertragsschluß
abzurufen" sind, ist wirksam. Unwirksam ist dagegen die Klausel, wonach Anzeigenaufträge innerhalb der vorerwähnten Frist
„abzuwickeln" sind; § 10 Nr. 1 (LG München, AGBE I, § 10
Nr. 8). Die Gewährleistungsregelung in Ziffer 10 der Verbandsempfehlung verstößt gegen das → Transparenzgebot. Die Klausel, die dem Kunden bei ganz oder teilweise unleserlichem,
unrichtigem oder unvollständigem Abdruck der Anzeige Zah-
lungsminderung gewährt, richtig wäre hier der Ausdruck
„Herabsetzung der Vergütung" (BGH, NJW 1982, 331), schließt
in ihrem Abs. 2 Schadensersatzansprüche aus positiver Forderungsverletzung, Verschulden bei Vertragsschluß und unerlaubter Handlung aus. Dies ist nach § 11 Nr. 7 unwirksam und wird
auch im Nachsatz der Klausel nicht hinreichend transparent
begrenzt. Die Haftungsbeschränkung im kaufmännischen Geschäftsverkehr nach Nr. 10 Abs. 3 der Klauseln verstößt gegen
§ 9, da die Haftung für grobes Verschulden nicht der Höhe
nach auf das Anzeigenentgelt begrenzt werden kann. Auch
Ziffer 14 der AGB verstößt gegen § 9 Abs. 2 Nr. 1, da die Aus-
bedingung von Vorleistung und Begleichung der Rückstände
ein Leistungsverweigerungsrecht des Verwenders enthält, das
der gesetzlichen Wertung klar widerspricht. **Lit.:** Löwe/von
Westphalen, Bd. III, Nr. 31.3.

Arbeitskampfklauseln

Arbeitskampfklauseln. In Lieferbedingungen findet sich zumeist der Hinweis, daß im Falle eines Arbeitskampfes sich die Lieferfrist angemessen oder für die Dauer des Streikes verlängert. Es ist zu empfehlen, in die Arbeitskampfklausel den Hinweis aufzunehmen, daß der Haftungsausschluß nicht die Haftung wegen eines Übernahme- oder Vorsorgeverschuldens des Verwenders umfaßt, andernfalls bestehen Bedenken aus dem Gesichtspunkt der → Transparenz. Bedingt sich der Verwender ein Rücktrittsrecht im Falle des Streikes aus, so ist diese Klausel unwirksam, wenn sie auch die Fälle umfaßt, in denen Arbeitskämpfe im Betrieb des Verwenders nur zu einer Leistungsverzögerung führen. Solche vorübergehenden Leistungshindernisse sind kein sachlich gerechtfertigter Grund für ein Rücktrittsrecht im Sinne des § 10 Nr. 3 (BGH, NJW 1985, 855, 857). S. a. → Höhere-Gewalt-Klauseln.

Arbeitskosten → Aufwendungen bei der Nachbesserung

Arbeitsrecht. Das AGBG findet keine Anwendung auf Verträge auf dem Gebiet des Arbeitsrechtes; § 23 Abs. 1. Es gelten hier die allgemeinen Grundsätze richterlicher Billigkeitskontrolle bei gestörter Vertragsparität. Die hiernach auf § 242 BGB gestützte Inhaltskontrolle umfaßt auch Individualvereinbarungen. Das BAG (NJW 1985, 91, 92) lehnt die analoge Anwendung des AGB-Gesetzes auf formularmäßige Arbeitsverträge ab. Allgemeine Rechtsgedanken, die im AGBG ihren Niederschlag gefunden haben, sollen jedoch nach Auffassung des BAG im Rahmen der Billigkeitskontrolle berücksichtigt werden. Parkordnungen die Mitarbeitern auferlegt werden unterliegen dagegen dem AGBG, ebenso wie Verkaufsbedingungen für Jahreswagen und damit zusammenhängende Haltedauerverspflichtungen. Diese sind bei Neufahrzeugen unbedenklich, soweit der Zeitraum nicht länger als 6 Monate beträgt (→ Wiederverkäuferklauseln). Überraschende Klauseln werden in Formulararbeitsverträgen nicht Vertragsbestandteil (BAG BB 1996, 908, 909).

Architektenverträge weisen zumeist eine Fülle unwirksamer Vertragsbestimmungen auf. Dies gilt gleichermaßen für den sogenannten „Einheitsarchitektenvertrag", der als Konditionenempfehlung der Bundesarchitektenkammer beim Bundeskartellamt angemeldet ist. Die in den allgemeinen Vertragsbestimmungen (AVA) 1979 enthaltene generelle Beschränkung der Deckungssumme verstößt gegen § 9. Bei einer Deckungssumme des Architekten von 50 000 DM wären Schäden in Millionenhöhe nicht abgedeckt. Eine Haftung des Archtitekten für lediglich „schuldhaftes" Handeln verstößt gegen § 11 Nr. 10 a, da die Gewährleistungsansprüche nach §§ 633 ff. grundsätzlich verschuldensunabhängig sind. Die Klausel, daß nur für nachweislich schuldhaft verursachte Schäden einzustehen ist, verstößt gegen § 11 Nr. 10 a und 15 a, weil hiermit die von der Rechtsprechung entwickelte Beweislastverteilung nach Gefahrenbereichen nicht ausreichend berücksichtigt wird (BGH, NJW-RR 1990, 856). Eine Beschränkung der Haftung für nicht versicherbare Schäden auf die Honorarhöhe verstößt gegen § 9 und wohl auch gegen § 11 Nr. 7. Die sogenannte „Subsidiaritätsklausel", wonach der Architekt nur haften soll wegen „nachweislich ungenügender Aufsicht und Prüfung oder aus anderen Gründen für fehlerhafte Bauausführung . . .", wenn und soweit der AGB-Kunde Ersatz von den Bauunternehmern nicht erlangen kann, verstößt gegen § 11 Nr. 10 a, da hierin die Gewährleistungsansprüche des Bauherrn unzulässig beschränkt werden und dieser mit einer Verjährung seiner Ansprüche gegen den Architekten rechnen muß (vgl. § 11 Nr. 10 f). Soweit die AVB dem Architekten ein Nachbesserungsrecht einräumen, um diesem zu ermöglichen, die Arbeiten kostengünstig durchzuführen, dürfte dies noch als zulässig anzusehen sein, weil hierin lediglich der auf Geld gerichtete Schadensersatzanspruch auf Naturalrestition geändert wird, wodurch die Interessen des Bauherrn nur geringfügig tangiert werden (strittig). Klauseln, die die Kündigung des Bestellers lediglich bei Verzug ermöglichen, verstoßen gegen § 11 Nr. 8 a, da der Auftraggeber auch ohne schuldhafte Verhalten des Archtitekten nach Festsetzung und Ablehnungsandrohung vom Vertrag zurücktreten kann.

Verjährungsbestimmungen in Architektenverträgen sind nur dann wirksam, wenn sie der gesetzlichen Regelung in § 638 BGB entsprechen. Nach § 11 Nr. 10 f sind Abkürzungen der gesetzlichen Gewährleistungsfrist in AGB nicht möglich. Eine Verjährungsfrist von zwei Jahren für etwaige Gewährleistungsansprüche des Bauherrn gegenüber den Architekten ist im

Architektenverträge

Hinblick auf die fünfjährige gesetzliche Gewährleistungsfrist unwirksam. Eine Abkürzung der Verjährung kann aber auch dadurch erfolgen, daß der Verjährungsbeginn entgegen der gesetzlichen Regelung vorverlagert wird. Deshalb sind Klauseln unwirksam, die die Abnahme spätestens mit der Ingebrauchnahme fingieren, zumal der Bauherr vielfach erst aufgrund verspäteter Bau- und Architektenleistungen genötigt wird, das unfertige Bauwerk in Gebrauch zu nehmen. Es liegt so ein Verstoß gegen § 11 Nr. 10 f vor. Die Beschränkung der Kündigungsmöglichkeit – entgegen § 649 S. 1 BGB – auf eine solche aus wichtigem Grund dürfte unwirksam sein, weil hier das Dispositionsrecht und die Planungsfreiheit des Bauherrn übermäßig eingeschränkt werden. Eine Klausel, wonach dem Architekten bei Kündigung des Architektenvertrages die Vergütung abzüglich einer Aufwendungspauschale von 40% des Honorares für den noch nicht erbrachten Teil der Leistungen festgeschrieben wird, dürfte gegen den Grundgedanken des § 10 Nr. 7 verstoßen, da diese starre Klausel den Interessenlagen beider Vertragsparteien nicht gerecht wird und dem Bestellter nicht der Gegenbeweis offensteht; § 11 Nr. 5 b. Die Klausel, daß jede vertraglich vereinbarte Leistungsphase mit dem Eintritt des geschuldeten Erfolges als erbracht anzusehen ist, verstößt gegen § 9, da nicht einzusehen ist, wieso der Architekt für nicht erbrachte Leistungen Honorar verlangen kann.

Auch dem Architekten selbst können von privaten und öffentlichen Auftraggebern AGB gestellt werden, die der Inhaltskontrolle unterliegen. Die Festschreibung des Architektenhonorares abweichend von der Regelung der → HOAI unterliegt nach § 9 der Inhaltskontrolle, da angesichts der bestehenden gesetzlichen Preisvorschriften ein konkreter Vergleichsmaßstab besteht, an dem die Klauseln gemessen werden können (BGH, NJW 1981, 2351). Entgegen § 10 Abs. 2 HOAI ist es auch unzulässig, in AGB die Kostenermittlung durch genehmigte Kostenschätzung zu ersetzen. Klauseln, die dem Architekten bei Kündigung des Vertrages ohne wichtigen Grund nur Ersatz der nachgewiesenen notwendigen Aufwendungen gewähren, verstoßen gegen § 9. **Lit.:** Löwe/Graf von Westphalen, Bd. III, Nr. 32.1; allgemein zum Architektenvertrag Werner/Pastor, Rechtsfragen beim Bauen, Beck-Rechtsberater im dtv Nr. 5095, unter VII.

Arzt- und Krankenhaus-AGB. Nach § 2 der Gebührenordnung für Ärzte (GOÄ, vgl. Beck-Texte im dtv Nr. 5551) kann eine Vergütung vereinbart werden, die von der GOÄ abweicht. Dies muß jedoch in einem Schriftstück erfolgen, das vor Erbringung der Leistung erstellt ist, die Feststellung enthält, daß eine Erstattung der Vergütung durch Erstattungsstellen möglicherweise nicht in vollem Umfang gewährleistet ist und keine weiteren Erklärungen enthalten darf. Auch hat der Arzt dem Zahlungspflichtigen einen Abdruck der Vereinbarung auszuhändigen (§ 2 Abs. 2 GOÄ). Der Gebührenrahmen reicht nach § 5 GOÄ bis zum 2,3fachen des Gebührensatzes bzw., bei technischen Leistungen, zum 1,8fachen des Gebührensatzes. Klauseln, die den Arzt ermächtigen, bis zum maximal fünffachen Satz der GOÄ zu liquidieren, sind unwirksam (AG Bad Homburg, NJW 1984, 2637; BGH ZIP 1992, 186). Auch die formularmäßige Vereinbarung eines Pauschalhonorares (vgl. LG Stuttgart, NJW 1985, 688, LG Duisburg, NJW 1986, 2887), die Änderung des Punktwertes oder der Punktzahl oder die Vereinbarung prozentualer Zuschläge zu den Einfachsätzen ist unwirksam. Eine Klausel, wonach der Chefarzt berechtigt sei, bis zum dreifachen Höchstsatz der ADGO zu liquidieren, verstößt gegen § 3 AGBG (LG München, NJW 1982, 2130).

Der Ausschluß des Patienten von Wahlleistungen (z. B. bei Verstößen gegen vertragliche Pflichten oder die Hausordnung) unterliegt nicht der Inhaltskontrolle (Kontrollfreiheit). Klauseln, in denen der Patient formularmäßig bestätigt, „ordnungsgemäß aufgeklärt" zu sein, verstoßen zumeist als beweislaständernde Klauseln gegen § 11 Nr. 15 b AGBG (Niebling, MDR 1982, 192; Gounalakis, NJW 1990, 752). Die Einräumung eines eintägigen Kündigungsrechtes zugunsten des Krankenhauses verstößt gegen § 9 Abs. 1 (OLG Düsseldorf, NJW-RR 1988, 884, 885). Klauseln, die die Verbindlichkeit der Hausordnung festschreiben, ohne daß die Voraussetzungen des § 2 vorliegen, sind ebenso unwirksam (OLG Düsseldorf, NJW-RR 1988, 884, 886). Klauseln, die einen Eigentumsübergang des Krankenhauses zwölf Wochen nach vorausgegangener Aufforderung vorsehen, hat der BGH gebilligt (BGH, NJW 1990, 761, 763). Die Formulierung, wonach der Krankenhausträger nur für Schäden haftet, die von Personen verursacht werden, in Erfüllung einer vom Krankenhaus geschuldeten Leistung, schließt die Haftung etwa auch der Verrichtungsgehilfen aus und verstößt daher gegen § 9 (OLG Düsseldorf, a. a. O.). Die Beschränkung der Haftung des Krankenhausträgers für Schäden bei der Reinigung, Desinfektion und Entwesung eingebrachter Sachen auf Vorsatz und grobe Fahrlässigkeit verstößt gegen § 9, da hierdurch insbesondere auch Fallgestaltungen erfaßt werden, in denen die Notwendigkeit der Reinigung vom Krankenhaus selbst verursacht wurde (BGH, NJW 1990, 761, 765). Klauseln, in denen der Patient bestätigt, auf die Vertragsbedingungen und den Tarif hingewiesen worden zu sein und daß er die Möglichkeit hatte, in zumutbarer Weise von ihrem Inhalt Kenntnis zu nehmen, verstoßen gegen § 11 Nr. 15 b, sofern die Bedingungen nicht auf der Rückseite abgedruckt sind (BGH, a. a. O.). Gleiches gilt für Bestätigungen, den Pflegekostentarif erhalten zu haben und über Entgelte und die Berechnung der beantragten Wahlleistungen unterrichtet worden zu sein (BGH, a. a. O.). Eine Klausel in Krankenhausaufnahmebedingungen, in denen der Patient sein Einverständnis mit einer Blutuntersuchung auf AIDS erklärt, dürfte bereits nach § 3 überraschend sein. In Krankenhausaufnahmebedingungen kann dagegen eine Sektionseinwilligung wirksam sein, z. B. die Klausel: „Die Leichenschau kann vorgenommen werden, wenn sie zur Feststellung der Todesursache aus ärztlicher Sicht notwendig ist oder wenn ein wissenschaftliches Interesse besteht" (BGH, NJW 1990, 2313). Klauseln, die eine rückwirkende Erhöhung des Pflegesatzes vorsehen, verstoßen gegen § 9 (BGH, NJW 1988, 2951, m. Anm. v. Niebling, VersR 1989, 89). Die GOÄ wurde zum 1. 1. 1996 erneut geändert, und zwar zu Lasten einer Vertragsgestaltungsfreiheit (hierzu: Kraemer NJW 1996, 764). **Lit.:** Niebling, MedR 1985, 262; Dörner, NJW 1987, 699.

Aufwendungsersatz bei Vertragsbeendigung. Eine Bestimmung, nach der der Verwender für den Fall, daß eine Vertragspartei vom Vertrag zurücktritt oder den Vertrag kündigt, einen unangemessen hohen Ersatz von Aufwendung verlangen kann, ist bei Verwendung gegenüber Nichtkaufleuten nach § 10 Nr. 7 b unwirksam. Pauschalierungen im Bereich von Rücktritts- und Kündigungsrechten fallen unter § 10 Nr. 7, im Bereich vom Schadensersatz unter § 11 Nr. 5. Wertungswidersprüche werden ohnehin kaum auftreten. Eine Klausel in AGB eines Fertighausherstellers, wonach bei Kündigung des Bestellers vor Abruf des Hauses der Lieferant Anspruch auf mindestens 18% der Gesamtvergütung hat, verstößt gegen § 11 Nr. 5 i. V. m. § 10 Nr. 7 (BGH, NJW 1985, 632). Eine Pauschalierung des Vergütungsanspruches in Höhe von 5% der Gesamtauftragssumme ist dagegen zu billigen, falls die Kündigung vor Beginn der Bauausführung erfolgt (BGH, NJW 1983, 1489). Bedeutsam ist, daß die vom § 11 Nr. 5 b für Schadensersatzpauschalen geforderte Gegenbeweismöglichkeit wegen der vergleichbaren Interessenlage analog für Abwicklungsregelungen im Sinne des § 10 Nr. 7 gilt (BGH, NJW 1985, 632). Es darf sich so aus der gewählten Formulierung nicht ergeben, daß der Gegenbeweis ausgeschlossen sein soll. Auch die in Reisebedingungen enthaltene Klausel, wonach der Reisende bei einem nach Anmeldeschluß erklärten Rücktritt vom Flug Ersatz für Aufwendungen und Auslagen in Höhe vollen Flugpreises zu zahlen hat, ist nach § 11 Nr. 5 b i. V. m. § 10 Nr. 7 unwirksam (BGH, NJW 1985, 633).

Aufrechnungsverbote. Nach § 11 Nr. 3 sind Bestimmungen, durch die dem Vertragspartner des Verwenders die Befugnis genommen wird, mit einer unbestrittenen oder rechtskräftig festgestellten Forderung aufzurechnen, unwirksam. Eine Bestimmung, nach der die Aufrechnung ausnahmslos ausgeschlossen ist, ist auch nicht nur insoweit unwirksam, soweit die Aufrechnung mit rechtskräftig festgestellten, entscheidungsreifen oder unbestrittenen Forderungen ausgeschlossen wird (BGH, NJW 1985, 319; vgl. → geltungserhaltende Reduktion). Allerdings erfaßt eine Bestimmung in AGB, die nach ihrem Wortlaut nur die Aufrechnung mit *unbestrittenen* Forderungen zuläßt, sinngemäß auch die Zulässigkeit der Aufrechnung mit rechtskräftig *festgestellten* Forderungen (BGH, NJW 1989, 3215). Die Klausel, daß der Kunde Forderungen gegen die Bank nur mit Verbindlichkeiten in derselben Währung und nur insoweit aufrechnen kann, als seine Forderungen unbestritten oder rechtskräftig festgestellt sind, ist zulässig (BGH, NJW 1986, 1757).

Aufwendungen bei der Nachbesserung. Eine Bestimmung, durch die bei Verträgen über Lieferungen neu hergestellter Sachen und Leistungen die Verpflichtung des gewährleistungspflichtigen Verwenders ausgeschlossen oder beschränkt wird,

Aushang

die Aufwendungen zu tragen, die zum Zweck der Nachbesserung erforderlich werden, insbesondere Transport-, Wege-, Arbeits- und Materialkosten, ist nach § 11 Nr. 10 Lit. c unwirksam. Damit kann die Regelung des § 476 a BGB beim Kaufvertrag, bzw. § 633 Abs. 2 S. 2 BGB beim Werkvertrag in AGBG nicht wirksam abbedungen werden. Der Verkäufer ist jedoch nur zur Übernahme der Kosten verpflichtet, die für die Erfüllung der Nachbesserungs- oder Nachlieferungspflicht am ursprünglichen Lieferort erforderlich sind (BGH DB 1991, 2128). Für eine selbständige Garantie gilt dies jedoch nicht, sofern die Garantiebedingungen selbst wirksam sind, insbesondere nicht als Beschränkung der Gewährleistungsansprüche gegen den Verkäufer verstanden werden können (BGH, NJW 1988, 1726).

Aushang → Einbeziehung

Ausschluß des Gegenbeweises → Pauschalierung von Schadensersatz und Wertersatz → Aufwendungsersatz bei Vertragsbeendigung

Ausschlußfrist für Mängelanzeigen. Eine Bestimmung, durch die bei Verträgen über Lieferungen neu hergestellter Sachen und Leistungen der Verwender dem anderen Vertragsteil für die Anzeige nicht offensichtlicher Mängel eine Ausschlußfrist setzt, die kürzer ist als die Verjährungsfrist für den gesetzlichen Gewährleistungsanspruch, ist nach § 11 Nr. 10 e unwirksam. Klauseln, die den Kunden verpflichten, Mängel unverzüglich nach Feststellung geltend zu machen, verstoßen schon mangels Differenzierung zwischen offensichtlichen und nicht offensichtlichen Mängeln gegen § 11 Nr. 10 e (OLG Stuttgart, BB 1979, 1468). Auch bei offensichtlichen Mängeln darf eine Anzeigenfrist von ein bis zwei Wochen jedoch nicht unterschritten werden. Die Ausschlußfrist für offensichtliche Mängel kann daher im Ergebnis dazu führen, daß die gesetzlichen Gewährleistungsfristen (entgegen § 11 Nr. 10 f) verkürzt werden. **Lit.:** Marly, NJW 1988, 1184.

Ausländische Rechtsordnungen. Ausländische Rechtsordnungen sehen vielfach auch die offene Inhaltskontrolle allgemeiner Geschäftsbedingungen vor, zum Teil werden jedoch auch Individualvereinbarungen einbezogen. Auch das Gewicht, inwieweit Verbraucher oder gar Kaufleute zu schützen sind, ist durchaus unterschiedlich. Eine Kombination zwischen konkreten Verbotskatalogen und Generalklauseln ist verbreitet. Die → EG-Richtlinie zur Vereinheitlichung des Schutzes der Verbraucher vor unbilligen AGB dürfte ihren Zweck nicht erreichen. **Lit.:** Wolf, Einleitung, Rdnr. 42 f.; Sonnenberger, RIW 1990, 165 (für Frankreich).

Auslegung von AGB. Allgemeine Geschäftsbedingungen sind nach objektiven Maßstäben so auszulegen, wie die an solchen Geschäften typischer Weise beteiligten Verkehrskreise sie verstehen können und müssen, d. h. wie sie von verständigen und redlichen Vertragspartner unter Abwägung der Interessen der normalerweise beteiligten Kreise verstanden werden (etwa BGH, NJW 1988, 1261, 1262; BGH, NJW 1989, 3010, 3011). Bei Verbraucherverträgen iSv § 24 a (AGB-Novelle) sind bei der Beurteilung der unangemessenen Benachteiligung nach § 9 auch die des Vertragsschluß begleitenden Umstände zu berücksichtigen (§ 24 a Nr. 3). → Vorrang der Individualabrede → Ergänzende Vertragsauslegung.

Ausspielverträge. § 11 Nr. 7 gilt nicht für staatlich genehmigte Lotterieverträge oder Ausspielverträge im Sinne des § 763 BGB; § 23 Abs. 2 Nr. 4. Der Ausschluß der Haftung wegen groben Verschuldens des Verwenders oder Vorsatz und grober Fahrlässigkeit seiner Erfüllungsgehilfen sollte dem Bedürfnis nach Haftungsausschlüssen in Fällen abhanden gekommener oder verfälschter Wettscheine Rechnung tragen. Eine Inhaltskontrolle nach § 9 ist hier jedoch möglich.

Ausschluß der Gewährleistung. Bestimmungen, durch die bei Verträgen über Lieferungen neu hergestellter Sachen und Leistungen die Gewährleistungsansprüche gegen den Verwender einschließlich etwaiger Nachbesserungs- und Ersatzlieferungsansprüche insgesamt oder bezüglich einzelner Teile ausgeschlossen oder auf die Einräumung von Ansprüchen gegen Dritte beschränkt oder von der vorherigen gerichtlichen Inanspruchnahme Dritte abhängig gemacht werden, sind nach § 11 Nr. 10 a unwirksam. Gewährleistungsansprüche des Kunden können daher nur in eng begrenzten Ausnahmefällen beschränkt werden. Klassischer Anwendungsbereich der Regelung sind Kauf-, Werk- und Werklieferungsverträge. → Leasingverträge fallen in der Regel nicht hierunter (BGH, NJW 1985, 1547).

Neu ist zwar das Kraftfahrzeug, mit dem einzelne Probefahrten unternommen wurden, nicht dagegen der besondere Vorführwagen, der weit unter Neupreis verkauft wird (OLG Hamm, DB 1983, 710). Neu in diesem Sinne sind auch junge lebende Fische (BGH, NJW-RR 1986, 52). Die Veräußerung eines Eigenheimes oder einer Eigentumswohnung unterliegt dem Werkvertragsrecht selbst dann, wenn dies bei Vertragsschluß schon fertig gestellt war. § 11 Nr. 10 greift hier ein. Für die Frage, ob kurzfristig vermietete Eigentumswohnungen oder Häuser als „neu" anzusehen sind, dürfte darauf abzustellen sein, ob sich hierdurch das Gewährleistungsrisiko erhöht hat. § 11 Nr. 10 greift dagegen nicht, wenn ein Altbau veräußert wird oder eine renovierte Wohnung in einem Altbau als Eigentumswohnung veräußert wird. (Im einzelnen Löwe/von Westphalen, Bd. II, § 11 Nr. 10, Rdnr. 10 f.) Voraussetzung für die Anwendung von § 11 Nr. 10 a ist, daß mit dem „Verkauf" der Wohnungen eine Herstellungspflicht verbunden wird, die sich nach Umfang und Bedeutung mit einer Pflicht zur Neuherstellung vergleichen läßt (BGH, NJW 1988, 490 und 1972; BGH, NJW 1989, 2534, 2536). Keine neu hergestellten Sachen sind Antiquitäten, Münzen, alte Teppiche u. a. Unter besonderer Berücksichtigung der Interessenlage ist hier ein Rückgriff auf § 9 jedoch nicht ausgeschlossen. Auch bei Schlußverkaufsware ist § 11 Nr. 10 zu beachten. Eine Klausel, die die Gewährleistung des Verwenders im Falle von Nacharbeiten durch Dritthandwerker ausschließt, verstößt gegen § 11 Nr. 10 a (OLG Karlsruhe, AGBE IV, § 11 Nr. 66). In einem Vertrag über die Veräußerung von Eigentumswohnungen verstößt eine Klausel, nach der der Verkäufer seine Gewährleistungsansprüche gegen Architekten und Handwerker an den Käufer abtritt und seine primäre Haftung ausschließt, gegen § 11 Nr. 10 a, und zwar auch im Falle der Veräußerung von Eigentumswohnungen, die durch Umbau eines Altbaus mit erheblichen Eingriffen in die alte Bausubstanz geschaffen worden sind und sich als „Neubau hinter eine historischen Fassade" darstellen (OLG Frankfurt, NJW 1984, 2586; BGH, NJW

1988, 490). Unwirksam ist auch die Beschränkung der Gewährleistung auf → Nachbesserung, der Ausschluß → Aufwendungen bei der Nachbesserung zu tragen oder die Vorenthaltung
der Mängelbeseitigung, die → Ausschlußfrist für Mängelanzeigen sowie die → Verkürzung von Gewährleistungsfristen. Auch
in Individualverträgen kann die → „formelhafte Verwendung"
von Freizeichnungsklauseln unwirksam sein.

Automatenaufstellverträge sind in der Rechtsprechung zumeist
dadurch aufgefallen, daß sie eine Vielzahl von unwirksamen
Einzelklauseln enthielten und Gesamtnichtigkeit angenommen
wurde, wenn der Vertrag bei Wegfall dieser Bedingungen einen
wesentlichen anderen Inhalt erhalten würde (BGH, NJW 1983,
159; BGH, NJW 1985, 53). Eine zehnjährige Laufzeit ist von der
Rechtsprechung nicht beanstandet worden, weil der Gastwirt
bei Abschluß des Vertrages selbst die Entscheidung über den
Charakter der Gaststätte gefällt hat (BGH, NJW 1985, 53, 55).
Die Verpflichtung, für den Gastwirt, keine anderen Automaten
aufstellen zu dürfen (Ausschließlichkeitsklausel), wird überwiegend als wirksam angesehen. Die formularmäßige Verpflichtung
des Gastwirtes, einem Rechtsnachfolger die Verpflichtung aus
dem Automatenaufstellvertrag und der Darlehensvereinbarung
aufzuerlegen (Nachfolgerklausel) und das Fortwirken der vertraglichen Verpflichtung des Gastwirtes, sofern eine Übertragung auf den Nachfolger nicht erfolgt ist, ist jedenfalls dann
unwirksam, wenn sie nicht eine Ausnahme für den Fall vorsieht, daß der Gastwirt die Gaststätte infolge außergewöhnli-
cher und nicht in seinem Risikobereich fallender Umstände
aufgibt und sich unverschuldet außerstande sieht, einen Nachfolger zu finden, der die Pflichten aus dem Aufstellvertrag zu
übernehmen bereit ist (BGH, NJW 1985, 53, 54). Die Verpflichtung des Gastwirtes zur Mitnahme der Automaten bei einem
Wechsel der Gaststätte ist unwirksam, weil es praktisch Gast-
stätten ohne Automatenvertragsbindungen nicht mehr gibt
(BGH, NJW 1982, 1693; BGH, NJW 1983, 159). Die Haftung
des Wirtes gesamtschuldnerisch mit seinem Nachfolger stellt
eine übermäßige Sicherung des Aufstellers dar, wenn der Aufsteller dem Eintritt eines Nachfolger zustimmt. Auch derartige
Klauseln sind daher unwirksam. Unwirksam ist auch die Befugnis, die Rechte und Pflichten aus dem Vertrag ohne Zustim-

mung des Wirtes auf einen Dritten zu übertragen (BGH, NJW 1985, 54, 56). Auch die Fiktion, daß die Aufstellung eines neuen Gerätes auf Wunsch des Wirtes hinsichtlich der Laufzeit als Neuabschluß gilt ist unwirksam (BGH, NJW 1985, 55). Die Befugnis des Aufstellers zum Austausch oder zur Abräumung eines oder mehrerer Geräte, sofern diese „eine ausreichende Einnahme" nicht einspielen, ist schon wegen ihrer Unbestimmtheit unwirksam (BGH, NJW 1985, 55). Erforderlich ist zumindest, daß der Aufsteller einen festen Betrag oder einen prozentualen Anteil beziffert, den jedes Gerät einspielen muß, wenn anders nicht das Recht zur Abräumung ausgelöst werden soll. Unbillig ist auch die Verpflichtung des Wirtes, bei Beschädigungen der Geräte sämtliche Instandsetzungskosten zu tragen, falls es ihm nicht gelingt, den Namen des Täters festzustellen (BGH, NJW 1983, 162). Auch Einnahmegarantieklauseln können unwirksam sein (OLG Hamburg, NJW 1983, 1502). Schadenspauschalen von über 40% des Bruttoerlöses sind regelmäßig zu beanstanden (vgl. BGH, NJW 1983, 161). Die Klausel, der Mieter habe die für den Betrieb erforderliche Erlaubnis auf seine Kosten und sein Risiko beizubringen, verstößt gegen § 9 Abs. 2 Nr. 1 und 2 (BGH, BB 1988, 1627).

Autowaschanlagen-AGB. Ein genereller Haftungsausschluß ist nach § 11 Nr. 7 unwirksam. Es kommt hierbei nicht darauf an, ob dem Betreiber Vorsatz oder grobe Fahrlässigkeit zur Last fällt (OLG Düsseldorf, BB 1980, 388). Freizeichnungsklauseln, die die Haftung des Betreibers für leichte Fahrlässigkeit ausschließen, und sei es auch nur in bezug auf Lackschäden, Scheibenwischer u. a., werden überwiegend nach § 9 für unwirksam erklärt (LG Essen, NJW-RR 1987, 949).

B

Banken-AGB. Insbesondere folgende Klauseln sind bedenklich oder unwirksam: Substitutionsklausel: Hiernach darf die Bank mit der Ausführung aller ihr übertragenen Geschäfte im eigenen Namen Dritte ganz oder teilweise beauftragen, wenn sie dies auch unter Abwägung der Interessen des Kunden für gerechtfertigt hält. Diese Klausel ist bedenklich, da nach der gesetzlichen Regelung der Beauftragte die Ausführung im Zweifel nicht einem Dritten übertragen darf und die Übertragungsvoraussetzungen nicht hinreichend transparent gemacht werden (Koller, ZIP 1985, 1243). → Fakultativklausel: Die auf Überweisungsvordrucken formularmäßig eingeräumte Befugnis, den Überweisungsbetrag einem anderen Konto des Empfängers als dem angegebenen gutzuschreiben, verstößt gegen § 9 und ist daher unwirksam (BGH, NJW 1986, 2428). Im beleggebundenen Überweisungsverkehr ist bei einem Widerspruch zwischen dem Namen des Empfängers und dem angegebenen Konto die Empfängerbezeichnung maßgebend. Die davon abweichende Regelung in Bankbedingungen verstößt gegen § 9 (BGH, NJW 1990, 250). Auch der Ausschluß der Widerruflichkeit des Überweisungsauftrages verstößt gegen § 9 (BGH, NJW 1984, 2816). Es verstößt gegen § 10 Nr. 1, wenn sich eine Hypothekenbank für die Annahme eines Darlehensantrages generell eine Frist von sechs Wochen einräumen läßt (BGH, NJW 1986, 1807). Dagegen hat der BGH eine Frist von einem Monat noch gebilligt (BGH, NJW 1988, 2106). Die Zusatzklausel, nach der zur Wahrung dieser Frist die Absendung der Annahmeerklärung mit der Post genügen soll, ist dagegen bedenklich (BGH, NJW 1988, 2106). Schufaklausel: Die vormals übliche Klausel, nach der die kreditgebende Bank berechtigt ist, alle Daten des Kreditnehmers über die Aufnahme und Abwicklung des Kredits an ein Kreditinformationssystem zur Speicherung zu übermitteln, verstößt gegen § 9 (BGH, NJW 1986, 46). Der Vorbehalt der Zinsänderung beinhaltet lediglich eine Anpassung des Vertragszinses an kapitalmarktbedingte Änderungen der Refinanzierungskonditionen der Bank gem. § 315 BGB. In dieser Auslegung bestehen gegen die Klausel keine Bedenken (BGH, WM 1986, 156). Behält sich eine Bank das Recht vor, nach Ablauf einer Festzinsperiode die Vertragskonditionen (Verzinsung, Tilgung, neue Festzinsperiode, Jahresleistungen) neu festzusetzen, so hält diese AGB-Regelung der Inhaltskontrolle nach § 9 Abs. 1 nur stand, wenn sie dem Darlehensnehmer das Recht einräumt, den Vertrag zu kündigen (BGH, NJW 1989, 1796). Darf der Darlehensnehmer die Kündigung nur innerhalb von zwei Wochen nach Mitteilung der neuen Bedingungen erklären, so ist diese Beschränkung seines Kündigungsrechtes unwirksam (BGH, a. a. O.). Die Bank kann sich auch formularmäßig das

Recht vorbehalten, sich von ihrem Darlehensversprechen zu
lösen und eine Entschädigung für bereits entstandene Kosten
und entgangenen Gewinn zu verlangen, wenn die Unfähigkeit
des Darlehensnehmers zur Erfüllung seiner Verpflichtung bereits vor Ablauf der Annahmefrist feststeht (BGH, WM 1986,
156, 157). Eine Nichtabnahmeentschädigung bis zu 4,5% ist
zulässig, wenn das Darlehen mit einem entsprechend hohen
Disagio ausbezahlt werden soll (BGH, NJW 1985, 1831). Eine
Nichtabnahmeentschädigung von 2% ist generell wirksam
(BGH vom 17. 3. 1988 – III ZR 138/78), ebenso – jedenfalls bei
Hypothekenbanken – eine solche von 3% (BGH, NJW 1990,
981). Klauseln über Verzugszinsen dürfen dem Darlehensnehmer nicht den Nachweis eines wesentlich geringeren Schadens
abschneiden; § 11 Nr. 5 b. Ein ausdrücklicher Vorbehalt des
Gegenbeweises ist hier nicht notwendig. Fraglich ist, ob die
Verzugsschaden nur die Refinanzierungskosten oder auch den
sonstigen Aufwand und einen angemessenen Gewinn umfaßt.
Zinsklauseln müssen das Zinsniveau während des Verzuges
berücksichtigen (BGH, WM 1986, 1466). Klauseln, die Ansprüche der Bank auf Überziehungsentgelte bei gekündigtem oder
ungekündigtem Girovertrag vorsehen, können ebenfalls nach
§ 11 Nr. 5 b bzw. § 9 (bei Kaufleuten) unwirksam sein
(Kilimann, NJW 1990, 1154). → Zinsberechnungsklauseln: „Die
in der Jahresleistung enthaltenen Zinsen werden jeweils nach
dem Stand des Kapitals am Schluß des vergangenen Tilgungsjahres berechnet" sind trotz § 20 Abs. 2 Hypothekenbankgesetz
unwirksam (BGH, BB 1988, 2410; NJW 1990, 2383). → Wertstellungsklausel: Klauseln, wonach die Wertstellung für Bareinzahlungen erst am nächsten Tag erfolgen soll, sind vom BGH
(NJW 1989, 582) verworfen worden. Der formularmäßige Zu-
stimmungsvorbehalt der Bank zur Abtretung eines Grund-
schuldrückgewähranspruches ist jedenfalls dann wirksam,
wenn die Grundschuldsicherheit nicht von dem Grundstückseigentümer gegeben wurde (BGH, NJW 1990, 1601).
Bestellt der Sicherungsgeber eine Grundschuld zur Absicherung
von Schulden eines Dritten, ist die Ausdehnung des Haftungs-
umfanges durch formularmäßige Zweckerklärung für „alle bestehenden und zukünftigen Verbindlichkeiten" des Dritten
grundsätzlich insoweit überraschend, als sie über den Anlaß des
Sicherungsvertrags (z. B. Prolongation bestehender Wechsel-

verbindlichkeiten) hinausgeht (BGH, NJW 1990, 576). Freigabeklauseln sind nur dann geeignet, eine unangemessene Übersicherung bei formularmäßiger Globalzession zur Sicherung aller bestehenden und künftigen Ansprüche aus der Geschäftsverbindung zu verhindern, wenn sie durch eine zahlenmäßig bestimmte Deckungsgrenze konkretisiert werden und die Verpflichtung des Sicherungsnehmers enthalten, die überschießende Deckung freizugeben (BGH, NJW 1990, 716). Soweit entsprechend einer Ersatzklausel im Formularvertrag bei Unwirksamkeit der Globalzession die Forderungen abgetreten sein sollen, die der Sicherungsgeber in von ihm einzureichenden Aufstellungen oder Meldungen angegeben hat, wird die Abtretung von der Unwirksamkeit wegen Übersicherung ergriffen, insbesondere dann, wenn eine Deckungsgrenze fehlt (BGH, a. a. O.).

Vollmachtsklauseln, wonach der erste und zweite Kreditnehmer für einen bestimmten Kredit die gesamtschuldnerische Haftung übernehmen und sich – bis auf schriftlichen Widerruf – gegenseitig zur Entgegennahme aller Erklärungen seitens der Bank sowie zur Beantragung von Stundungen und Laufzeitverlängerungen bevollmächtigen, verstoßen gegen § 9 (BGH, NJW 1989, 2383). Die gegenseitige Bevollmächtigung der Kreditnehmer läuft dem gesetzgeberischen Leitbild der Einzelwirkung (§ 425 BGB) zuwider, ohne daß hierfür ein anerkennenswertes Bedürfnis besteht. Da mehrere gesamtschuldnerisch haftende Darlehensnehmer nicht in einem Gemeinschaftsverhältnis zueinander stehen, kann nach dem Grundsatz des § 425 BGB die Darlehensforderung nur gegenüber jedem gesondert fällig gestellt werden (BGH, a. a. O.). Eine AGB-Klausel, die diese Regelung abbedingt, ist im Zweifel unwirksam (§ 9 Abs. 2 Nr. 1). Indem die Bank in ihren AGB die gegenseitige Bevollmächtigung der gesamtschuldnerisch haftenden Kreditnehmer zur Entgegennahme auch von Kündigungserklärungen vorsieht, versucht sie, entgegen § 425 BGB eine Gesamtwirkung zu erzielen, gleichzeitig aber die Rechtsfolge aus § 9 Abs. 2 Nr. 1 zu vermeiden. Die Bank versucht hiermit, das Darlehen einem Kreditnehmer gegenüber fällig zu stellen, ohne daß dieser hiervon Kenntnis erlangt, wodurch der Grundsatz der Einzelwirkung unterlaufen wird. Darüber hinaus steht eine solche Klausel auch mit dem in § 11 Nr. 6 AGBG enthaltenen Rechtsge-

danken nicht im Einklang. Indem sie jeden Gesamtschuldner
zum Empfangsbevollmächtigten des anderen macht, kommt sie
in ihrer Wirkung zu Lasten des Vertretenen einer Zugangsfiktion gleich. Dies ist bei der Beurteilung im Rahmen des § 9 Abs. 1
mitzuberücksichtigen (BGH, a. a. O. → Lohnabtretung).

Eine Klausel in Kreditbank-AGB, die bei vorzeitiger Beendigung des Darlehensvertrages einen Erstattungsanspruch bezüglich eines vereinbarten Disagio generell ausschließt, ist unwirksam (BGH, NJW 1990, 2250). Eine Klausel in Banken AGB, die
dem Kunden einem der von keinem der Beteiligten verschuldeten Schaden aus einem eintretenden Mangel in seiner eigenen
Geschäftsfähigkeit in vollem Umfang aufbürdet verstößt gegen
§ 9 und ist unwirksam (BGH DB 1991, 2077). Zu den neuen
Bedingungen für ec-Karten und den Scheckverkehr: Wand, ZIP
1996, 214.

Bauherrenmodell. Die zentrale Stellung im Bauherrenmodell
nimmt der Treuhänder ein, der für die Bauherren eine Vielzahl
von Verträgen schließt. Eine formularmäßige Haftungsbegrenzung des Treuhänders auf grob fahrlässige oder vorsätzliche
Pflichtverletzungen ist unwirksam, weil sie mit dem besonderen
Vertrauensverhältnis, wie es zwischen Treuhänder und Bauherrn beim Bauherrenmodell besteht nicht zu vereinbaren ist
(OLG Celle, NJW 1986, 260). Auch die Klausel, wonach Ansprüche gegen den Treuhänder binnen Jahresfrist nach Entstehung und Kenntnisnahme des Schadens, spätestens jedoch ein
Jahr nach Beendigung des Treuhandauftrages, geltend zu machen sind, verstößt gegen § 9 (BGH, NJW 1986, 1171). Ist der
Treuhänder Steuerberater, so gilt die Regelung des § 68 StBerG
mit einer dreijährigen Verjährungsfrist entsprechend (BGH,
a. a. O.). Klauseln, wonach dem Baubetreuer eine für die Vermietung des Bauobjekts und die Übernahme eine Mietgarantie
vereinbarte Vergütung auch dann zusteht, wenn der Bauherr
diese Leistungen einverständlich nicht in Anspruch nimmt,
verstößt gegen das Äquivalenzprinzip und damit gegen § 9.

Bausparverträge. Für Bausparverträge gelten die Einbeziehungsvoraussetzungen des § 2 Abs. 1 Nr. 1 und 2 nicht, sofern
die AGB von der zuständigen Behörde genehmigt sind. Diese
AGB unterliegen jedoch in vollem Umfang der Inhaltskontrolle

und sind zumindest in einzelnen Punkten bedenklich (OLG
Koblenz, NJW 1989, 2268); → Zinsberechnungs- und Tilgungs-
verrechnungsklausel; → Schriftformklausel; → Haftungsbeschränkung. Eine formularmäßige Erklärung des Grundeigen-
tümers, daß er (auch) persönlich für die Rückzahlung des Darlehens hafte, verstößt gegen § 9 (OLG Oldenburg, NJW-RR
1988, 1101).

Bauträgerverträge. Bauträger ist, wer ein Bauvorhaben im
eigenen Namen für eigene oder fremde Rechnung vorbereitet
oder durchführt; § 34 c Abs. 1 S. 1 Nr. 2 a GewO. Der Bauträger schließt im eigenen Namen die Verträge mit den Bauhandwerkern und ist so Bauherr (BGH, NJW 1981, 757). Bauträgerverträge sind am Gerechtigkeitsvorbild des Werkvertragsrechts
zu orientieren, und zwar auch dann, wenn im Zeitpunkt des
Erwerbes das zu errichtende Bauwerk schon fertiggestellt war
(BGH, NJW 1982, 2243). Klauseln, die das Vertragsverhältnis
als Kaufvertrag gestalten wollen, sind daher unwirksam. Die
Gewährleistungsregelung der → VOB/B kann in einem Bau-
oder Bauträgervertrag formularmäßig „isoliert" zumindest insoweit nicht vereinbart werden, als damit die Gewährleistungsfrist
des § 638 BGB (i. d. R. fünf Jahre) verkürzt wird (BGH, NJW
1986, 315). Eine Klausel, wonach die Herstellerfirma 5% des
Gesamtkaufpreises einschließlich kostenpflichtiger Sonderwün-
sche oder Ersatz des tatsächlich entstandenen Aufwandes verlangen kann, sofern der Bauherr vom Vertrag zurücktritt, ist im
Hinblick auf § 649 BGB nicht zu beanstanden (BGH, NJW
1983, 1491). 18% dürften dagegen zu hoch sein (vgl. BGH, BB
1985, 149). Die Formularklausel eines Bauträgers, wonach bei
Verschmutzung durch Bauschutt, die von mehreren Bauhandwerkern verursacht wurde, diese die Beseitigungskosten gemäß
Aufschlüsselung des Auftraggebers zu zahlen haben, verstößt
gegen § 9 (OLG München, NJW-RR 1989, 276).

Bauverträge. Neben der → VOB/B werden von Auftragneh-
mern, aber auch Auftraggebern eine Vielzahl weiterer Klauseln
verwendet. Hier kann es vielfach zur → Kollision von Vertragsbedingungen kommen. Einige Beispiele aus der höchstrichterli-
chen Rechtsprechung: Die Klausel, wonach der Auftragnehmer
im Falle einer Überzahlung den zu erstattenden Betrag vom

Empfang der Zahlung an mit 4% zu verzinsen hat, verstößt gegen § 9 AGBG (BGH, NJW 1988, 258). Eine Klausel, nach der der Einwand eines Preis- oder Kalkulationsirrtums auf Seiten des Auftragnehmers für ausgeschlossen erklärt wird, verstößt ebenfalls gegen § 9 (BGH, NJW 1983, 1671). Gleiches gilt für die → Musterprozeßvereinbarung, wonach der Auftragnehmer bei gerichtlicher Geltendmachung seiner Ansprüche aus Gründen der Kostenersparnis nur einen von dem Baubetreuer zu bestimmenden Bauherrn entsprechend dessen Anteil in Anspruch nehmen kann (BGH, NJW 1984, 2408). Auch die Begründung einer schuldunabhängigen Haftung der Handwerker für Baustellenschäden ist unwirksam (OLG Karlsruhe, AGBE III, § 9 Nr. 15). Ebenso eine Verpflichtung, das Gerüst bis zum endgültigen Abschluß der Arbeiten anderen Unternehmen vorzuhalten (OLG München, NJW-RR 1987, 662). Die Verjährungsfristen nach § 638 BGB können nicht durch die Unterbrechungsregelung der VOB verlängert werden (OLG München, NJW-RR 1986, 382; 1987, 662). Der Umfang der Reinigungspflicht kann nicht davon abhängen, wieviel Dreck andere Handwerker machen, ohne dies in der Preisgestaltung zu berücksichtigen (OLG München, NJW-RR 1987, 661). Darüber hinaus hat der BGH in seinem Urteil vom 25. 1. 1996 – VII ZR 233/94 – folgende Leitsätze formuliert:

„a) Folgende Formularklauseln in Besonderen Vertragsbedingungen des Auftraggebers eines Bauvertrages benachteiligen den Auftragnehmer als Vertragspartner des Verwenders entgegen den Geboten von Treu und Glauben unangemessen:

1. „Eine Abnahme durch Ingebrauchnahme ist ausgeschlossen" (wenn der Auftraggeber sich zugleich vorbehält, einen Abnahmetermin durch seine Bauleiter festzusetzen, ohne dafür eine Frist vorzusehen)
und

2. „Vereinbartes Skonto wird von jedem Abschlags- und Schlußrechnungsbetrag abgezogen, für den die geforderten Zahlungsfristen eingehalten werden" (bei Verstoß gegen das Transparenzgebot).

b) Die §§ 1 Nr. 4 Satz 1, 2 Nr. 5 Satz 1 und 18 Nr. 4 VOB/B halten einer isolierten Inhaltskontrolle nach den §§ 9–11 AGBG stand" (BGH BB 1996, 763).

Beförderungsbedingungen. Die §§ 11 Nr. 7 und 8 gelten nicht für die nach Maßgabe des Personenbeförderungsgesetzes genehmigten Beförderungsbedingungen und Tarifvorschriften der Straßenbahnen, Obusse und Kraftfahrzeuge im Linienverkehr, soweit sie nicht zum Nachteil des Fahrgastes von der Verordnung über die allgemeinen Beförderungsbedingungen für den Straßenbahn- und Obusverkehr sowie den Linienverkehr mit Kraftfahrzeugen vom 27. 2. 1970 abweichen; § 23 Abs. 2 Nr. 3 AGBG. Dies ist auf AGB von Luftverkehrsunternehmen nicht übertragbar (BGH, NJW 1983, 1324). Regelungen in AGB, die die zweijährige gesetzliche Verjährungsfrist für Vergütungsansprüche des Güternahverkehrsunternehmens (§ 196 Abs. 1 Nr. 3 BGB) auf drei Monate abkürzen, sind nach § 9 AGBG unwirksam und mit dem Grundsatz der Tarifbindung des Güterkraftverkehrsgesetzes § 22 Abs. 2, § 84 Abs. 1) nicht zu vereinbaren (BGH, NJW 1988, 2888).

Bestätigungsklauseln verändern vielfach die → Beweislast und können unter diesem Gesichtspunkt unwirksam sein.

Bewachungsverträge. Nach der Verordnung über das Bewachungsgewerbe vom 1. 6. 1976 (BGBl. I, S. 1341) ist dem Bewachungsgewerbe gestattet, die Haftung auf Versicherungsleistungen zu beschränken. Abweichend von § 11 Nr. 7 kann daher die Haftung auch bei grobem Verschulden von Erfüllungsgehilfen auf die Versicherungssumme beschränkt werden. Dies gilt jedoch nur für gewerbliche Unternehmer. Der nichtgewerbliche Unternehmer kann im Falle einfacher Fahrlässigkeit die Haftung auf Ansprüche aus von ihm abgeschlossenen Versicherungsverträgen beschränken (OLG Düsseldorf, VersR 1980, 1073), sofern diese Verträge angemessenen Versicherungsschutz gewährleisten.

Beweislast. Klauseln, durch die der Verwender die Beweislast zum Nachteil des anderen Vertragsteils ändert, sind insbesondere dann unwirksam, wenn diesem die Beweislast für Umstände auferlegt werden, die im Verantwortungsbereich des → Verwenders liegen oder wenn dieser den anderen Vertragsteil bestimmte Tatsachen bestätigen läßt, sofern es sich im letzten

Bierlieferungsverträge

Falle nicht bloß um ein gesondert unterschriebenes Empfangsbekenntnis handelt; § 11 Nr. 15. Dies gilt grundsätzlich auch im kaufmännischen Verkehr (§§ 9 Abs. 2 Nr. 1, 24 S. 2). Zulässig ist ein formularmäßiges abstraktes Schuldanerkenntnis (BGH, NJW 1987, 907, 2015) ebenso wie eine gesondert unterschriebene Quittung (§ 368 BGB). Im übrigen muß bereits jeder Versuch, die Beweisposition des Kunden zu verschlechtern als unwirksam angesehen werden (BGH, NJW 1987, 1634). Zweck der genannten Vorschrift ist es, solche Klauseln zu verbieten, mit deren Hilfe ein späteres gegenteiliges Vorbringen des Kunden erschwert oder unmöglich gemacht werden soll.

Bierlieferungsverträge. Klauseln über Laufzeiten von mehr als zehn Jahren verstoßen gegen Artikel 8 Abs. I d der Verordnung Nr. 1984/83 (EG-Recht) (vgl. OLG Hamm, NJW 1988, 1473; Wahl, NJW 1988, 1431). Tritt der Käufer einer Gastwirtschaft in den Getränkebezugsvertrag des Verkäufers mit einer Brauerei ein, so ist ohne Rücksicht auf den Eintrittszeitpunkt die vereinbarte Laufzeit des aufrechterhaltenen und identischen Ursprungsvertrages dafür maßgebend, ob die Bezugsbindung allein wegen ihrer Dauer sittenwidrig ist (BGH, BB 1988, 1281). Ist ein Getränkelieferungsvertrag wegen seiner Bindungsfrist (z. B. 30 Jahre) sittenwidrig, so ist eine Klausel, wonach sich der Vertrag nach seinem Ablauf um einen weiteren Zeitraum verlängert, wenn er nicht innerhalb bestimmter Fristen gekündigt wird, unwirksam (BGH, a. a. O.). Die Klausel, wonach die Brauerei bei Vertragsverletzungen der Gegenseite berechtigt ist, Rückgabe des leihweise überlassenen Gaststätteninventars – bei Fortbestehen der Bezugsverpflichtung des Gastwirts – zu verlangen, verstößt gegen § 9 (BGH, NJW 1985, 2693). Bezugsbedingungen von mehr als zwei Jahren verstoßen nicht gegen § 9 (mit Blick auf § 11 Nr. 12 a) (BGH, NJW 1985, 2693, 2695; die Anwendung auf Nichtkaufleute bejaht dagegen OLG Frankfurt, BB 1988, 871). Die sogenannte Nachfolgeklausel, wonach die Parteien ihre Verpflichtungen aus dem Vertrag ihrem Rechtsnachfolger auferlegen müssen, wird von der Rechtsprechung gebilligt (BGH, NJW 1985, 2693, 2695). Voraussetzung ist jedoch, daß die sonstige Vertragsgestaltung dem Gastwirt einen ausreichenden Freiraum beläßt und ihm eine Kündi-

gungsbefugnis aus wichtigem Grund nicht abschneidet (BGH,
a. a. O.).

Branchenüblichkeit. Im kaufmännischen Verkehr werden
AGB ohne besonderen Hinweis Vertragsinhalt, sofern die Ver-
wendung von AGB branchenüblich ist. Dies ist vor Inkrafttre-
ten des AGBG im Bereich von Transport- und Speditionsge-
schäften, Versicherungsgeschäften, im Bankverkehr und im
Bereich bestimmter kommunaler Betriebe anerkannt worden.
Die Weitergeltung dieser Rechtsprechung nach Inkrafttreten des
AGBG ist umstritten.

Buchclubs. Das gesellschaftsrechtlich ausgestaltete Benut-
zungsverhältnis im Rahmen sogenannter Buchclubs führt an
sich nach § 23 Abs. 1 zu einem Ausschluß des Schutzes nach
AGBG; § 23 Abs. 1. Sofern die Austauschbeziehung jedoch wie
regelmäßig bei sogenannten Buchclubs im Vordergrund steht,
ist kein Grund ersichtlich, daß AGBG nicht entsprechend anzuwenden, so daß insbesondere die Schranken für die Laufzeit von Dauerschuldverhältnissen nach § 11 Nr. 12 Anwendung finden müssen. Eine Unterschreitung der hier genannten
Fristen ist auch über § 9 nicht zu fordern (BGH, NJW 1987,
2012).

Bürgschaft. Die formularmäßige Übernahme einer betragsmä-
ßig unbeschränkten Bürgschaft zur Sicherung aller bestehenden
und künftigen Ansprüche gegen den Hauptschuldner ist wirksam (BGH, NJW 1985, 848; BGH, NJW 1986, 928, jeweils zum
Banken- bzw. Sparkassenbereich). Eine Regelung, daß die
Kreditbürgschaft in vollem Umfang aufrechterhalten bleibt,
auch wenn die Schuldnerin die für die Hauptschuld bestellte
Sicherheit oder Rechte gegen einen Mitbürgen aufgibt, wird von
der Rechtsprechung nicht beanstandet (BGH, NJW 1981, 748;
BGH, NJW 1986, 928, 930). Ein Verzicht auf die Einrede der
Aufrechnung (§ 770 Abs. 2 BGB) ist wirksam, auch soweit er
die Berufung auf die Möglichkeit des Hauptschuldners, mit
unbestrittenen und rechtskräftig festgestellten Forderungen
aufzurechnen, ausschließt. Auch der Ausschluß der Einrede der
vom Hauptschuldner nicht erklärten Aufrechnung (§ 770 Abs. 1
BGB) ist wirksam (BGH, NJW 1986, 43), ebenso der Ausschluß

der Gesamtschuldnerschaft von Mitbürgen (§ 769 BGB); (NJW 1983, 2442, NJW 1986, 930). Zulässig ist auch die Einbeziehung von Zinsen, Provisionen und Kosten, selbst wenn bei einer Höchstbetragsbürgschaft die Bürgschaftssumme überschritten wird (BGH, NJW 1980, 2131). Die formularmäßige Vereinbarung einer selbstschuldnerischen Bürgschaft nach den §§ 771, 773 BGB, immer mit der Folge, daß keine Einrede der Vorausklage besteht, ist zulässig. Die in einem Bürgschaftsformular der Sparkasse enthaltene Klausel, daß bei Zahlungen des Bürgen die Rechte der Sparkasse erst dann auf ihn übergehen, wenn die Sparkasse wegen aller ihrer Ansprüche gegen den Hauptschuldner volle Befriedigung erlangt hat und die Zahlungen bis dahin nur als Sicherheit gelten, wird von der Rechtsprechung jedenfalls dann gebilligt, wenn die Bürgschaft sämtliche Forderungen der Sparkasse aus der Geschäftsverbindung mit dem Hauptschuldner sichert (BGH, NJW 1985, 614). Unwirksam ist dagegen die von einer Bank verwendete formularmäßige Bürgschaftserklärung, mit der der Bürge auf Verlangen der Bank verpflichtet ist, für seine Bürgschaft eine ihr genehme Sicherheit zu leisten (BGH, NJW 1985, 45). Klauseln die den Grundsatz der Abhängigkeit der Bürgenverpflichtung von einer wirksamen Hauptschuld (Akzessorietät) durchbrechen, sind in der Regel unwirksam, so die Klausel, wonach sich der Bürge nicht auf die vom Hauptschuldner erklärte Anfechtung berufen könne. Eine vom Bürgen verwendete AGB, die eimnen Übergang der Rechte aus der Bürgschaft ausschließt, mit der Folge, daß bei einer Abtretung der Hauptforderung die Bürgschaft erlischt ist wegen Verstoßes gegen das Transparenzgebot nach § 9 unwirksam (BGH ZIP 1991, 1350). **Lit.:** Pape, NJW 1996, 887.

Bundeskartellamt. Das Bundeskartellamt führt nach § 20 AGBG ein Register über Klagen nach §§ 13 oder 19, wobei diese Eintragungen nach 20 Jahren seit dem Schluß des Jahres zu löschen sind, in dem die Eintragung in das Register erfolgt ist. Zu Auskunftsansprüchen gegenüber dem Bundeskartellamt vgl. § 20 Abs. 4. Die Anschrift lautet: Bundeskartellamt, Mehring-Damm 129, 10965 Berlin.

C

Computer und Software → EDV–Verträge

Chemische Reinigung. Eine Haftungsbegrenzung auf das 15-fache des Entgeltes ist nach § 11 Nr. 7, jedenfalls (und bei Kaufleuten) nach § 9, unwirksam (LG Ansbach 1979, 769). Zweifelhaft ist, ob die Klausel dadurch Wirksamkeit erlangt, daß der Reiniger auf die Notwendigkeit einer Versicherung hinweist und diese zu angemessenen Bedingungen anbietet (vgl. BGH, NJW 1980, 1953). Auch die sogenannte Abholklausel, wonach der Verwender nach Ablauf eines Jahres wie ein Eigentümer über die nicht abgeholte Sache verfügen darf, ist unwirksam (OLG Köln, ZIP 1981, 1104).

CMR. Das Übereinkommen über den Beförderungsvertrag im internationalen Straßenverkehr (CMR) ist ein internationales Abkommen und unterliegt daher als Rechtsvorschrift nicht dem AGBG. (Abdruck: Herber, Transportgesetze, Beck'sche Textausgabe.) Stand der Vertragsparteien: Fundstellennachweis B zum Bundesgesetzblatt, abgeschlossen zum 31. 12. jedes Jahres.

D

Darlehensverträge → Banken

DAT-Schätzpreis. Die Klausel, wonach bei einem nichtgewerbsmäßigen Verkauf eines Gebrauchtwagens an einen Kfz-Händler der Ankauf zum DAT-Schätzpreis „abzüglich 50/40/30/20 Prozent" erfolgt, ist nach § 9 unwirksam. Es handelt sich hierbei um ein einseitiges Leistungsbestimmungsrecht, wonach die Parteien an ein Schiedsgutachten gebunden werden sollen, bis an die Grenze der offenbaren Unrichtigkeit (BGH, NJW 1983, 1854).

Dauerschuldverhältnisse. Bei Dauerschuldverhältnissen ist im nicht-kaufmännischen Verkehr insbesondere § 11 Nr. 12 zu beachten, wonach bei einem Vertragsverhältnis, das die regelmäßige Lieferung von Waren oder die regelmäßige Erbringung von Dienst- oder Werkleistungen durch den Verwender zum Gegenstand hat, eine den anderen Vertragsteil länger als zwei Jahre bindende Laufzeit des Vertrages unwirksam ist, ebenso eine dem anderen Vertragsteil bindende stillschweigende Verlängerung des Vertragsverhältnisses um jeweils mehr als ein Jahr oder zu Lasten des anderen Vertragsteils eine längere Kündigungsfrist als drei Monate vor Ablauf der zunächst vorgesehenen oder stillschweigend verlängerten Vertragsdauer. Mietverträge fallen jedoch nicht unter diese Vorschrift (BGH, NJW 1985, 2328). Ausgenommen sind auch Verträge über die Lieferung von Elektrizität und Gas (§ 23 Abs. 2 Nr. 2), Arbeitsverträge (§ 23 Abs. 1) und die in § 23 Abs. 2 Nr. 6 angeführten Verträge. Die in einem Zeitschriftenbestellformular enthaltene zweijährige Erstbindungsfrist übersteigt zwar nicht die in § 11 Nr. 12 a gesetzten Grenzen, ist jedoch gleichwohl nach § 9 der Inhaltskontrolle zu unterwerfen. Der BGH hat im Gegensatz zum Schrifttum eine derartige Klausel gebilligt (BGH, NJW 1987, 2012). Auch die Kündigungsfrist von drei Monaten und eine Verlängerungsklausel, wonach sich das Abonnement mangels fristgerechter Kündigung um ein Jahr verlängert, sind wirksam (BGH, NJW 1987, 2012). Ein Kündigungsrecht aus wichtigem Grunde kann durch AGB jedoch nicht ausgeschlossen werden (BGH, NJW 1986, 3134). → Preiserhöhungen. Das LG Frankfurt/M. (NJW-RR 1989, 176) hat die in einem Mietvertrag enthaltene Klausel, wonach sich die ursprüngliche Laufzeit von 3 Jahren bei nicht rechtzeitiger Kündigung automatisch um weitere 3 Jahre verlängert, als Verstoß gegen § 11 Nr. 12 b AGBG angesehen. Die Fünf-Jahres-Laufzeitklausel in einem Rechtsschutzversicherungsvertrag verstößt gegen § 9 (so OLG München BB 1996, 291); dagegen hat der BGH (BB 1996, 293) die Fünf-Jahres-Klausel in einem Unfallversicherungsvertrag gebilligt, die Zehn-Jahres-Befristung dagegen verworfen (BGH BB 1994, 1736). Zur Reparaturkostenversicherung: BGH BB 1995, 2131. → Versicherungsverträge. **Lit.:** Strauß NJW 1995, 697.

DDR → Örtlicher Geltungsbereich

Deklaratorische Klauseln geben das wieder, was kraft Gesetzes gilt, so daß sich bei Hinwegdenken der Klausel konkret die gleiche Rechtsfolge aus dem Gesetz ergibt. Sie sind daher

grundsätzlich nicht als → AGB anzusehen, da sie dem anderen
Teile nicht einseitig auferlegt werden, jedenfalls unterliegen sie
nicht der Inhaltskontrolle gem. § 8 (BGH, NJW 1988, 2951 m.
Anm. Niebling, VersR 1989, 89).

DIN-Normen sind nicht als Rechtsvorschriften im Sinne der
§§ 6, 8 und 9 anzusehen, sie gelten vielmehr als antizipiertes
Sachverständigengutachten, und die Bezugnahme auf einschlägige DIN-Normen bedeutet vielfach keine Abweichung von der
ohnehin geltenden Rechtslage, so daß insoweit von → deklara-
torischen Klauseln gesprochen werden kann.

Dispositives Gesetzesrecht. Das Bürgerliche Gesetzbuch kennt
zwingende und dispositive, d. h. durch Individualvereinbarung
abdingbare Normen. Darüber hinausgehend kennt das Versicherungsrecht halbzwingende Vorschriften, die nicht zum
Nachteil des Versicherungsnehmers oder geschützter Dritter
(z. B. Erwerber der versicherten Sache, § 69 f. VVG; Hypothe-
kengläubiger § 100 f. VVG) abgeändert werden können. Dispositive Rechtsnormen liegen auch dann vor, wenn hierin Gestaltungsmöglichkeiten aufgezeigt werden („sofern nichts anderes bestimmt ist", „ist zulässig"). Das dispositive Gesetzesrecht
ist der Hauptanwendungsfall der Inhaltskontrolle, da gegen
zwingende Normen verstoßende AGB-Bestimmungen ohnehin
unwirksam sind. Die für Individualvereinbarungen geltenden
Gestaltungsräume sind wegen der einseitigen Inanspruchnahme
der Vertragsfreiheit nicht auf einseitig auferlegte AGB zu übertragen. → Zinsberechnungsklausel → Wertstellungsklausel.

Dokumentenakkreditiv. Die von der internationalen Handels-
kammer aufgestellten einheitlichen Richtlinien und Gebräuche
für Dokumentenakkreditive (ERA) sind AGB im Sinne des § 1
(Abdruck und weitere Nachweise Baumbach/Hopt, HGB).

E

EDV–Verträge. Mängel einer vorgefertigten Standardsoftware,
die dem Erwerber gegen einmaliges Entgelt auf Dauer zur freien
Verfügung überlassen werden, unterliegen den Gewährlei-

stungsbestimmungen der § 459 f. BGB. Ob beim Kauf einer EDV-Anlage ein einheitlicher Kaufgegenstand vorliegt, oder ob Hard- und Software mehrere als zusammengehörend verkaufte Sachen darstellen, bestimmt sich objektiv nach der Verkehrsanschauung, nicht subjektiv nach dem Parteiwillen (BGH, NJW 1988, 406). Dem entgegenstehende Klauseln dürften nach § 9 unwirksam sein. Auf folgende Vertragsbedingungen ist hinzuweisen: Besondere Vertragsbedingungen für den Kauf von EDV-Anlagen und Geräten (BVB-Kauf) vom 15. 6. 1974, Beilage Bundesanzeiger Nr. 135/1974; die besonderen Vertragsbedingungen für die Miete von EDV-Anlagen und Geräten (BVB-Miete) vom 15. 12. 1982, Beilage Bundesanzeiger Nr. 23/1973, die besonderen Vertragsbedingungen für die Pflege von DV-Programmen (BVB-Pflege) vom 10. 11. 1979, Beilage Bundesanzeiger Nr. 239/1979, die besonderen Vertragsbedingungen für die Überlassung von DV-Programmen (BVB-Überlassung) vom 4. 11. 1977, Beilage Bundesanzeiger Nr. 216/1977 sowie die besonderen Vertragsbedingungen für die Wartung von EDV-Anlagen und Geräten (BVB-Wartung) vom 15. 6. 1974, Beilage Bundesanzeiger Nr. 135/1974. Folgende Klauseln sind als unwirksam beanstandet worden:

- Im Nicht-kaufmännischen Geschäftsverkehr der vollständige oder teilweise Gewährleistungsausschluß, z. B. nur für bestimmte oder „wesentliche" Mängel (OLG Karlsruhe, ZIP 1983, 1091: § 11 Nr. 10 a).
- Der Ausschluß der gesetzlichen Gewährleistungsrechte bei Fehlschlagen einer vereinbarten Nachbesserung oder Ersatzlieferung (OLG Köln, NJW 1988, 2477); dies gilt auch im kaufmännischen Verkehr.
- Die Verkürzung der gesetzlichen Gewährleistungsfrist von sechs Monaten (Ulmer-Schmidt, Anhang §§ 9–11, Rdnr. 274).
- Ausschlußfristen für die Rüge verborgener Mängel unabhängig von ihrer Entstehung (Ulmer, a. a. O., Rdnr. 275).
- Der Lizenzgeber einer Betriebssystemlizenz für Computer-Hardware kann dem Zweiterwerber der Hardware die Nutzung des Betriebssystems nicht untersagen (OLG Nürnberg, NJW 1989, 2634). **Lit.:** Zahrnt, Beilage 9 zu BB Heft 19/1996.

EG-Richtlinie über mißbräuchliche Klauseln in Verträgen. Die EG-Kommission hat mit einer Richtlinie die verschiedenen

EG-Richtlinie über mißbräuchliche Klauseln in Verträgen

Gesetze der Mitgliedstaaten zum Schutz der Verbraucher gegen mißbräuchliche Klauseln in den einzelnen Vertragsarten und Vertragstypen aneinander anzugleichen versucht. Im Gegensatz zum AGBG sollte ursprünglich der sachliche Anwendungsbereich neben Allgemeinen Geschäftsbedingungen und Musterverträgen auch individuell ausgehandelte Verträge zwischen Kaufleuten und Verbrauchern erfassen. Glücklicherweise hat sich dies nicht durchgesetzt. Verträge der Kaufleute untereinander werden nicht von dem Regelungsgehalt der Richtlinie erfaßt. Nach Artikel 2 der ursprünglichen Fassung dieser Richtlinie war eine Klausel dann mißbräuchlich, wenn ein grobes Ungleichgewicht der sich aus dem Vertrag ergebenden Rechte und Pflichten der Parteien bestand und dem Verbraucher dadurch ein Schaden erwuchs oder die Durchführung des Vertrages dem Verbraucher einen übergebührlichen Schaden zufügte oder die Vertragsdurchführung bedeutend von dem abwich, was der Verbraucher regelmäßig erwarten konnte oder wenn die Klauseln unvereinbar mit Treu und Glauben war. In Artikel 3 Abs. 1 war ursprünglich vorgesehen, es bei Unwirksamkeit einer Klausel dem Willen des Verbrauchers zu überlassen, ob er den Vertrag fortsetzen wollte oder nicht. Artikel 3 Abs. 3 nahm insoweit Bezug auf den Anhang 1 der Richtlinie, der eine nicht abschließende Liste mißbräuchlicher Klauseln beinhaltet. Artikel 4 verwies auf den Anhang 2, wonach Kaufverträge einen bestimmten Mindestinhalt haben müssen, um wirksam zu sein. Nach Artikel 5 waren die Mitgliedsstaaten verpflichtet, entsprechende Maßnahmen zur Kontrolle von mißbräuchlichen Klauseln zu ergreifen. Nach Absatz 2 konnten hierzu auch Verwaltungsbehörden oder Verbraucherschutzbehörden eingeschaltet werden. Gemäß Artikel 6 (nunmehr Art. 9) war die Kommission verpflichtet, fünf Jahre nach Inkrafttreten der Richtlinie einen Erfahrungsbericht über deren Auswirkungen vorzulegen. Die Mitgliedstaaten wurden aufgefordert, die Richtlinie bis zum 31. 12. 1992 in nationales Recht umzusetzen (Artikel 7). Die verabschiedete Richtlinie vom 5. 4. 1993 hat mit den ursprünglichen Entwürfen jedoch kaum mehr Gemeinsamkeiten und wurde erst durch G. vom 19. 7. 1996 (BGBl. I S. 1013) 1996 durch die AGB-Novelle in nationales Recht umgesetzt. → Allgemeine Geschäftsbedingungen. **Lit.:** Wolf a. a. O S. 1869; Heinrichs NJW 1995, 153; Niebling EWS 1995, 185.

Ehemakler

Ehemakler → Partnerschaftsvermittlung

Eigentumsvorbehalt. Nach der Auslegungsregelung des § 455 BGB erfolgt im Zweifel die Übertragung des Eigentums unter der aufschiebenden Bedingung vollständiger Zahlung des Kaufpreises, wenn sich der Verkäufer einer beweglichen Sache das Eigentum bis zur Zahlung des Kaufpreises vorbehalten hat. Dieser sogenannte einfache Eigentumsvorbehalt ist ein angemessenes Sicherungsmittel des Warenkredites und daher grundsätzlich unbedenklich. Der Eigentumsvorbehalt setzt sich grundsätzlich auch dann durch, wenn der Käufer → Abwehrklauseln oder den Eigentumsvorbehalt ausschließende Klauseln verwendet (BGH, NJW 1982, 1748). Dagegen ist beim sogenannten Kontokorrentvorbehalt, d. h. wenn das Eigentum erst übergehen soll, wenn der Käufer alle oder einen bestimmten Teil der Forderungen aus der Geschäftsverbindung beglichen, insbesondere den Saldoausgleich herbeigeführt hat, zu unterscheiden: Im kaufmännischen Verkehr ist dies grundsätzlich zulässig (BGH, BB 1978, 18). Im Verhältnis zum Letztverbraucher sind derartige Klauseln jedoch unwirksam (OLG Frankfurt, NJW 1981, 130).

Eine aufgrund verlängerten Eigentumsvorbehalts erfolgte Vorausabtretung der Kundenforderung „in voller Höhe" verstößt dann nicht gegen § 9 Abs. 1, wenn zugleich eine Freigabeklausel vereinbart wurde, die zu einer Zurückführung der Sicherheit auf einen angemessenen Umfang führt (BGH, NJW 1985, 1836). Die Vorausabtretung muß jedoch einerseits dem Bestimmtheitserfordernis hinsichtlich der abgetretenen Forderung, andererseits der Gefahr einer unverhältnismäßigen und die wirtschaftliche Bewegungsfreiheit des Käufers unerträglich beschränkenden Übersicherung des Verkäufers Rechnung tragen (BGH, NJW 1978, 487, 488). Ein in den AGB des Verkäufers vereinbarter erweiterter und verlängerter Eigentumsvorbehalt benachteiligt im kaufmännischen Geschäftsverkehr den Käufer grundsätzlich unangemessen, sofern ihm nicht ein Recht eingeräumt wird, Freigabe der Sicherheiten zu verlangen, wenn ihr realisierbarer Wert 20% der zu sichernden Forderung übersteigt (BGH ZIP 1993, 105; BGH BB 1996, 14; BB 1996, 130 und BB 1996, 344; BGH BB 1996, 865). Dagegen ist ein sogenannter Konzernvorbehalt auch im kaufmännischen Verkehr unwirksam (zuletzt Schnorbus BB 1995, 2225). Hierunter versteht man einen Kontokorrentvorbehalt, der auf Forderungen Dritter erstreckt wird, die in der Regel zum selben Konzern des Vorbehaltseigentümers gehören. Eine in den Verkaufsbedingungen des Vorbehaltverkäufers enthaltene Klausel, nach der der Vorbehaltskäufer nur in der Weise über den Kaufgegenstand soll verfügen dürfen, daß er einen zugunsten des Vorbehaltverkäufers bestehenden Kontokorrentvorbehalt an den Zweiterwerber weiterleitet, benachteiligt den Vorbehaltskäufer unangemessen und ist deshalb unwirksam, wenn der Weiterverkauf des Kaufgegenstandes vor Zahlung des Kaufpreises Vertragsinhalt ist (BGH ZIP 1991, 665). **Lit.:** Nobbe, ZIP 1996, 657.

Einbeziehung Allgemeiner Geschäftsbedingungen. Die Voraussetzungen für die Einbeziehung von AGB sind im einzelnen in § 2 genannt, der jedoch nicht für Kaufleute gilt (§ 24 Nr. 1). Die bisherige Rechtsprechung, wonach AGB bereits dann Vertragsbestandteil wurden, wenn der Kunde vom Vorhandensein der AGB wußte oder bei Anwendung gehöriger Sorgfalt hätte wissen müssen und wenn für diesen erkennbar war, daß der Unternehmer den Vertrag nur unter Einbeziehung seiner AGB abschließen wolle (BGHZ 18, 99), kann hiernach nicht aufrecht erhalten werden. Vielmehr ist erforderlich, daß die Einbeziehung vom rechtsgeschäftlichen Vertragswillen der Parteien getragen wird. Voraussetzung ist daher grundsätzlich dreierlei: Hinweis des Verwenders, Möglichkeit der Kundenkenntnisnahme sowie Kundeneinverständnis. § 2 gilt auch dann, wenn der Verwender die andere Vertragspartei zur Abgabe seines Angebotes mit seinen AGB veranlaßt (BGH, NJW 1988, 2106, 2108). Erforderlich ist, daß der nach § 2 Abs. 1 Nr. 1 erforderliche Hinweis bei Vertragsschluß erfolgt, wobei ein naher zeitlicher Zusammenhang mit dem Vertragsschluß gekennzeichnet werden soll, ein Hinweis nach Vertragsschluß ist dagegen grundsätzlich nicht ausreichend. Ebensowenig genügt bei ständiger Geschäftsverbindung ein Hinweis auf frühere Geschäfte (BGH, DB 1986, 2074). Ein Hinweis auf Eintrittskarten, Parkscheinen (a. A. LG Frankfurt/Main, NJW-RR 1988, 955) ist daher nicht ausreichend. Ein ausdrücklicher Hinweis des Verwenders ist in der Regel bei Massengeschäften des täglichen

Einbeziehung Allgemeiner Geschäftsbedingungen

Lebens ohne besonderen wirtschaftlichen Wert im Einzelfall entbehrlich (BGH, NJW 1985, 850). Gleiches gilt für Versteigerungen (BGH, a. a. O.). Der Hinweis in Kaufhäusern: „Wir verkaufen zu unseren AGB, die an der Kasse für Sie zur Einsicht bereitliegen" ist daher im Sinne des § 2 Abs. 1 Nr. 1 ausreichend. Die Möglichkeit der Kenntnisnahme ist auch dann gewahrt, wenn der Vertragspartner mit einem gebräuchlichen Vertragsmuster (VOB) beruflich häufig zu tun hat und sich daher unschwer die notwendigen Kenntnisse verschaffen kann (BGH, NJW 1983, 817). Der Hinweis auf weitere AGB führt nur dann zur Einbeziehung dieser AGB, wenn insoweit auch die Obliegenheiten des § 2 Abs. 1 Nr. 2 gewahrt sind (BGH, NJW 1984, 1626). Die Einbeziehung üblicher AGB beim fernmündlichen Vertragsschluß ist nur möglich, wenn der Kunde ausdrücklich auf die Möglichkeit der Kenntnisnahme verzichtet. Der Hinweis nach § 2 Abs. 1 Nr. 1 ist dagegen unabdingbar. AGB müssen auch für den Durchschnittskunden mühelos lesbar sein (BGH, NJW 1983, 2773). Klauseln die nicht nur in den Randzonen, sondern auch in ihrem Kernbereich unklar sind, werden nicht Vertragsbestandteil (OLG Hamburg, NJW-RR 1986, 1440; BGH, NJW 1986, 924 – es gelte die günstigere Fassung –). Auch die Klausel, daß „für nicht ausdrücklich geregelte Fragen" die VOB gelte, wird nicht Vertragsbestandteil (OLG Stuttgart, NJW-RR 198 x, 787). Das Einverständnis als dritte Voraussetzung wird in der Regel bejaht, wenn der Verwender seinen Obliegenheiten nach Abs. 1 Nr. 1 und 2 nachgekommen ist. Die Entgegennahme der Leistung bewirkt jedenfalls im nicht-kaufmännischen Verkehr kein Einverständnis mit den erstmals in der Auftragsbestätigung enthaltenen AGB. Für Rahmenvereinbarungen ist erforderlich, daß die Parteien einen über den Einzelfall hinausgehenden Einbeziehungswillen besitzen und die Art der betreffenden Rechtsgeschäfte konkretisiert werden kann (BGH, ZIP 1986, 1127).

Im kaufmännischen Geschäftsverkehr werden AGB nur dann Vertragsbestandteil, wenn die Vertragsparteien ihre Anwendung ausdrücklich oder unter bestimmten Voraussetzungen wenigstens stillschweigend vereinbaren (BGH, NJW 1985, 1838, 1839; BGH, NJW 1988, 1210, 1212). Eine Aushändigung ist bei einem kaufmännischen Vertragspartner nicht zwingend erforderlich, auf die AGB muß jedoch klar und eindeutig hingewie-

sen werden (BGH, a. a. O.). Die Bezugnahme muß im übrigen
so gefaßt sein, daß bei dem Vertragspartner keine Zweifel auftreten können und er auch in der Lage ist, sich über die Bedingungen ohne weiteres Kenntnis zu verschaffen (BGH, a. a. O.).
Ein Hinweis auf Lieferscheinen ist auch im kaufmännischen
Verkehr nicht ausreichend (BGH, NJW 1978, 2243). Anders ist
dagegen die Bezugnahme und Mitteilung im kaufmännischen
Bestätigungsschreiben. Hier werden die AGB mangels Wider-
spruchs auch dann Vertragsinhalt, wenn sie nicht Gegenstand
der Vertragsverhandlungen waren (BGH, NJW 1978, 2244). Mit
ungewöhnlichen Bedingungen muß der Vertragspartner jedoch
auch hier nicht rechnen. Zur beiderseitigen Verweisung auf
Vertragsbedingungen siehe → Kollision von Vertragsbedingungen. Gelten AGB als → Handelsbrauch, so bedarf es einer Einbeziehung nicht. Die Möglichkeit zumutbarer Kenntnisnahme
von AGB im kaufmännischen Verkehr genügt nicht für die
Einbeziehung solcher Klauseln, die die Geltung der Bedingungen für künftige Verträge regelt (BGH ZIP 1992, 404). **Lit.:**
Fischer BB 1995, 2491(zum kaufmännischen Rechtsverkehr).

Einkaufsbedingungen enthalten zumeist Abwehrklauseln, die
das Ziel verfolgen, die gegnerischen Verkaufsbedingungen
auszuschließen. Dies führt meist zu einer → Kollision von Vertragsbedingungen, mit der Folge, daß die gesetzlichen Bestimmungen Anwendung finden (BGH, ZIP 1985, 544). Die Abbe-
dingung des Verschuldenserfordernisses als Verzugsvorausset-
zung ist nach § 9 Abs. 2 Nr. 1 unwirksam (Graf von
Westphalen, ZIP 1984, 529). Auch kann, soweit Schadensersatzansprüche Mahnung, Nachfristsetzung und Ablehnungsandrohung voraussetzen (vgl. §§ 284, 326 BGB) nicht hiervon
abgewichen werden; § 11 Nr. 4. Das Verschuldenserfordernis
kann auch nicht dadurch umgangen werden, daß eine Vertragsstrafe des Lieferanten ausbedungen wird. Die Vereinbarung
sowohl von Schadensersatzansprüchen wie auch Vertragsstrafenversprechen weicht vom Grundsatz des § 340 Abs. 2 BGB ab
und ist daher unwirksam (BGHZ 63, 256; BGH, NJW 1985,
56). Eine verschuldensunabhängige Vertragsstrafe ist nur bei
gewichtigen Umständen wirksam (BGH, NJW 1985, 57). Abbedingungen der Untersuchungs- und Rügeobliegenheiten der
§§ 377, 378 HGB verstoßen gegen § 9 Abs. 2 Nr. 1, so etwa die

Einwendungen d. Verwenders bei abweich. Entscheidung

Klausel: „Der Besteller verzichtet auf den Einwand nicht rechtzeitiger Mängelrüge". Der Lieferant hat hier ein anzuerkennendes Interesse, darüber unterrichtet zu werden, ob er mit Mängelansprüchen rechnen muß (OLG Frankfurt, ZIP 1985, 107; BGH NJW 1991, 2633, 2634). Die im Rahmen der Ausschreibung von Bauvorhaben vom Ausschreibenden verlangte vorformulierte Erklärung, wonach sich der Bieter verpflichtet, bei Beteiligung an einer wettbewerbsbeschränkenden Absprache aus Anlaß der Ausschreibung eine „Vertragsstrafe" in Höhe von 3 v. H. der Endsumme ihres Angebotes zu zahlen, ist nach § 9 unwirksam (BGH, NJW 1988, 2536). → Abtretungsausschluß → Aufrechnungsverbote.

Einwendungen des Verwenders bei abweichender Entscheidung. Siehe § 19 und → Verbandsverfahren.

Einzugsermächtigung. Einzugsermächtigungen sind grundsätzlich nicht unangemessen iSv § 9 (BGH NJW 1996, 988).

Elektrizitäts- und Gasversorgungsunternehmen. Hier finden generell die §§ 10 und 11 keine Anwendung. Dies ergibt sich aus § 23 Abs. 2 Nr. 2. → Beweislast.

Empfehler. Der Empfehler allgemeiner Geschäftsbedingungen, die nach §§ 9 bis 11 unwirksam sind, kann sowohl auf Unterlassung, wie auch auf Widerruf in Anspruch genommen werden; § 13 Abs. 1. Der Rechtsverkehr soll hierdurch umfassend von unwirksamen Bedingungen freigehalten werden. → Verbandsverfahren.

Erfüllungsortklauseln. Klauseln, die für den Erfüllungsort abweichend von der gesetzlichen Regelung bestimmen wollen, sind im nicht-kaufmännischen Verkehr bereits durch § 29 Abs. 2 ZPO unwirksam. Klauseln über den Erfüllungsort sind unter Vollkaufleuten nach § 38 Abs. 1 ZPO grundsätzlich zulässig, unwirksam sind die Klauseln nach § 9 lediglich dann, wenn der Erfüllungsort ohne unmittelbaren Bezug zu dem Handelsgeschäft ist, so die Vereinbarung eines ausländischen Erfüllungsortes oder → Gerichtsstandes, wenn keine Vertragspartei ihren Sitz in diesem Land hat (OLG Karlsruhe, NJW 1982, 1950).

Ergänzende Vertragsauslegung. Ist eine Klausel nicht Vertragsbestandteil geworden oder unwirksam, so richtet sich der Vertrag nach den gesetzlichen Vorschriften; § 6 Abs. 2. Der BGH hat in der Entscheidung zur Tagespreisklausellücke (NJW 1984, 1177) auch die Grundsätze der ergänzenden Vertragsauslegung als „gesetzliche Vorschrift" im Sinne des § 6 Abs. 2 angesehen und hierfür folgende Voraussetzungen aufgestellt: Es entsteht durch die Unwirksamkeit einer Klausel in allgemeinen Geschäftsbedingungen eine Lücke, konkrete gesetzliche Regelungen zur Ausfüllung der Lücke stehen nicht zur Verfügung, sowie die ersatzlose Streichung der unwirksamen Klausel führt nicht zu einer angemessenen, den typischen Interessen des Klauselverwenders und des Kunden Rechnung tragenden Lösung. Die unwirksame Tagespreisklausel sei so durch eine Regelung zu ersetzen, die den Käufer zwar grundsätzlich zur Zahlung des bei Auslieferung gültigen Listenpreises verpflichte, soweit dieser Preis einer nach billigem Ermessen zu treffenden Leistungsbestimmung des Verkäufers entspreche, andererseits soll dem Kunden ein Rücktrittsrecht eingeräumt werden, wenn die Preiserhöhung den Anstieg der allgemeinen Lebenshaltungskosten in der Zeit zwischen Bestellung und Auslieferung nicht unerheblich übersteigt. (Zu Recht kritisch hierzu: Trinkner und Löwe, BB 1984, 484, 492.) In einem Internatsvertrag ist die generelle Beschränkung der Kündigungsmöglichkeit auf das Schuljahresende nach § 9 unwirksam (BGH, NJW 1985, 2585, 2586). An die Stelle dieser unwirksamen Klausel tritt im Wege der ergänzenden Vertragsauslegung die Rechtslage, die ein Kündigungsrecht zum Ende des ersten in der Vertragszeit liegenden Schulhalbjahres ermöglicht. Auch unwirksame → Preisanpassungsklauseln können im Wege der ergänzenden Vertragsauslegung auf eine tatsächliche Kostensteigerung hin korrigiert werden, wenn der Regelungsplan der Parteien vervollständigungsbedürftig ist und ohne die Vervollständigung den typischen Interessen des AGB-Verwenders wie des Kunden nicht angemessen Rechnung getragen würde. Kommen allerdings zur Ausfüllung der vertraglichen Regelungslücke *verschiedene* Gestaltungsmöglichkeiten in Betracht, so scheidet die ergänzende Vertragsauslegung aus (BGH, NJW 1990, 115, 116).

Die ergänzende Vertragsauslegung ist jedoch kein Instrument, eine unwirksame Klausel im Sinne der dahinterstehenden

Factoring

Verwenderinteressen weitestgehend zu entschärfen und eine
risikolose Verwendung von AGB zu ermöglichen. In neueren
Entscheidungen werden die aufgezeigten Grundsätze der ergänzenden Vertragsauslegung dagegen zu Recht problematisiert
(BGH, NJW 1985, 2270: Festpreis; BGH, NJW 1985, 53, 56:
Automatenaufstellvertrag), zum Teil auch – mit Änderungen –
bestätigt (BGH, NJW 1989, 3010: objektiv-generalisierende
Betrachtung der Interessen anstelle der Umstände des Einzel-
falls). → Salvatorische Klausel.

F

Factoring. Beim Factoring überträgt ein Unternehmer Forderungen gegen seine Abnehmer durch Global- oder Mantelzessi-
on auf den Factor. Der Factor zahlt hierfür den Gegenwert,
vermindert um seine Provision an den Unternehmer und zieht
die Forderung ein. Beim **echten** Factoring handelt es sich um
einen Forderungskauf, denn der Factor trägt gegen eine entsprechende Prämie das Risiko der Zahlungsunfähigkeit und der
unberechtigten Zahlungsverweigerung des „Debitors". Die
Globalzession an den Factor ist auch insoweit wirksam, als es
die Forderungen betrifft, die von einem verlängerten Eigentumsvorbehalt erfaßt werden, da der Vorbehaltsverkäufer nicht
anders anzusehen ist, als hätte er die Forderung selbst eingezo-
gen. Die Abtretung an den Factor ist auch wirksam, wenn bereits ein verlängerter Eigentumsvorbehalt mit dem Abnehmer
vereinbart war, da sie durch die dem Vorbehaltskäufer erteilte
Ermächtigung zur Verfügung über die Sache oder deren Gegenwert gedeckt ist. Eine Abtretung des Factoringerlöses an
einen Dritten ist zwar wirksam, führt aber dazu, daß sich der
Factor nicht auf sein Vorrangrecht berufen kann (OLG Frankfurt, BB 1988, 232; BGH, BB 1987, 1486).

Das **unechte** Factoring trägt dagegen den Charakter eines
Kreditgeschäftes, da die Forderung lediglich erfüllungshalber im
Sinne des § 364 Abs. 2 BGB an den Factor abgetreten wird
(BGH, NJW 1982, 64). Eine dem verlängerten → Eigentums-
vorbehalt vorausgegangene oder nachfolgende Factoringglobal-
zession ist im Rahmen des unechten Factoring unwirksam
(BGH, a. a. O.). Um die Unwirksamkeit zu vermeiden, ist

es erforderlich, daß die rückbelasteten oder nicht bevorschußten Forderungen von selbst an den Kunden und damit gem. § 185 Abs. 2 BGB an den Vorbehaltslieferanten zurückfallen, hier stehen echtes und unechtes Factoring gleich. Dies ist bei der zweckmäßigen Ausgestaltung von AGB zu berücksichtigen.

Fahrschul-AGB. Eine Vorleistungspflicht des Fahrschülers, die nicht nur die Grundgebühr betrifft, sondern auch das Fahrstundenentgelt, verstößt gegen § 9 Abs. 2 Nr. 1 i. V. m. § 614 BGB. Soll nach Kündigung durch den Fahrschüler die Erstattung der Grundgebühr ausgeschlossen oder beschränkt werden, so verstoßen Klauseln, die § 628 BGB nicht berücksichtigen, gegen § 10 Nr. 7. Die Fahrschule kann insbesondere nur einen ihrer bisherigen Leistung entsprechenden Teil der Vergütung verlangen, i. e. § 628 BGB (str.). Die Klauseln, wonach nur ein vom Fahrlehrer zu vertretender Unterrichtsausfall zur Nachholung des Unterrichts führen soll, verstößt gegen § 9, da nach § 323 BGB ein von keiner Seite zu vertretender Ausfall den Vergütungsanspruch untergehen läßt, so daß der Fahrschüler Nachholung der Fahrstunde verlangen kann. Auch ist die Fahrschule aufgrund ihrer Fürsorgepflicht gehalten, den Schüler durch eine Vollkaskoversicherung für fahrlässig verursachte Schäden freizustellen. Die gebräuchlichen AGB, wie auch die Konditionenempfehlung der Bundesvereinigung der Fahrlehrerverbände e. V. (BAnz. Nr. 138/1978 – Nr. 83/78) sind daher nicht bedenkenfrei.

Fahrtzeitenklausel. Die Klausel „Fahrtzeiten gelten als Arbeitszeiten" unterliegt als Preisnebenabrede der Inhaltskontrolle und verstößt gegen § 9, weil für die Fahrtzeiten lediglich der tatsächliche Aufwand, nicht jedoch ein Gewinnanteil berechnet werden kann (BGH, NJW 1984, 2160).

Fakultativklausel → Banken AGB

Fehlschlagen der Nachbesserung → Gewährleistung

Fernmündlicher Vertragsschluß → Einbeziehung Allgemeiner Geschäftsbedingungen

Fernsprechnebenstellenanlagen. Die formularmäßige Vereinbarung einer zehnjährigen Laufzeit eines zwischen Kaufleuten geschlossenen Mietvertrages über eine Fernsprechnebenstellenanlage verstößt nicht gegen § 9 (BGH, NJW 1985, 2328). Die Klausel, wonach der Mieter bei auftretenden Störungen nicht berechtigt ist, „gegen fällige Forderungen aufzurechnen oder Zahlungen zurückzuhalten", verstößt im nicht-kaufmännischen Verkehr gegen § 11 Nr. 2, im kaufmännischen Verkehr gegen § 9 Abs. 2 Nr. 1 i. V. m. § 320 BGB. Gegen die Vereinbarung eines Rechts des Vermieters, einen sofort fälligen Schadensersatzanspruch in Höhe der Hälfte der restlichen Miete bis zum Ablauf der Mindestvertragszeit geltend zu machen, wenn der Mieter die Anlage ganz oder teilweise aufgibt, bestehen keine Bedenken (Graf von Westphalen, Bd. III, Nr. 41.2, Rdnr. 4). Der Vermieter kann sich nicht das Recht ausbedingen, selbst bei geringfügiger Vertragsverletzung des Mieters den Vertrag „fristlos" zu kündigen; § 9 Abs. 2 Nr. 1. Die Kündigung von Dauerschuldverhältnissen ist nur wirksam, wenn der andere Teil die Vertragspflichten in erheblicher Weise schuldhaft verletzt hat und dem anderen Teil ein Festhalten am Vertrag nicht zugemutet werden kann. Eine Klausel, wonach der Mieter ohne Rücksicht auf die Entstehungsursache für Beschädigung und Verlust der Anlage und des angelieferten Materials haftet, es sei denn, daß der Schaden nachweislich von einem Erfüllungsgehilfen des Vermieters schuldhaft verursacht worden ist, verstößt gegen § 9 Abs. 2 Nr. 1 und im nicht-kaufmännischen Verkehr zusätzlich gegen § 11 Nr. 15 (Graf von Westphalen, a. a. O., Rdnr. 8). Eine Haftungsbeschränkung im Rahmen der Bedingungen und Deckungssummen der von der Vermieterin abgeschlossenen Haftpflichtversicherung verstößt gegen § 11 Nr. 7 bzw. im kaufmännischen Verkehr gegen § 9 Abs. 1 (Graf von Westphalen, a. a. O., Rdnr. 9).

Finanzierter Abzahlungskauf. Beim finanzierten Kauf sind Kauf- und Darlehensvertrag grundsätzlich als rechtlich selbständige Verträge zu werten (BGH, NJW 1982, 1694). Der nicht als Kaufmann im Handelsregister eingetragene Käufer kann dem Kreditgeber jedoch nach Treu und Glauben Einwendungen aus dem Kaufvertrag entgegensetzen, wenn andernfalls die Risiken der an einem solchen Geschäft Beteiligten nicht ange-

messen verteilt wären (BGH, a. a. O.). Der erforderliche innere
Verbund der beiden Geschäfte setzt voraus, daß keines ohne
das andere geschlossen wäre. Entscheidend ist nicht, ob die
Bank dem Verkäufer Darlehensformulare überläßt und der
Verkäufer die Kreditverhandlungen alleine führt, unerheblich
ist auch, ob ein Rahmenvertrag zwischen Kreditgeber und Ver-
käufer besteht, die einzelnen Kaufgegenstände im Darlehensver-
trag genannt und der Bank zur Sicherheit übereignet wurden
(BGH, a. a. O.). Wesentlich ist dagegen, ob der Käufer den
Kredit „auf eigene Faust" beschafft (dann kein finanzierter
Abzahlungskauf) und die Darlehenssumme unmittelbar dem
Konto des Verkäufers gutgeschrieben wird (dann liegt ohne,
daß es auf die oben genannten Indizien ankommt stets ein
finanzierter Kauf vor). Auch dies ist jedoch nicht zwingend.
Liegen die objektiven und subjektiven Voraussetzungen der
wirtschaftlichen Einheiten zwischen Kauf- und Darlehensvertrag vor, so steht dem Käufer nach dem Grundsatz von Treu
und Glauben gegenüber der Bank, die den Kreditbetrag ohne
Lieferungsnachweis an den Verkäufer ausgezahlt hat, das Recht
zu, die Darlehensrückzahlung zu verweigern, wenn der Verkäufer in Konkurs gefallen ist und daher endgültig feststeht, daß es
zu einer Warenlieferung nicht mehr kommen wird. Verallge-
meinernd läßt sich sagen, daß der Einwendungsdurchgriff nach
der Rechtsprechung zulässig ist, wenn es dem Käufer unzumutbar ist, seine Rechte gegenüber dem Verkäufer durchzusetzen
(BGH, NJW 1986, 43). Eine Klausel, wonach die wirtschaftliche
Einheit von Kauf- und Kreditvertrag verneint wird (Trennungs-
klausel), verstößt gegen § 9 (BGH, a. a. O.).

Fingierte Erklärungen. Gegenüber Nichtkaufleuten ist eine
Bestimmung, wonach eine Erklärung des Vertragspartners des
Verwenders bei Vornahme oder Unterlassung einer bestimmten
Handlung als von ihm abgegeben oder nicht abgegeben gilt,
unwirksam. Eine Ausnahme gilt dann, wenn nebeneinander
zwei Voraussetzungen erfüllt sind: Dem Vertragspartner muß
eine angemessene Frist zur Abgabe einer ausdrücklichen Erklärung eingeräumt werden und der Verwender muß sich verpflichten, den Vertragspartner bei Beginn der Frist auf die vorgesehene Bedeutung seines Verhaltens besonders hinzuweisen;
§ 10 Nr. 5. Damit wird der Grundsatz hervorgehoben, daß

Fingierte Erklärungen

Schweigen grundsätzlich keine Willenserklärung ist und auch nicht als Zustimmungserklärung aufgefaßt werden kann. Der Verwender darf jedoch eigenes Schweigen als Zustimmung fingieren (OLG Düsseldorf, MDR 1978, 144). Die Frage, ob Schweigen auf ein Angebot oder eine Auftragsbestätigung des Verwenders als Annahme gilt, ist durch AGB nicht regelbar. Es greifen hier die gesetzlichen Vorschriften, z. B. § 346 HGB. Das Verbot der Tatsachenbestätigung ist dagegen speziell in § 11 Nr. 15 b geregelt. Die vertragliche Fiktion einer Abnahme des Werkes als mangelfrei unterfällt, § 10 Nr. 5 (BGH, NJW 1984, 725, 726). Auch kann eine Bank eine Erklärung des Schuldners zur Konditionenanpassung fingieren (BGH, NJW 1985, 671). Voraussetzung ist jedoch insbesondere, daß sich die Bank bereits in ihren AGB verpflichtet, den Darlehensnehmer bei Fristbeginn noch einmal auf die vorgesehene Bedeutung seines Schweigens besonders hinzuweisen. § 10 Nr. 5 ist dagegen unanwendbar auf den Ausschluß der Nachforderung nach § 16 Nr. 3 Abs. 2 VOB/B, da dieser nicht auf einer fingierten Erklärung beruht (BGH, NJW 1988, 55, 57). Ebenso ist die Nichtbeanstandung von Tagesauszügen der AGB Sparkassen Nr. 10 eine rein tatsächliche Erklärung (BGHZ 73, 209).

Die Frage der angemessenen Erklärungsfrist richtet sich nach den Umständen des Einzelfalles, zumeist werden zwei bis drei Wochen an der unteren Grenze liegen. AGB, die eine sofortige Erklärung verlangen, sind in jedem Falle unwirksam.

Zusätzlich zur angemessenen Erklärungsfrist und dem besonderen Hinweis muß der Verwender an einer Erklärungsfiktion ein berechtigtes Interesse haben. Dies ergibt sich aus der Entstehungsgeschichte. Bei Massengeschäften von Banken und Versicherungen liegt ein solches Interesse nahe. § 10 Nr. 5 ersetzt nur die Willenserklärung des anderen Teiles, nicht jedoch die Wirksamkeit der Klausel selbst, die weiterhin an den §§ 9 f. zu messen ist. Ein Verzicht auf Gewährleistungsansprüche kann daher niemals fingiert werden (§ 11 Nr. 10). Zu beachten ist auch das Privileg nach § 23 Abs. 2 Nr. 5 für die VOB (dort § 12 Nr. 5 Abs. 2). Erforderlich ist jedoch, daß die VOB/B als ganzes Vertragsbestandteil wird (OLG Frankfurt, BauR 1986, 225). Im kaufmännischen Verkehr bleiben die Grundsätze des Schweigens auf ein kaufmännisches Bestätigungsschreiben unberührt (→ Einbeziehung allgemeiner Geschäftsbedingungen). Beim Automatenkauf ist die Fiktion des Neubeginns der Laufzeit mit jedem Geräteaustausch unwirksam (BGH, NJW 1985, 55). Generell sind an die Wirksamkeit von Fiktionsklauseln im Handelsverkehr strenge Anforderungen zu stellen (BGH, a. a. O.). Auch im nichtkaufmännischen Verkehr kann der Verwender für die Widerspruchserklärung des AGB-Kunden Schriftform verlangen (§ 11 Nr. 16). → Zugangserfordernisse.

„Formelhafte Verwendung" von Freizeichnungsklauseln. Eine formelhafte Freizeichnung des Veräußerers in einem notariell beurkundeten Individualvertrag über die Veräußerung und den Erwerb neu errichteter Häuser und Eigentumswohnungen ist unwirksam, sofern mit den Vertragsparteien der Gewährleistungsausschluß nicht eingehend erörtert, insbesondere der Erwerber nicht über die einschneidenden Rechtsfolgen einer derartigen Freizeichnung ausführlich belehrt wird (zuletzt BGH, NJW 1988, 135). Diese Grundsätze gelten auch beim Erwerb einer Eigentumswohnung, die durch Umwandlung eines Altbaues geschaffen worden ist (BGH, NJW 1988, 1972; BGH, NJW 1989, 2534, 2536).

Form von Anzeigen und Erklärungen (§ 11 Nr. 16). Der Verwender kann dem Kunden für Anzeigen oder Erklärungen, die demselben oder einem Dritten gegenüber abzugeben sind, nicht an eine strengere Form als die Schriftform oder an besondere Zugangserfordernisse binden; § 11 Nr. 16. Unzulässig ist daher, dem Kunden die Benutzung bestimmter Formulare für Erklärungen vorzuschreiben, dem Kunden aufzugeben, seine Erklärung durch eingeschriebenen Brief mitzuteilen (LG Hamburg, NJW 1986, 262), oder auch telegrafische oder fernschriftliche Erklärung zu verlangen. Nach Sinn und Zweck der Bestimmung sind auch Klauseln unwirksam, die den maßgeblichen Zugangszeitpunkt verschieben, etwa, daß Anzeigen, die erst nach zehn Uhr morgens eingehen, erst am nächsten Tag als zugegangen gelten (Löwe/Trinker, § 11 Nr. 16 Rdnr. 8). Im kaufmännischen Verkehr kommt es darauf an, ob der Verwender vernünftige Gründe für bestimmte Form oder Zugangserfordernisse hat, eine strikte Anwendung des § 11 Nr. 16 kommt hier nicht in Betracht (str.).

Frachtgeschäft. Das Frachtgeschäft ist ein Werkvertrag, für den bei gewerbsmäßiger Beförderung von Gütern zu Lande und auf Flüssen die §§ 425 f. HGB Spezialregelungen darstellen. Bei Güterbeförderung durch Kraftfahrzeuge gelten ergänzend die Vorschriften des Güterkraftverkehrsgesetzes (GüKG) und die Kraftverkehrsordnung (KVO). Im internationalen Verkehr findet das internationale Übereinkommen über den Beförderungsvertrag im internationalen Straßengüterverkehr (CMR) Anwendung. Im Rahmen dieser gesetzlichen Grenzen finden verschiedene AGB Anwendung, insbesondere die → AGNB für den gewerblichen Güternahverkehr mit Kraftfahrzeugen. Weiterverbreitet sind jedoch die → ADSp.

Franchise. „*Franchise*" ist eine Gesamtheit von Rechten an gewerblichem oder geistigem Eigentum wie Warenzeichen, Handelsnamen, Ladenschilder, Gebrauchsmuster, Geschmacksmuster, Urheberrechte, Know-how oder Patente, die zum Zwecke des Weiterverkaufs von Waren oder der Erbringung von Dienstleistungen an Endverbraucher genutzt wird. „*Franchisevereinbarungen*" sind Vereinbarungen, in denen ein Unternehmen, der Franchisegeber, es einem anderen Unternehmen, dem Franchisenehmer, gegen unmittelbare oder mittelbare finanzielle Vergütung gestattet, eine Franchise zum Zwecke der Vermarktung bestimmter Waren und/oder Dienstleistungen zu nutzen. Sie müssen den folgenden Gegenstand enthalten: Die Benutzung eines gemeinsamen Namens oder Zeichens sowie die einheitliche Aufmachung der vertraglich bezeichneten Geschäftslokale und/oder Transportmittel; die Mitteilung von Know-how durch den Franchisegeber an den Franchisenehmer; eine fortlaufende kommerzielle oder technische Unterstützung des Franchisenehmers durch den Franchisegeber während der Laufzeit der Vereinbarung. (So wörtlich die Verordnung (EWG) Nr. 4087/88 der EG-Kommission vom 30. 11. 1988 über die Anwendung von Art. 85 Abs. 3 des EWG-Vertrages auf Gruppen von Franchisevereinbarungen, ABl. Nr. L 359/88 vom 28. 12. 1988.)

Franchisevereinbarungen werden in den verschiedensten Bereichen getroffen: Der Betrieb von Reinigungsunternehmen und Selbstbedienungsrestaurants sowie die Vermarktung von Schuhen, Parfums oder Computern sind nur einige Anwendungsbeispiele. Verschiedene Franchiseformen haben sich entwickelt: Dienstleistungs-, Produktions- und Vertriebsfranchise. Die Franchisevereinbarungen (s. o.), die oft Format und Umfang eines Buches besitzen, sind AGB. Eine Inhaltskontrolle dieser AGB bereitet indes Schwierigkeiten, da ein gesetzliches Leitbild, an dem solche Verträge gemessen werden könnten, nicht existiert. Demgemäß bestehen unterschiedliche Auffassungen darüber, welche gesetzlichen Regelungen entsprechend herangezogen werden sollen und in welchem Umfang dies ggf. möglich ist. Ansatzpunkte bieten u. a. die Rechtspacht, die Geschäftsbesorgung und das durch die Rechtsprechung ausgeprägte → Vertragshändlerrecht. Leitbildfunktion wird jedoch auch der EG-FranchiseVO (s. o.) zukommen; Vereinbarungen, die durch diese Verordnung freigestellt werden, sind grundsätzlich auch im Wege der Inhaltskontrolle nach dem AGBG *nicht zu beanstanden*. Grundsätzlich wirksam sind daher (im Anwendungsbereich der EG-FranchiseVO) folgende Vereinbarungen:

a) Die Verpflichtung des Franchisegebers, in einem abgegrenzten Gebiet des Gemeinsamen Marktes, dem Vertragsgebiet,
   - dritten Unternehmen die Nutzung der Franchise weder ganz noch teilweise zu gestatten;
   - Franchise nicht selbst zu nutzen und Waren oder Dienstleistungen, die Gegenstand der Franchise sind, nicht unter Verwendung einer ähnlichen Methode zu vermarkten;
   - Waren des Franchisegebers nicht selbst an Dritte zu liefern;

b) die Verpflichtung des Hauptfranchisenehmers, mit Dritten außerhalb des Vertragsgebiets keine Franchisevereinbarungen zu schließen;

c) die Verpflichtung des Franchisenehmers, die Franchise nur von dem vertraglich bezeichneten Geschäftslokal aus zu nutzen;

d) die Verpflichtung des Franchisenehmers, außerhalb des Vertragsgebiets für Waren oder Dienstleistungen, die Gegenstand der Franchise sind, keine Kunden zu werben;

e) die Verpflichtung des Franchisenehmers, keine Erzeugnisse herzustellen, zu verkaufen oder bei der Erbringung von Dienstleistungen zu verwenden, die mit Waren des Franchisegebers im Wettbewerb stehen, welche Gegenstand der Franchise sind. Besteht der Gegenstand der Franchise darin, sowohl bestimmte Arten von Erzeugnissen als auch Ersatzteile für diese und Zubehör zu verkaufen oder bei der Erbringung von Dienstleistungen zu verwenden, so darf die Verpflichtung nicht hinsichtlich der Ersatzteile oder des Zubehörs auferlegt werden. (So ausdrücklich Art. 2 der FranchiseVO.)

Unter der Voraussetzung, daß die betreffenden Verpflichtungen für den Schutz der Rechte des Franchisegebers an gewerblichem oder geistigem Eigentum oder zur Aufrechterhaltung der Einheitlichkeit und des Ansehens des Gesamtnetzes erforderlich sind, haben als *unbedenklich* grundsätzlich auch Klauseln zu gelten, die dem Franchisenehmer auferlegen, (a) ausschließlich Erzeugnisse zu verkaufen oder bei der Erbringung von Dienstleistungen zu verwenden, die eine vom Franchisegeber festgelegte Mindestqualität erreichen; (b) nur solche Erzeugnisse zu verkaufen oder bei der Erbringung von Dienstleistungen zu verwenden, die vom Franchisegeber selbst oder einem von ihm benannten dritten Unternehmen hergestellt worden sind, falls es wegen der Art der Erzeugnisse, die Gegenstand der Franchise sind, praktisch unmöglich ist, objektive Qualitätskriterien anzuwenden; (c) in Gebieten, in denen er mit Unternehmen des Franchisenetzes einschließlich des Franchisegebers in Wettbewerb treten würde, die Franchise weder mittelbar noch unmittelbar in einem ähnlichen Geschäft zu nutzen. Diese Verpflichtung kann dem Franchisenehmer hinsichtlich des Gebietes, in welchem er die Franchise genutzt hat, auch noch für einen angemessenen Zeitraum nach Beendigung der Vereinbarung auferlegt werden, der ein Jahr nicht überschreiten darf; (d) keine Anteile am Kapital eines konkurrierenden Unternehmens zu erwerben, die es dem Franchisegeber ermöglichen würden, einen wesentlichen Einfluß auf das geschäftliche Verhalten des Unternehmens auszuüben; (e) Waren, die Gegenstand der Franchise sind, nur an Endverbraucher, an andere Franchisenehmer und an Wiederverkäufer abzusetzen, die in andere, vom Hersteller dieser Waren oder mit dessen Zustimmung belieferte Vertriebswege eingegliedert sind; (f) sich nach besten Kräften um den Absatz der Waren oder die Erbringung der Dienstleistungen zu bemühen, die Gegenstand der Franchise sind, ein Mindestsortiment von Waren zum Verkauf anzubieten, einen Mindestumsatz zu erzielen, Bestellungen im voraus zu planen, ein Mindestlager zu unterhalten sowie Kundendienst und Garantieleistungen zu gewähren; (g) dem Franchisegeber einen betimmten Teil seines Einkommens für Werbezwecke zu überweisen und eigene Werbemaßnahmen durchzuführen, wobei er die Zustimmung des Franchisegebers zu der Art der Werbung einholen muß; (h) das von dem Franchisegeber mitgeteilte Know-how nicht an Dritte weiterzugeben; diese Verpflichtung kann dem Franchisenehmer auch für die Zeit nach Beendigung der Vereinbarung auferlegt werden; (i) dem Franchisegeber alle bei der Nutzung der Franchise gewonnenen Erfahrungen mitzuteilen und ihm sowie den anderen Franchisenehmern die nichtausschließliche Nutzung des auf diesen Erfahrungen beruhenden Know-how zu gestatten; (j) dem Franchisegeber Verletzungen seiner Rechte an gewerblichem oder geistigem Eigentum mitzuteilen, für dic er Lizenzen gewährt hat, gegen Verletzer selbst Klage zu erheben oder den Franchisegeber in einem Rechtsstreit gegen Verletzer zu unterstützen; (k) das vom Franchisegeber mitgeteilte Know-how nicht für andere Zwecke als die Nutzung der Franchise zu verwenden; diese Verpflichtung kann dem Franchisenehmer auch für die Zeit nach Beendigung der Vereinbarung auferlegt werden; (l) an den vom Franchisegeber durchgeführten Ausbildungslehrgängen selbst teilzunehmen oder sein Personal daran teilnehmen zu lassen; (m) die vom Franchisegeber entwickelten Geschäftsmethoden mit allen späteren Änderungen anzuwenden und die lizenzierten Rechte an gewerblichem oder geistigem Eigentum zu nutzen; (n) die Anforderungen des Franchisegebers hinsichtlich der Einrichtung und Gestaltung des vertraglich bezeichneten Geschäftslokals und/oder der vertraglich bezeichneten Transportmittel zu erfüllen; (o) dem Franchisegeber zu gestatten, das vertraglich bezeichnete Geschäftslokal und/oder die vertraglich bezeichneten Transportmittel, den Umfang der verkauften Waren und der erbrachten Dienstleistungen sowie das Inventar und die Bücher des Franchisenehmers zu überprüfen; (p) das vertraglich bezeichnete Geschäftslokal nur mit Erlaubnis des Franchisegebers zu verlegen; (q) Rechte und Pflichten aus der Franchisevereinbarung nur mit Erlaubnis des Franchisegebers zu übertragen.

Die durch die EG-FranchiseVO bewirkte Freistellung gewisser Vereinbarungen von der Inhaltskontrolle gemäß Art. 85

Franchise

EG-Vertrag (mit der Folge regelmäßiger Unbedenklichkeit auch im Sinne des AGBG) *gilt hingegen nicht* für den Fall, daß

a) Unternehmen, die Waren herstellen oder Dienstleistungen erbringen, welche gleich sind oder aufgrund ihrer Eigenschaften, ihrer Preislage und ihres Verwendungszwecks als gleichartig angesehen werden, im Hinblick auf diese Waren oder Dienstleistungen untereinander Franchisevereinbarungen treffen;

b) der Franchisenehmer daran gehindert wird, Waren zu beziehen, die in ihrer Qualität den vom Franchisegeber angebotenen Waren entsprechen;

c) der Franchisenehmer verpflichtet ist, Erzeugnisse zu verkaufen oder bei der Erbringung von Dienstleistungen zu verwenden, die von dem Franchisegeber oder einem von ihm benannten dritten Unternehmen hergestellt werden und der Franchisegeber sich aus Gründen, die mit dem Schutz seines gewerblichen oder geistigen Eigentums oder der Aufrechterhaltung der Einheitlichkeit und des Ansehens des Franchisenetzes nichts zu tun haben, weigert, vom Franchisenehmer vorgeschlagene dritte Unternehmen als Hersteller zuzulassen;

d) der Franchisenehmer daran gehindert wird, nach Beendigung der Vereinbarung das mitgeteilte Know-how weiterhin zu verwerten, selbst wenn dieses durch andere Umstände als den Bruch einer Verpflichtung durch den Franchisenehmer allgemein bekannt oder leicht erhältlich geworden ist;

e) der Franchisenehmer von dem Franchisegeber in seiner Freiheit, die Verkaufspreise für Waren oder Dienstleistungen festzulegen, die Gegenstand der Franchise sind, unmittelbar oder mittelbar beschränkt wird; das Recht des Franchisegebers, Verkaufspreise zu empfehlen, bleibt jedoch unberührt;

f) der Franchisegeber dem Franchisenehmer verbietet, Rechte an gewerblichem oder geistigem Eigentum anzugreifen, die Gegenstand der Franchise sind; das Recht des Franchisegebers, in einem solchen Fall die Vereinbarung zu beenden, bleibt unberührt;

g) Franchisenehmer verpflichtet sind, Endverbraucher im Gemeinsamen Markt aus Gründen des Wohnsitzes nicht mit Waren oder Dienstleistungen zu beliefern.

Freizeichnungsklausel für leichte Fahrlässigkeit

Klauseln, die auf eine der vorgenannten Gestaltungen hinaus-
laufen oder einen entsprechenden Vorbehalt erklären, unterliegen mithin der vollen Inhaltskontrolle nach dem AGBG und
sind *grundsätzlich unwirksam.*

Franchisevereinbarungen können auch nach dem VerbrKrG
widerruflich sein, wenn sich der Franchisenehmer verpflichtet,
Waren allein bei vom Franchisegeber benannten Lieferanten zu
beziehen (OLG Hamm ZIP 1992, 1224) **Lit.:** Liesegang BB
1991, 2381; Erdmann BB 1992, 795; Wolf AGBG § 9 Rdnr. F
101; Niebling, Musterverträge für Handelsvertreter, Händler
und Franchisepartner, 1995.

Freizeichnungsklausel für leichte Fahrlässigkeit. Aus § 11 Nr. 7
folgt nicht, daß Haftungsbegrenzungsklauseln im Bereich leichter
Fahrlässigkeit stets zulässig sind. Vielmehr sind derartige Klauseln an § 9 zu messen. Unwirksam sind derartige Freizeichnungsklauseln, wenn hierdurch die Erreichung des Vertragszweckes gefährdet wird; § 9 Abs. 2 Nr. 2. Eine derartige „Kardi-
nalpflicht" liegt beispielsweise vor, wenn der Kunde eine be-
rufstypische qualifizierte Leistung erwarten darf. Haftungsfrei-
zeichnungsklauseln sind daher bei Wirtschaftsprüfern, Steuer-
beratern, Rechtsanwälten und Ärzten grundsätzlich auch für den
Bereich der leichten Fahrlässigkeit unwirksam (OLG Stuttgart,
NJW 1979, 2355 – Krankenhaus). Auch die in einem formularmäßigen Treuhandvertrag enthaltene Haftungsbeschränkung des
Treuhänders auf grobfahrlässige oder vorsätzliche Pflichtverletzung ist unwirksam, weil sie mit dem besonderen Vertrauensverhältnis, wie es zwischen Treuhänder und Bauherrn beim Bau-
herrnmodell besteht, nicht zu vereinbaren ist (OLG Celle, NJW
1986, 260). Eine Klausel in AGB, durch die der Verwender sich
von wesentlichen Vertragspflichten freizeichnet, ist auch im kaufmännischen Verkehr unwirksam (BGH BB 1996, 654, 655 und
656, 657). Eine Haftungsbegrenzung kann in diesem Fall jedoch
wirksam sein, wenn der vereinbarte Höchstbetrag die vertragsty-
pischen, vorhersehbaren Schäden abdeckt (BGH a.a.O).

Bei der Frage der Wirksamkeit derartiger Klauseln ist generell
die Versicherbarkeit zu berücksichtigen. **Lit.:** Graf von Westphalen, NJW 1979, 838; Wolf, NJW 1980, 2433; Thamm BB
1996, 653. → Haftungsbeschränkung → Verzug → Unmöglichkeit → Haftung des Abschlußvertreters.

G

Garantie. Fügt der Hersteller seinen Produkten bestimmte Garantiekarten bei, die der Fachhändler an den Kunden weiterreicht, so können diese Garantiebestimmungen dann unwirksam sein, wenn der Käufer sie als Beschränkung seiner Gewährleistungsansprüche gegen den Verkäufer versteht und von der Durchsetzung dieser ihm zustehenden Rechte abgehalten werden kann (BGH, NJW 1988, 1726). Der Fachhändler muß daher strikt zwischen den Gewährleistungsansprüchen einerseits und den Ansprüchen aus der Garantie andererseits unterscheiden. Letztere lassen die Gewährleistungsansprüche gegen den Verkäufer völlig unberührt und dürfen keinen gegenteiligen Eindruck erwecken. Aus dem für AGB geltenden → Transparenzgebot folgt, daß die Rechtsposition des Vertragspartners nicht unklar geregelt sein darf. → Gewährleistung.

Gastwirtshaftung. Die gesetzliche Haftungsregelung der §§ 701 bis 703 BGB greift nur für den Beherbergungswirt; den Schank- und Speisewirt treffen Verwahrungspflichten an dem von Gästen eingebrachten Gut allenfalls als Nebenpflicht und das nur ausnahmsweise (BGH, NJW 1980, 1096). Ein vollständiger Haftungsausschluß des Gastwirts – auch für leichte Fahrlässigkeit – verstößt gegen § 702a BGB; beim Schankwirt ist er für den Verlust der Garderobe jedenfalls dann unwirksam, wenn der Gast aufgrund des Charakters des Lokales oder wegen fehlender Ablagemöglichkeiten faktisch gezwungen ist, die Garderobe außer Sichtkontakt abzulegen (str.).

Gasversorgungsunternehmen. Die §§ 10 und 11 gelten im Anwendungsbereich des § 23 Abs. 2 Nr. 2 für Gasversorgungsunternehmen nicht.

Gebrauchtwagen-AGB. Man unterscheidet beim Gebrauchtwagenkauf das sog. Eigengeschäft, bei dem der Verkäufer selbst als Vertragspartner auftritt, vom Vermittlungsgeschäft, wonach der Gebrauchtwagenhändler zur Einsparung der Mehrwertsteuer nur als Vermittler auftritt, und der Kaufvertrag zwischen dem Vorbesitzer als Verkäufer und dem Käufer zustande kommt. Der Ausschluß jeglicher Gewährleistung wird von der Rechtsprechung für zulässig gehalten (BGH, NJW 1979, 1886). Offen ist dagegen, ob dies auch zulässig ist, wenn ein sog. Ersthandwagen vorliegt. Dem Schutzbedürfnis des Käufers wird nach Auffassung des BGH dadurch Rechnung getragen, daß die Rechtsprechung mit Annahme einer Zusicherung von Eigenschaften großzügig ist (BGH, NJW 1980, 2127; BGH, NJW 1983, 217 – einschränkend NJW 1985, 967 –; BGH, NJW 1984, 1454) und die Schwelle zu einem arglistigen Verhalten des Verkäufers schnell überschritten ist (OLG Hamm, BB 1983, 21: Die Angabe: „Kilometerangaben abgelesen" vermag eine arglistige Täuschung zu begründen). In diesen Fällen greift auch ein umfassender Gewährleistungsausschluß nicht durch; § 476 BGB. Gebräuchlich sind in der Praxis vielfach die vom Zentralverband des Kraftfahrzeuggewerbes im Zusammenhang mit dem ADAC entwickelten AGB, die ein Nachbesserungsrecht einräumen, sofern dem Käufer ein „Zustandsbericht" des Fahrzeugs übergeben wurde und dessen wahrer Zustand davon abweicht. Diese Angaben sollen keine zugesicherten Eigenschaften darstellen. Dies schließt jedoch nicht aus, daß nach den konkreten Umständen des Vertrages Zusicherungen vorliegen, etwa daß ein Fahrzeug „werkstattgeprüft" verkauft werde (BGH, BB 1983, 1246). Die Klausel, daß der Mangel unverzüglich geltend zu machen ist, verstößt nicht gegen § 11 Nr. 10 e, da diese Bestimmung auf gebrauchte Sachen nicht anzuwenden ist. Im übrigen wäre auch ein völliger Gewährleistungsausschluß zulässig, so daß auch ein Verstoß gegen § 9 nicht vorliegt. Das Erfordernis der schriftlichen Geltendmachung ist mit § 11 Nr. 16 vereinbart. Der Anspruch auf Nachbesserung umfaßt auch etwaige Abschleppkosten (vgl. Eggert, BB 1980, 1831). Die Verjährung der Nachbesserungsansprüche in drei Monaten nach Übergabe verstößt nicht gegen § 11 Nr. 10 f, da diese Bestimmung für gebrauchte Sachen nicht eingreift. Auch liegt ein Verstoß gegen § 9 wegen der Möglichkeit des vollständigen Gewährleistungsausschlusses nicht vor. Eine Hemmung der Verjährung kann jedoch nach § 639 Abs. 2 BGB analog eintreten (Prüfung oder Beseitigung des Mangels im beiderseitigen Einvernehmen). Das in den empfohlenen AGB eingeräumte Rücktrittsrecht des Käufers ist nicht zu beanstanden.

Beim Vermittlungsgeschäft sind Ansprüche gegen den Händler aus dem Gesichtspunkt des Verschuldens bei Vertragsver-

Gehaltsabtretungsklauseln

handlung möglich, wobei die erforderliche besondere Sachkunde sowie das wirtschaftliche Eigeninteresse des Vermittlers in der Regel vorliegen werden (BGH, NJW 1981, 922; BGH, NJW-RR 1989, 110, 111). Nach der erstgenannten Entscheidung gehen die Ansprüche gegen den Vermittler aber nicht weiter, als die Ansprüche gegen den Verkäufer. Die vorgesehene Bindung des Käufers an seine Bestellung für die Dauer von zehn Tagen verstößt nicht gegen § 10 Nr. 1 bzw. 9. Eine Schadensersatzpauschale von 15% bei Nichtabnahme des Fahrzeuges erscheint mit Blick auf § 11 Nr. 5 a bedenklich (Eggert, BB 1980, 1829). Die beim Vermittlungsgeschäft ausbedungene Kündigungsmöglichkeit des Händlers wird dahingehend ausgelegt, daß der Händler nicht aus Gründen kündigen darf, die ausschließlich in seinem Risikobereich liegen (BGH, NJW 1982, 1699). Dagegen verstößt eine Klausel gegen § 9, wonach der Vermittler bei Vereinbarung eines Mindestkaufpreises (verbunden mit der Regelung, daß ihm der Überschuß gebühre) beauftragt sei, alle für den Verkauf erforderlichen Pflege- und Reparaturarbeiten auf Kosten des Auftraggebers auszuführen. Die Festlegung von Verzugszinsen von 2% p. a. über dem Diskontsatz der Bundesbank ist nach § 11 Nr. 5 zulässig, da der Gegenbeweis nicht ausgeschlossen wird. → DAT → Schätzpreis → Neuwagen-AGB.

Gehaltsabtretungsklauseln → Lohnabtretung

Geltungserhaltende Reduktion. Von einer geltungserhaltenden Reduktion spricht man dann, wenn eine Klausel im Gesamtanwendungsbereich unwirksam ist, jedoch einen wirksamen Kern besitzt, der selbst in der Klausel enthalten ist und im Rahmen dieser Teilregelung wirksam ist. Hiernach könnten überhöhte Schadenspauschalen, übermäßig lange Fristen oder Laufzeiten, uneingeschränkte Freizeichnungsklauseln u. a. auf einen (gerade noch) zulässigen Inhalt zurückgeführt werden. Würde man dies zulassen, so würde dem Kunden jedoch eine sachgerechte Information über die ihm aus dem vorformulierten Vertrag erwachsenden Rechte und Pflichten nicht ermöglicht (Transparenzgebot). Der mit dem AGB-Gesetz verfolgte Schutz des Verbrauchers sowie der Zweck des Gesetzes, den Rechtsverkehr von unwirksamen AGB freizuhalten verbietet jedoch eine geltungserhaltende Reduktion. Dem Verwender würde das Risiko der Gesamtunwirksamkeit genommen, da er seiner Aufgabe enthoben wäre, selbst für die vom AGB-Gesetz angestrebte Bereinigung des Rechtsverkehrs zu sorgen (BGH, NJW 1982, 2309; BGH, NJW 1983, 1322; BGH, NJW 1984, 1177; BGH, NJW 1984, 2404; BGH, NJW 1985, 319). Dies muß auch für → Altverträge gelten (Niebling, ZMR 1985, 77, a. A. BGH, NJW 1984, 2404). Anders liegt es jedoch, wenn die AGB Regelung sprachlich und inhaltlich teilbar ist: Wenn der zu beanstandende Teil entfällt, enthält der verbleibende Satz noch eine sprachlich und inhaltlich selbständige Regelung, die einer gesonderten rechtlichen Überprüfung unterliegt (BGH, NJW 1988, 2106; BGH, NJW 1989, 3215, 3216 → Aufrechnungsverbote). Nur wenn der als unwirksam anzusehende Rest im Gesamtgefüge des Vertrages nicht mehr sinnvoll ist, ergreift die Unwirksamkeit der Teilklausel die Gesamtklausel, insbesondere wenn dem unwirksamen Klauselteil so einschneidende Bedeutung zukam, daß ohne ihn eine neue, völlig abweichende Vertragsgestaltung vorläge (BGH, a. a. O.; BGH, NJW 1989, 1796, 1798). Zu Unrecht führt das OLG Celle (WiB 1995, 722) eine geltungserhaltende Reduktion bei (lediglich) undurchsichtiger Zinsklausel durch. Im Zusammenhang mit § 26 AGNB hat der BGH (zu Unrecht) entschieden, daß das Verbot der geltungserhaltenden Reduktion nicht gelte, wenn Klauselwerke unter Mitwirkung der beteiligten Verkehrskreise zustande gekommen seien (BGH WiB 1995, 801).

Gerichtsstandsklauseln. Im nichtkaufmännischen Verkehr verstoßen diese bereits gegen §§ 38, 698 Abs. 2 ZPO. Auch hiergegen ist das → Verbandsverfahren nach § 13 zulässig (BGH, NJW 1985, 322). Zwischen Vollkaufleuten sind Gerichtsstandsklauseln dagegen grundsätzlich zulässig (BGH, NJW 1983, 996). Sie verstoßen jedoch dann gegen § 9, wenn der vereinbarte Gerichtsstand weder mit dem Vertragsinhalt noch mit dem Geschäftssitz der Parteien in Zusammenhang steht (LG Konstanz, BB 1983, 1372; LG Karlsruhe BB 1995, 2444). Die Vereinbarung eines ausländischen Gerichtsstandes setzt ein anerkennenswertes Interesse des Verwenders voraus (vgl. BGH, NJW 1983, 2772; BGH, NJW 1984, 2037).

Gesamtunwirksamkeit des Vertrages. Nach dem Grundsatz des § 6 Abs. 1 hat das Entfallen von Einzelklauseln wegen Einbeziehungs- oder Wirksamkeitsmängeln auf die Wirksamkeit des Vertrages im übrigen keinen Einfluß. Insoweit richtet sich der Vertrag nach den gesetzlichen Vorschriften; § 6 Abs. 2. Der Vertrag ist jedoch im ganzen unwirksam, wenn das Festhalten an ihn auch unter Berücksichtigung der nach § 6 Abs. 2 vorgesehenen Änderung eine unzumutbare Härte für eine Vertragspartei darstellen würde. Dies ist dann der Fall, wenn zahlreiche Vertragsbestimmungen unwirksam sind und der Vertrag durch entsprechende Auslegung oder Fortfall dieser Bestimmungen einen wesentlich anderen Inhalt erhielte (BGH, NJW 1985, 53, 54). S. a. → Automatenaufstellverträge.

Geschäftsraummiete. Eine Freizeichnung von Verzugsschäden, die durch nicht rechtzeitige Beziehbarkeit eintreten ist nach § 11 Nr. 8 bzw. 9 unwirksam. Die Klausel über die Vermietung einer Gaststätte, der Mieter habe die für den Betrieb des Mietobjektes erforderliche behördliche Erlaubnis auf seine Kosten und sein Risiko beizubringen ist nach § 9 Abs. 2 Nr. 1 und 2 unwirksam (BGH, BB 1988, 1627). Unwirksam ist auch der formularmäßige Ausschluß des Sonderkündigungsrechts des Mieters bei Verweigerung der Erlaubnis zur Untervermietung und die erforderliche Erlaubnis nach Belieben verweigert werden kann (BGH BB 1995, 2129).

Gesellschaftsrecht. Nach § 23 Abs. 1 findet das AGB-Gesetz keine Anwendung bei Verträgen auf dem Gebiet des Arbeits-, Erb-, Familien- und Gesellschaftsrechts. Hierzu zählt auch das Genossenschaftsrecht (BGH, NJW 1988, 1729, 1730). Die Ausnahme des § 23 Abs. 1 gilt auch für diejenigen Satzungsbestandteile, in denen auf kooperationsrechtlicher Ebene Austausch- und Benutzungsverhältnisse zwischen der Genossenschaft und ihren Mitgliedern geregelt werden, die der Förderung des Zwecks des genossenschaftlichen Zusammenschlusses dienen (BGH, a. a. O.). Nicht ausgeschlossen ist jedoch, die nicht durch zwingendes Genossenschaftsrecht geregelten Teile der Satzung ähnlich wie bei den Publikumskommanditgesellschaften an einer Inhaltskontrolle nach § 42 BGB zu unterwerfen (BGH, a. a. O.). Gesellschaftsverträge von körperschaftlich strukturierten Publikumsgesellschaften unterliegen der Inhaltskontrolle nunmehr nach ständiger Rechtsprechung (zuletzt BGH, NJW 1988, 1903). Die wesentlichen Merkmale der Publikumsgesellschaft sind darin zu sehen, daß sie auf die Beteiligung einer unbestimmten Vielzahl erst noch zu werbender Gesellschafter angelegt sind, die sich nur kapitalistisch an ihr beteiligen und mehr oder weniger zufällig zusammengeführt werden (BGH, a. a. O.). Die Anleger müssen zumeist einen fertig formulierten Gesellschaftsvertrag hinnehmen und haben auf dessen inhaltliche Ausgestaltung keinen Einfluß.

Gewährleistung. Die Einschränkung der Gewährleistung unterliegt insbesondere den Schranken der §§ 11 Nr. 10, 11 Nr. 11 und 9. § 11 Nr. 10 betrifft jedoch nur die Verträge über Lieferungen neu hergestellter Sachen und Leistungen, wo hingegen § 11 Nr. 11 auch den → Gebrauchtwagenkauf umfaßt. Zum → Ausschluß der Gewährleistung und zur → Verweisung auf Dritte siehe dort. Bei Verträgen über Lieferungen neu hergestellter Sachen und Leistungen können die Gewährleistungsansprüche gegen den Verwender insgesamt oder bezüglich einzelner Teile auf ein Recht auf Nachbesserung oder Ersatzlieferung beschränkt werden, sofern dem anderen Vertragsteil ausdrücklich das Recht vorbehalten wird, bei Fehlschlagen der Nachbesserung oder Ersatzlieferung Herabsetzung der Vergütung oder, wenn nicht eine Bauleistung Gegenstand der Gewährleistung ist, nach seiner Wahl Rückgängigmachung des Vertrages zu verlangen. Die Nachbesserung schlägt fehl, wenn sie unmöglich ist (BGH, NJW 1981, 1501), wenn sie unberechtigt verweigert oder ungebührlich verzögert wird oder dem Käufer die Nachbesserung nicht (mehr) zumutbar ist (BGH, NJW 1985, 623, 630). Die Anzahl der dem Käufer zuzumutenden Nachbesserungsversuche läßt sich nicht allgemein festschreiben. Bedeutsam ist, wie sehr der Kunde auf die Benutzung der Sache angewiesen ist, wie lang der erste Nachbesserungsversuch gedauert hat und inwieweit die Mängel das Vertrauen in die vertragsmäßige Beschaffenheit der Sache berühren. In der Regel muß sich ein Neuwagenkäufer nicht auf einen dritten Nachbesserungsversuch einlassen (OLG Köln, NJW 1987, 2520). Das Recht des Kunden auf Wandelung oder Minderung muß ausdrücklich vorbehalten und entsprechend § 11 Nr. 10 b wiedergegeben werden. Eine Auflistung der einzelnen unter dem Begriff des Fehlschlagens zählenden Fallgruppen ist jedoch nicht erforderlich. Ist jedoch der Begriff des Fehlschlagens im einzelnen aufgelistet worden, so muß diese Auflistung vollständig sein, andernfalls ist die Klausel im ganzen unwirksam (BGH, NJW 1985, 630). Die Klausel „Solange wir unseren Verpflichtungen auf Behebung der Mängel nachkommen, hat der Kunde nicht das Recht, Herabsetzung der Vergütung oder Rückgängigmachung des Vertrages zu verlangen, sofern nicht ein Fehlschlagen der Nachbesserung vorliegt" verstößt nicht gegen § 11 Nr. 10 b AGBG (BGH, NJW-RR 1990, 886). Die Bestimmung in den AGB eines Möbelhändlers, daß die Herabsetzung des Kaufpreises oder die Rückgängigmachung des Kaufvertrags nur verlangt werden kann, „wenn die Mängelbeseitigung nachweisbar endgültig fehlgeschlagen ist", verstößt gegen § 11 Nrn. 10 b und 15 AGB-Gesetz und ist daher unwirksam (OLG Karlsruhe, NJW-RR 1988, 1400). Aufgrund des → Transparenzgebotes ist es erforderlich, daß statt der Begriffe Wandlung und Minderung eine Umschreibung benutzt wird, wie etwa Rückgängigmachung des Vertrages oder Herabsetzung der Vergütung (BGH, NJW 1982, 2380). Für Bauleistungen muß bei Fehlschlagen der Nachbesserung ein Wandlungsrecht nicht eingeräumt werden, der Bauherr kann hier auf Minderung (Herabsetzung der Vergütung) verwiesen werden. Auch im kaufmännischen Verkehr wird § 11 Nr. 10 b in der Regel über § 9 zu beachten sein (BGH, NJW 1985, 623, 630). Die Verwendung der Worte Wandlung und Minderung ist im kaufmännischen Verkehr unbedenklich. Der endgültige und gleichzeitige Ausschluß von Wandelung und Minderung durch AGB ist auch im kaufmännischen Geschäftsverkehr unangemessen, selbst wenn dem Vertragspartner des Verwenders statt dessen ein Rücktrittsrecht eingeräumt wird (BGH ZIP 1991, 1362). → Zu den → Aufwendung bei der Nachbesserung siehe dort.

Unwirksam ist bei Verträgen über Lieferungen neu hergestellter Sachen und Leistungen auch die Klausel, wonach der Verwender die Beseitigung eines Mangels oder die Ersatzlieferung einer mangelfreien Sache von der vorherigen Zahlung des vollständigen Entgelts oder eines unter Berücksichtigung des Mangels unverhältnismäßig hohen Teils des Entgelts abhängig macht. Dagegen kann der Verwender bei fehlerfreier Durchführung der Nachbesserung die Herausgabe der nunmehr vertragsmäßigen Sache von der Entrichtung des vollen Entgeltes abhängig machen. § 11 Nr. 10 d ist im übrigen auch im kaufmännischen Verkehr über § 9 zu beachten. Nach § 11 Nr. 10 e darf der Verwender dem anderen Vertragsteil für die Anzeige nicht offensichtlicher Mängel auch keine Ausschlußfrist setzen, die kürzer als die Verjährungsfrist für den gesetzlichen Gewährleistungsanspruch ist, siehe → Ausschlußfrist für Mängelanzeigen. Ebensowenig ist es zulässig, formularmäßig die gesetzlichen Gewährleistungsfristen zu verkürzen; § 11 Nr. 10 f. Dieses Verbot gilt für alle Ansprüche, die unter den §§ 477, 638 BGB fallen. Soweit Schadensersatzansprüche wegen Mangelfolgeschäden nach § 195 BGB erst in dreißig Jahren verjähren ist eine Verkürzung der Verjährungsfrist entgegen § 11 Nr. 10 f dagegen zulässig (BGH, WM 1985, 202). Eine Umgehung des Verbotes, etwa durch Vorverlegung des Verjährungsbeginnes ist ebenso unzulässig (BGH, NJW-RR 1987, 145). Hemmungs- und Unterbrechungstatbestände sind bei der Klauselgestaltung zu berücksichtigen (BGH, NJW 1981, 867). Bei offensichtlichen Mängeln ist eine Ausschlußfrist nach § 11 Nr. 10 e zulässig, so daß für die Abkürzung der Verjährung hier nichts anderes gelten kann. Die zweijährige Verjährungsfrist der VOB/B in § 13 Nr. 4 ist nach § 23 Abs. 2 Nr. 5 unbedenklich, wenn die VOB/B als ganzes vereinbart wird. → Bauverträge, → VOB/B. Dagegen ist die „isolierte" Vereinbarung der Gewährleistungsregelung der VOB/B wirksam, wenn sie auf eine vom Auftraggeber (Bauherrn) gestellte Vertragsbedingung zurückgeht (BGH, NJW 1987, 837). § 11 Nr. 10 f gilt über § 9 grundsätzlich auch im Verkehr zwischen Kaufleuten (BGH, NJW 1984, 1790). Für gebrauchte Sachen gilt § 11 Nr. 10 nicht. Die Umwandlung eines Altbaus in Eigentumswohnungen kann die Voraussetzungen des § 11 Nr. 10 a erfüllen, wenn mit dem „Verkauf" der Wohnungen eine Herstellungspflicht des Veräußerers verbunden ist, die sich nach Umfang und Bedeutung mit einer Neuherstellungspflicht vergleichen läßt (BGH, NJW 1988, 490 und 1972; BGH, NJW 1989, 2534, 2536). In Gebrauchtwagen-AGB ist ein Gewährleistungsausschluß daher nicht zu beanstanden. Gleiches gilt für den Kunsthandel (BGH, NJW 1980, 1619). In AGB können Schadensersatzansprüche gegen den Verwender nach den §§ 463, 480 Abs. 2, 435 BGB wegen Fehlen zugesi-

Graumarktklauseln

cherter Eigenschaften nicht ausgeschlossen oder eingeschränkt werden; § 11 Nr. 11. Dies entspricht dem allgemeinen Grundsatz, daß dem Käufer die Rechte, die sich aus der Zusicherung ergeben nicht wieder durch Freizeichnung in AGB genommen werden dürfen (BGH, NJW 1968, 1622, 1625). Die Kosten der Nachbesserung hat grundsätzlich der Verkäufer zu tragen (§ 476 a BGB); formularmäßige Abweichungen hiervon sind grundsätzlich nicht möglich (BGH BB 1996, 76 Reifenhersteller). S. a. → Gebrauchtwagenkauf.

Graumarktklauseln → Wiederverkäuferklauseln

Grundschulddarlehen. Ein Kündigungsrecht der Banken in Folge Eigentümerwechsels ist in einer – allerdings umstrittenen – Entscheidung als wirksam angesehen worden (BGH, NJW 1980, 1625, a. A. Löwe, BB 1980, 1241). Es ist regelmäßig auch nicht zu beanstanden, wenn die kreditgebende Bank formularmäßig den Kreditschuldner ein abstraktes Schuldversprechen oder Schuldanerkenntnis in Höhe des Grundschuldbetrages und die Erklärung abgeben läßt, sich wegen des Anspruchs aus dieser Zahlungsverpflichtung der sofortigen Zwangsvollstreckung in sein gesamtes Vermögen zu unterwerfen (BGH, NJW 1987, 904). Die formularmäßige Erstreckung von Sicherheiten auf künftig erst entstehende Forderungen, die im Rahmen einer bankmäßigen Geschäftsverbindung von der Bank gegen den Sicherungsgeber von einem Dritten erworben werden, ist nicht zu beanstanden (BGH, NJW 1981, 756). Als → überraschende Klausel ist jedoch zu werten, wenn der Kreditgeber die Grundschuld formularmäßig auch für die Sicherung aller zukünftigen Ansprüche gegen den Kreditschuldner heranziehen will (so im Falle eines öffentlichen Förderdarlehens: BGH, NJW 1982, 1035). Der Sicherungszweck der Grundschuld kann auch nicht später auf alle gegenwärtigen und zukünftigen Forderungen gegen den (persönlichen) Kreditschuldner ausgeweitet werden (BGH, NJW 1987, 1636). Eine Überraschungsklausel liegt schließlich auch dann vor, wenn die von einer BGB Gesellschaft bestellten Grundschulden über die aus Anlaß ihrer Bestellung gewährten Kredite hinaus auch sonstige Darlehen an einzelne Gesellschafter sichern sollen (BGH, NJW 1988, 558). Ein Überraschungseffekt liegt dagegen nicht in der formularmäßigen Sicherungserstreckung auf alle künftigen Ansprüche des Kreditgebers gegen den – mit dem Grundstückseigentümer nicht identischen – persönlichen Schuldner (Kreditnehmer), sofern die Sicherung nicht im Zusammenhang mit jeweils einer ganz bestimmten Darlehnsgewährung sondern ohne solchen Bezug für einen limitierten Geschäftskredit in laufender Rechnung mit dem Kreditnehmer gewährt wird (BGH, NJW 1987, 946). Kein Überraschungseffekt liegt auch vor bei Einbeziehung der eigenen künftigen Verbindlichkeiten des Sicherungsgebers in den Sicherungszweck der Grundschuld, selbst wenn die Grundschuld zu einem früheren Zeitpunkt und zu einem anderen Zweck bestellt worden war (BGH, NJW 1987, 2228). Jedoch erfaßt eine formularmäßige Zweckerklärung, wonach alle künftigen Forderungen des Sicherungsnehmers aus seiner Geschäftsverbindung zum Sicherungsgeber gesichert sind, nicht auch einen Anspruch, der gegen den Sicherungsgeber aus dessen persönlicher Haftungsübernahme für die Zahlung des Betrags einer zur Sicherung fremder Verbindlichkeiten bestellten Grundschulden entsteht (BGH, NJW 1987, 319). Ein Überraschungseffekt liegt auch bei der formularmäßigen Erschreckung des Grundschuldzweckes auf alle künftigen Forderungen der kreditgebenden Bank gegen den mit dem Sicherungsgeber nicht identischen Kreditschuldner nicht vor, sofern der Sicherungsgeber ein mit den Kreditgeschäften vertrautes Unternehmen ist, das mit der Kreditschuldnerin personelle Verflechtungen aufweist (BGH, NJW 1987, 1885). Die formularmäßige Übernahme der persönlichen Haftung in einer Grundschuldbestellung verstößt dagegen gegen § 9 (OLG Stuttgart, NJW 1987, 71 – str. –). Eine Klausel, wonach die fristlose Kündigung des Darlehens (bzw. der Hypothek) dem Schuldner Grundstückseigentümer) gegenüber auch dann als zugegangen gilt, wenn sie bei einer Änderung der Anschrift an die letzte dem Gläubiger bekannte Adresse versandt worden ist (Zugangsfiktion) verstößt gegen § 10 Nr. 6 (BayObLG 1980, 2818). Die Klauseln in Hypothekendarlehen, nach der die in der gleichbleibenden Jahresleistung enthaltenen Zinsen jeweils nach dem Stand des Kapitals am Schluß des vergangenen Tilgungsjahres berechnet werden (Zinsberechnungsklausel) ist wegen Verstoßes gegen das → Transparenzgebot nach § 9 unwirksam, wenn erst in einer gesonderten späteren Klausel vierteljährliche Teilleistungen vor-

gesehen sind und der effektive Jahreszins oder die Gesamtbelastung im Vertrag nicht angegeben werden (BGH, BB 1988,
2410). Das abstrakte Schuldversprechen eines Dritten ist unwirksam, wenn dies vom Dritten als Sicherungsgeber in der
Bestellurkunde für das Grundpfandrecht abgegeben wird (BGH
NJW 1991, 1677, 1678; Braunert NJW 1991, 805; Wolf AGBG
§ 9 Rdnr. G 201).

Gutachterausschuß für AGB. Im kaufmännischen Rechtsverkehr besteht die Möglichkeit dem Gutachterausschuß Einzel-
fragen zu Begutachtung vorzulegen. Einzelheiten sind beim
BDI, Postfach 510548, 50941 Köln zu erfragen. Hier können
auch Veröffentlichungen bezogen werden.

H

Haftung des Abschlußvertreters. Nach § 11 Nr. 14 ist es unzulässig, wenn der Verwender einem Vertreter, der den Vertrag für
den anderen Vertragsteil abschließt eine über das Gesetz hinausgehende Haftung auferlegt. § 11 Nr. 14 nennt hierbei zwei
Fälle: Das Auferlegen einer eigenen Haftung oder Einstandspflicht ohne hierauf gerichtete ausdrückliche und gesonderte
Erklärung sowie – im Falle vollmachtsloser Vertretung – eine
über § 179 BGB hinausgehende Haftung. Dies zeigt, daß die
Bestimmung sowohl für den rechtsgeschäftlich bestellten Vertreter, wie auch den gesetzlichen Vertreter gilt. § 11 Nr. 14 a
läßt eine dem Vertreter in AGB auferlegte Eigenhaftung nur zu,
wenn diese Verpflichtung durch eine darauf gerichtete ausdrückliche und gesonderte Erklärung begründet wird. Ausreichend ist, wenn sich die Erklärung etwa unterhalb der Vertragsunterschriften befindet und nur durch eine ihren Inhalt
betreffende Unterschrift abgedeckt wird. Eine völlige Trennung
von dem Vertragsformular durch Niederlegung der Verpflichtung auf einem besonderen Blatt ist nicht erforderlich (BGH,
NJW 1988, 2465, 2466). Sinn der Regelung ist es, den Vertreter
vor versteckten, möglicherweise unklaren und überraschenden
Klauseln zu schützen. Dieser Zweck wird erreicht, wenn ein
inhaltlich eindeutiger Text unter die Vertragsunterschriften
gesetzt wird selbst wenn dieser Hinweis nicht besonders her-

vorgehoben ist (BGH, a. a. O.). Eine ausdrückliche Erklärung liegt bereits dann vor, wenn der Text so eindeutig formuliert ist, daß er nicht mißdeutet werden kann (BGH, a. a. O.). Nicht erforderlich ist jedoch, daß die Mithaftungserklärung individuell vereinbart wird, ausreichend ist, daß dieses „klauselmäßig" zustande kommt (BGH, a. a. O.). § 11 Nr. 14 greift dagegen nicht ein, wenn der Abschlußvertreter den Vertrag zugleich im eigenen Namen als namentlich aufgeführte weitere Vertragspartei abschließt (BGH, NJW 1988, 1908). Die Einbeziehung des Abschlußvertreters als Vertragspartei kann allenfalls an den §§ 3 und 5 scheitern (BGH, a. a. O., S. 1910). § 11 Nr. 14 b umfaßt jeden Vertreter ohne Vertretungsmacht. Der Vertreter ohne Vertretungsmacht haftet daher nur im Wege der Individualvereinbarung über die gesetzliche Haftung nach § 179 BGB hinaus. Haftet der Vertreter bereits nach den Grundsätzen des Verschuldens bei Vertragsschluß wegen besonderer eigener Sachkunde und eigenem wirtschaftlichen Interesse am Geschäft (BGH, NJW-RR 1989, 110), so wird diese Haftung durch § 11 Nr. 14 nicht berührt. Die Vorschrift gilt über § 9 auch im kaufmännischen Verkehr.

Haftungsbeschränkung. Der Ausschluß oder die Begrenzung der Haftung für einen Schaden, der auf einer grob fahrlässigen Vertragsverletzung des Verwenders oder auf einer vorsätzlichen oder grob fahrlässigen Vertragsverletzung eines gesetzlichen Vertreters oder Erfüllungsgehilfen des Verwenders beruht, ist nach § 11 Nr. 7 unwirksam. Dies gilt auch für Schäden aus der Verletzung von Pflichten bei den Vertragsverhandlungen. Die Bestimmung legt so einen Mindesthaftungstatbestand fest. Geschützt werden alle vertraglichen Ansprüche, ebenso wie deliktische Ansprüche (BGH, NJW 1987, 1931, 1938). Unzulässig ist nicht nur der Haftungsausschluß, sondern auch die Haftungsbegrenzung, die Beschränkung der Höhe nach, der Ausschluß bestimmter Schäden, darüber hinausgehend aber auch die Abbedingungen der kraft Gesetzes bestehenden Sorgfaltspflichten. Ein Verstoß gegen § 11 Nr. 7 macht die Freizeichnungsklausel im ganzen unwirksam (→ geltungserhaltenden Reduktion). Auf genehmigte Beförderungsbedingungen und Lotterieverträge findet Nr. 7 keine Anwendung; § 23 Abs. 2 Nr. 3 und 4. Zu → Freizeichnungsklauseln für leichte Fahrlässigkeit siehe dort.

Haftungserweiterungen

§ 11 Nr. 7 gilt für den Handelsverkehr nur unter Berücksichtigung der jeweiligen Besonderheiten der Handelsgeschäfte. Eine Haftungsbeschränkung für grobe Fahrlässigkeit und solcher von leitenden Angestellten bzw. Repräsentanten im Versicherungsrecht ist unzulässig. Gleiches gilt für nichtleitende Erfüllungsgehilfen bei Verletzung von Kardinalpflichten (BGH, NJW 1985, 914 → Tankschecksystem). → Verzug → Unmöglichkeit → Freizeichnungsklausel für leichte Fahrlässigkeit → Haftung des Abschlußvertreters → Gewährleistung. **Lit.:** Jaeger, VersR 1990, 455; zu Haftungsbeschränkungen für Rechtsanwälte: Niebling, AnwBl. 1996, 20.

Haftungserweiterungen. Die formularmäßige Begründung einer schuldunabhängigen Haftung ist nach § 9 Abs. 2 Nr. 1 unwirksam (BGH, NJW 1983, 159). Dem Kunden kann jedoch eine schuldunabhängige Haftung auferlegt werden, wenn ein Schaden sich ausschließlich in seinem Risikobereich ereignen kann, so bei der mißbräuchlichen Verwendung von Kredit- oder Scheckkarten (LG Saarbrücken, NJW 1987, 2381, a. A. LG Essen, NJW 1988, 76). Dem Kunden darf jedoch durch die Klauselgestaltung nicht der Beweis abgeschnitten werden, daß die Ursache für den Mißbrauch nicht aus seiner Sphäre stammt.

Handelsbrauch. Nach § 24 Satz 2, 2. HS ist auf die im Handelsverkehr geltenden Gewohnheiten und Gebräuche angemessen Rücksicht zu nehmen. Damit wird formal an die Definition des Handelsbrauches in § 346 HGB angeknüpft. Handelsbrauch in diesem Sinne ist weder Rechtsnorm, insbesondere nicht Gewohnheitsrecht noch unverbindlicher „Realakt". Zur Bildung eines Handelsbrauches bedarf es einer auf der Zustimmung der Beteiligten beruhenden tatsächlichen Übung während eines gewissen Zeitraumes (BGH, NJW 1952, 257). Ein Beispiel für handelsübliche Bedingungswerke sind die sog. „Tegernseer Gebräuche" (OLG Karlsruhe BB 1988, 1138; LG Köln, BB 1988, 1139). Durch § 24 soll jedoch nicht die Frage der Inhaltskontrolle von Handelsbräuchen angeschnitten werden, vielmehr wird hierdurch klargestellt, daß eine gegenüber dem Endverbraucher verwerfliche Klausel unter Kaufleuten durchaus als angemessen angesehen werden kann. Auch Handelsbräuche unterliegen ebenso wie die Verkehrssitte dem Grundsatz von

Treu und Glauben als höherrangigem Prinzip und sind unbeachtlich, wenn sie hiergegen verstoßen. Nach Inkrafttreten des
AGBG ist es nicht mehr möglich, daß AGB-widrige Vertragsbedingungen einen Handelsbrauch begründen. Dieser kann nur
auf Grund rechtlich gebilligtem Verhaltens entstehen. Hat die
geschuldete Leistung nach Gesetz- oder Verkehrssitte bereits
einen bestimmten Umfang erfahren, so sind Klauseln kontrollfähig, die dies abzuändern beabsichtigen (OLG Celle, BB 1984,
808).

Handelsverkehr → Handelsbrauch, → Kaufmann

Handelsvertreter. Der Handelsvertreter ist als selbständiger
gewerbetreibender Kaufmann; § 84 Abs. 1 S. 1, § 1 Abs. 1 Nr. 7
HGB. Keine Anwendung finden daher die §§ 2, 10, 11 und 12;
§ 24. Unwirksam sind Bestimmungen, wonach sich der Unternehmer das Recht zur einseitigen Änderung der Provisionssätze
oder des zugewiesenen Bezirkes bzw. Kundenstammes vorbehält (BGH, NJW 1984, 1182). AGB, die für den Fall der Kündigung des Vertragsverhältnisses während einer vereinbarten
Probezeit Ansprüche des Vertragspartners des Verwenders auf
Rückgewähr von Vertragsleistungen ausschließen sind unwirksam, wenn diesen Leistungen keine Gegenleistungen des Verwenders gegenüberstehen (BGH, NJW 1982, 181). S. a. → Vertragshändlerverträge. **Lit.:** von Westphalen, DB 1984, 2335,
2392; Niebling Musterverträge für Handelsvertreter, Händler
und Franchisepartner, 1995.

Handelskammern und Handwerkskammern sind nach § 13
Abs. 2 Nr. 3 im → Verbandsverfahren klagebefugt. Die Aufzäh-
lung der Industrie-, Handels- und Handwerkskammern hat nicht
zur Folge, daß andere öffentlich-rechtliche Kooperationen von
§ 13 Abs. 2 Nr. 2 nicht erfaßt würden. Vielmehr sollten in Nr. 3 Bei-
spielsfälle der in Nr. 2 genannten Verbände aufgeführt werden
(BT-Drucksache 7/5422, S. 11 zu § 13; BGH, NJW 1981, 2351).

HOAI. Die Honorarordnung für Architekten ist eine Verordnung, die als Rechtsvorschrift daher selbst nicht der Einbezie-
hungs- und Inhaltskontrolle unterliegt. Unwirksam sind dagegen AGB, die zum Nachteil des Architekten von der HOAI,

und zwar auch deren preisrechtlichen Bestimmungen abweichen (BGH, NJW 1981, 2351). → Architektenverträge.

Höhere-Gewalt-Klauseln bezwecken die Freizeichnung des Verwenders bei höherer Gewalt, insbesondere Streik und Aufruhr für Lieferverzögerung und Schadensersatz. Hierbei sind freilich die Grenzen der §§ 11 Nr. 8, 10 Nr. 3 und 9 zu beachten. Es ist unzulässig, wenn durch derartige Klauseln das Recht des Kunden, sich vom Vertrag zu lösen, ausgeschlossen oder eingeschränkt wird, ebenso darf dem Vertragspartner nicht das Recht genommen werden, nach den gesetzlichen Vorschriften Schadensersatz wegen Verzug oder Unmöglichkeit zu verlangen; im einzelnen § 11 Nr. 8. Der Verwender darf sich nicht ohne sachlich gerechtfertigten und im Vertrag angegebenen Grund von seiner Leistungspflicht lösen; im einzelnen § 10 Nr. 3. Der Verwender darf sich auch nicht unangemessen lange oder nicht hinreichend bestimmte Fristen für die Annahme oder Ablehnung eines Angebotes oder die Erbringung einer Leistung vorbehalten; im einzelnen § 10 Nr. 1. Auch dies ist bei der Klauselgestaltung zu beachten. Schließlich dürfen derartige Klauseln nicht wesentliche Rechte oder Pflichten, die sich aus der Natur des Vertrages ergeben so einschränken, daß die Erreichung des Vertragszweckes gefährdet ist; § 9 Abs. 2 Nr. 2. Das OLG Karlsruhe (AGBE II § 10 Nr. 5) hat die Klausel: „Höhere Gewalt, Streik, unverschuldetes Unvermögen auf Seiten des Unternehmers oder eines seiner Lieferanten sowie ungünstige Witterungsverhältnisse verlängern die Lieferfrist um die Dauer der Behinderung" als wirksam angesehen. Das OLG Schleswig (AGBE II § 11 Nr. 33) hat die Klausel: „Bei höherer Gewalt oder anderen unvorhergesehenen Hindernissen, wie z. B. Aufruhr, Betriebsstörungen, Streik, Aussperrung tritt Lieferverzug nicht ein. Sollte eine Lieferung hierdurch unmöglich werden, erfolgt eine Aufhebung des Vertrages, soweit Erfüllung noch nicht eingetreten ist, ohne daß Ansprüche des Auftraggebers hieraus hergeleitet werden können" als mit § 11 Nr. 8 unvereinbar angesehen und verworfen. Durch diese Bestimmung würden Rücktrittsrechte und Schadensersatzansprüche des Kunden aus Verzug oder Unmöglichkeit auch in Fällen ausgeschlossen, in denen der Auftragnehmer den Verzug oder die Unmöglichkeit zu vertreten hat. Das OLG Hamm (AGBE

IV § 10 Nr. 17) hat eine Klausel: „Höhere Gewalt, Streik, Aussperrung, Energie- oder Rohstoffmangel, Erkrankungen und sonstige erhebliche Störungen im Geschäftsbetrieb der Verkäuferin oder ihrer Lieferanten" berechtigen die Verkäuferin zum Rücktritt als Verstoß gegen § 10 Nr. 3 gewertet. Insbesondere wurde die Unbestimmtheit des Begriffes der „Erkrankung" und der „sonstigen erheblichen Störungen im Geschäftsbetrieb" bemängelt. Grundsätzlich muß der Betriebsinhaber seinen Betrieb so organisieren, daß die üblichen Krankheitsfälle aufgefangen werden. Ebenso können erhebliche Störungen im Geschäftsbetrieb des Verwenders oder seiner Lieferanten die verschiedensten Ursachen haben, darunter solche, die keinen sachlich gerechtfertigten Grund zur Vertragslösung darstellen. Der Verwender kann sich nicht von Organisationsmängeln und Fehlern der Vorratshaltung freizeichnen. Das OLG Frankfurt (AGBE V § 9 Nr. 39) hat die Klausel: „Bei Stillegung der Bauarbeiten infolge höherer Gewalt oder durch Umstände, die von keiner Seite abzuwenden sind, sind gegenseitige Ersatzansprüche bzw. Zusatzforderungen ausgeschlossen. Ebenso können Nachforderungen nicht geltend gemacht werden, wenn eine zeitweise Behinderung in der zügigen Durchführung des Auftrages entsteht", als Verstoß gegen § 11 Nr. 7 und 8, sowie gegen § 9 angesehen. Auch die Klausel: „Lieferstörungen infolge höherer Gewalt oder ähnliche Ereignisse berühren nicht die Laufzeit des Vertrages" in einem Zeitschriftenabonnement ist unwirksam (vgl. OLG Hamburg, AGBE VI § 9 Nr. 114). Die Klausel, wonach bei höherer Gewalt die Leistungspflicht des Verwenders ersatzlos entfällt verstößt gegen § 9 Abs. 1 und Abs. 2 Nr. 1 (LG Frankfurt, AGBE VI § 9 Nr. 137). Eine Klausel, wonach dem Kunden bei Verzug des Händlers infolge höherer Gewalt ausdrücklich nur ein Rücktrittsrecht gewährt wird schließt Schadensersatzansprüche des Kunden aus und ist nach § 11 Nr. 8 b unwirksam (LG Stuttgart, AGBE VI § 11 Nr. 49). Die Klausel „Betriebsstörungen jeder Art, insbesondere in den Lieferwerken und sonstige Umstände irgendwelcher Art, welche die Lieferung ohne Verschulden des Verkäufers verzögern, unmöglich machen oder erheblich verteuern, befreien den Verkäufer von der Lieferverpflichtung unter Ausschluß von Schadensersatzansprüchen" verstößt gegen § 10 Nr. 3, da es einschränkungslos bei jeder Verzögerung oder erheblichen Verteuerung der Liefe-

rung eine Befreiung des Verkäufers von der Lieferverpflichtung
vorsieht und durch den Gerechtigkeitsgehalt der §§ 275, 279,
323 BGB nicht mehr gedeckt ist. Insbesondere würde durch die
vorliegende Klausel auch § 11 Nr. 1 umgangen. Rücktritt und
Befreiungsgründe müssen in der AGB Klausel so angegeben
werden, daß der Durchschnittskunde ohne Schwierigkeiten
feststellen kann, wann der Verwender sich vom Vertrag lösen
darf (BGH, a. a. O.). Der Begriff „Betriebsstörungen jeder Art"
ist zu weit, so daß der Kunde nicht abschätzen kann, wann und
unter welchen Umständen er mit einer Auflösung des Vertrages
rechnen muß. Gleiches gilt für die Auffangformel von „sonstigen
Umständen irgendwelcher Art". Hierin liegt für den Kunden ein
unübersehbares Risiko (BGH, a. a. O.). Auch eine Reduzierung
des Klauselinhaltes auf einen zulässigen Kern (geltungserhaltende Reduktion) kommt nicht in Betracht (BGH, a. a. O.). Die
Klausel „nicht zu vertreten hat der Hersteller insbesondere Streik,
Aussperrung, nicht rechtzeitige Belieferung durch Zulieferer …"
verstößt ebenfalls gegen § 10 Nr. 3 (BGH, NJW 1985, 855). Die
Klausel erfaßt jedenfalls auch solche Fälle, in denen Arbeitskämpfe im Betrieb des Verwenders nur zu einer Leistungsverzögerung führen. Solche vorübergehenden Leistungshindernisse
sind aber kein sachlich gerechtfertigter Grund für ein Rücktrittsrecht im Sinne des § 10 Nr. 3 (BGH, a. a. O.). Der in der Klausel
enthaltene Selbstlieferungsvorbehalt ist zwar grundsätzlich zulässig, der Verwender wird von seiner Leistungspflicht aber nur
frei, wenn er ein kongruentes Deckungsgeschäft abgeschlossen hat
und von seinem Lieferanten im Stich gelassen wird (BGH, a. a O.).
Demgegenüber enthält die vorliegende Klausel einen uneinge-
schränkten Selbstlieferungsvorbehalt (BGH, a. a. O.). Aus welchen Gründen die Verwenderin nicht beliefert werden soll spielt
entgegen dem Erfordernis in § 10 Nr. 3 in der Klausel keine Rolle,
weshalb auch aus diesem Grunde die Klausel unwirksam ist.

Hypothekendarlehen → Grundschulddarlehen

I

IATA-Beförderungsbedingungen. Die inländischen ABB Flug-
passage/Beförderungsbedingungen entsprechen im wesentli-

chen der IATA-Empfehlung 1013. Sofern der Luftfrachtführer keine Verantwortung für das Erreichen von Anschlüssen übernehmen will, verstößt dies gegen § 11 Nr. 8 b (BGH, NJW 1983, 1322). Eine Bestimmung, wonach einseitig Flugpläne und Zwischenlandungspunkte geändert, andere Luftfrachtführer mit der Beförderung betraut oder anderes Fluggerät eingesetzt werden kann, verstößt gegen § 10 Nr. 4 (BGH, a. a. O.). Eine Freizeichnungsklausel, wonach sich der Verwender das Recht ausbedingt, ohne Ankündigung einen Flug abzusagen oder zu ändern, „wenn es die Umstände erfordern" verstößt gegen § 11 Nr. 3 und 4. Die Formularbestimmung, wonach die Haftung des Luftfrachtführers für solche Schäden ausgeschlossen ist, die dem Fluggast durch Inanspruchnahme einer vom Luftfrachtführer vermittelten Unterkunft entstehen verstößt gegen § 11 Nr. 7 (BGH, a. a. O.). Die Klausel: „Bei der Beförderung von Personen sowie von aufgegebenem Gepäck ist der Luftfrachtführer zum Schadensersatz nur dann verpflichtet, wenn ihm nachweislich Fahrlässigkeit zur Last fällt" verstößt gegen § 11 Nr. 15 a, denn dem Fluggast wird hier die Beweislast für Umstände auferlegt, die im Verantwortungsbereich des Verwenders liegen (BGH, a. a. O.). Die Klausel, wonach der Luftfrachtführer gegenüber einem Fahrgast für Tod, Körperverletzung oder Gesundheitsbeschädigung seine Haftung auf 250 000 Goldfranken oder deren Gegenwert beschränkt, verstößt gegen § 11 Nr. 7 (BGH, a. a. O.). Eine Klausel, wonach der Reisende bei einem nach Anmeldeschluß erklärten Rücktritt vom Flug Ersatz für Aufwendungen und Auslagen in Höhe des vollen Flugpreises zu zahlen hat, ist gemäß § 11 Nr. 5 b in Verbindung mit § 10 Nr. 7 unwirksam (BGH, NJW 1985, 633). Der Unternehmer muß sich in einem solchen Falle mit einer angemessenen Vergütung für bereits erbrachte Leistungen und den Ersatz etwaiger Auslagen begnügen. → Reisevertrag

Incoterms. Die Incoterms (Fassung 1990) sind Handelskaufklauseln, die der Kontrolle des AGBG unterliegen.

Individualabrede. Das AGB-Gesetz findet auf individuale Verträge keine Anwendung. Gleiches gilt, wenn die Vertragsbedingungen zwischen den Parteien im einzelnen ausgehandelt werden. Ein Aushandeln in diesem Sinne ist mehr als Verhandeln.

Individualverfahren

Es setzt voraus, daß der Verwender den in seinen AGB enthaltenen „gesetzesfremden" Kerngehalt, d. h. die den wesentlichen Inhalt der gesetzlichen Regelung ändernden oder ergänzenden Bestimmungen inhaltlich ernsthaft zur Disposition stellt und dem Verhandlungspartner Gestaltungsfreiheit zur Wahrung eigener Interessen einräumt mit zumindest der realen Möglichkeit, die inhaltliche Ausgestaltung der Vertragsbedingungen zu beeinflussen (BGH, NJW 1988, 410). Eine Änderung des vorformulierten Textes stellt hierfür die Regel dar, ist jedoch nicht zwingend. Auch ist es möglich, daß der Verwender in einem Teilpunkt, z. B. in der Entgeltvereinbarung dem Kunden entgegenkommt. → Allgemeine Geschäftsbedingungen

Individualverfahren. Die Einbeziehung und die Wirksamkeit einzelner Vertragsklauseln wird inzident in jedem Verfahren geprüft, das inhaltlich die Vereinbarung und die Wirksamkeit einer bestimmten Klausel zum Gegenstand hat. Dagegen ist ein wesentliches Kernstück des AGB-Gesetzes, das → Verbandsverfahren, wonach bestimmte Verbände ihre Unterlassung und Widerrufsansprüche gegenüber dem Verwender und Empfehler geltend machen können, um abstrakt die Wirksamkeit von Einzelklauseln zu überprüfen.

Industriekammern → Handels- und Handwerkskammern

Inhaltskontrolle. Da → Allgemeine Geschäftsbedingungen dem anderen Vertragsteil einseitig auferlegt werden, diesem in der Regel eine Einflußnahme auf deren Inhalt verwehrt ist, kann von der Ausgewogenheit des Vertrages nicht mehr ausgegangen werden. Damit sind für AGB nicht die Räume der Vertragsgestaltungsfreiheit eröffnet, wie diese allgemein die Vertragsfreiheit mit den Grenzen der §§ 134, 138 sowie einzelner zwingender Normen eröffnet. Der Schutzzweck der Inhaltskontrolle liegt daher darin, den mit der Verwendung von AGB typischerweise und unabhängig von der Stärke der Vertragspartner verbundenen Gefahren für den Kunden entgegenzutreten. Der BGH hat bereits 1964 erkannt, daß „allgemeine Geschäftsbedingungen ihre Rechtswirksamkeit nicht von einer (nicht bestehenden) Privatautonomie, sondern nur von der Unterwerfung des anderen Vertragsteiles ableiten können" (BGHZ 41, 151,

154). AGB können daher einer privatautonomen Einigung nicht gleichgestellt werden. Dies schließt nicht aus, daß auch bei Individualverträgen, wenn es zum Schutz eines Beteiligten erforderlich ist, eine Inhaltskontrolle nach § 242 BGB durchgeführt wird (BGH, NJW 1988, 135: formelhafter Gewährleistungsausschluß in notariellem Individualvertrag, → „Formelhafte Verwendung" von Freizeichnungsklauseln). Dies gilt auch für interne Normen eines Vereins oder Verbandes, wenn die Vereinigung im wirtschaftlichen oder sozialen Bereich eine überragende Machtstellung innehat und das Mitglied auf die Mitgliedschaft angewiesen ist (BGH, ZIP 1989, 14); ein entsprechendes Schutzbedürfnis ist hier jedoch sehr sorgfältig zu begründen. Die Inhaltskontrolle nach dem AGB enthält in den §§ 10 und 11 Einzelfälle, die notwendigerweise lückenhaft sind. Dies erfordert eine Generalklausel (§ 9) die nach Prüfung der §§ 11 – Klauseln ohne Wertungsmöglichkeit – sowie 10 (Klauseln mit Wertungsmöglichkeiten) zu prüfen ist. Die §§ 10 und 11 sind Ausprägungen dieser Generalklausel.

J

Juristische Person des öffentlichen Rechts. Die §§ 2, 10, 11 und 12 finden keine Anwendung auf AGB, die gegenüber einer juristischen Person des öffentlichen Rechts oder einem öffentlich-rechtlichen Sondervermögen verwendet werden, § 24 Satz 1 Nr. 2. Unter letzteren Begriff fallen **nicht** (mehr) die Deutsche Bahn AG und die Bundespost-Unternehmen Postdienst, Postbank und Telekom.

K

Kaufmann. Ebenso wie bei → juristischen Personen des öffentlichen Rechts finden die §§ 2, 10, 11 und 12 auch keine Anwendung auf AGB, die gegenüber einem Kaufmann verwendet werden, wenn der Vertrag zum Betriebe seines Handelsgewerbes gehört; § 24 Satz 1 Nr. 1. Unter den Begriff der Kaufleute fallen sowohl die Voll- als auch die Minderkaufleute. Hierzu gehören auch die Handelsgesellschaften (§ 6 HGB) sowie der

Kollision von Vertragsbedingungen

im Handelsregister eingetragenen Kaufmann (§ 2, 3 Abs. 2 HGB), aber auch der „Scheinkaufmann" (§ 5 HGB). Ein Vertrag gehört dann zum Betrieb des Handelsgewerbes, wenn dieser dem Interesse des Geschäftes, der Erhaltung seiner Substanz oder der Erzielung von Gewinn dienen soll; § 343 HGB (BGH, LM, HGB § 406, Nr. 1). Im Zweifel gelten die von einem Kaufmann vorgenommenen Rechtsgeschäfte als zum Betrieb seines Handelsgeschäftes gehörend; § 344 Abs. 1 HGB.

Kollision von Vertragsbedingungen. Insbesondere im kaufmännischen Verkehr kommt es häufig vor, daß beide Vertragsparteien auf ihre sich widersprechenden Vertragsbedingungen verweisen. Nach (wohl) überholter Rechtsprechung war grundsätzlich die letzte AGB Verweisung maßgebend (§ 150 Abs. 2 BGB), denn die darauf folgende Vertragsdurchführung war als stillschweigende Vertragsannahme anzusehen (BGH, LM, § 150, Nr. 3 und 6). Nach neuerer Auffassung sind zwei Fragen auseinander zu halten: Die Frage des Vertragsschlusses und die Frage des Vertragsinhalts. Ein Vertragsschluß trotz kollidierender Vertragsbedingungen wird man bereits dann annehmen müssen, wenn sich nach Auslegungsgrundsätzen ergibt, daß der Bestand des Vertrages nicht von der fehlenden Einigung über die Geltung der jeweiligen AGB abhängig gemacht werden soll. Vertragsinhalt wird, soweit ein Konsens hinsichtlich der einzelnen Klauseln vorliegt. Es gilt dann das entsprechende dispositive Recht, oder die hiervon abweichende in beiderseitigen AGB enthaltene Regelung (BGH, NJW 1985, 1838, 1839). Für einen derartigen Kollisionsfall kann eine Abwehrklausel ausreichend sein, wenn hierdurch klar und eindeutig zu erkennen gegeben wird, daß der Verwender nur unter Zugrundelegung seiner Einkaufsbedingungen bestellen und andere Bedingungen nicht akzeptieren wird (BGH, a. a. O.). Gleiches gilt auch für die Vereinbarung des → Eigentumsvorbehaltes, der schuldrechtlich im Falle der Kollision keine Wirksamkeit erzielt. Damit hat der Käufer Anspruch auf unbedingte Übereignung. Das Eigentum geht gleichwohl nicht über, da der Verkäufer ein unbedingtes Übereignungsangebot nicht abgeben wollte und nicht abgegeben hat (BGH, NJW 1988, 1774, 1776). **Lit.:** Niebling, BauR 1981, 227; Striewe, JuS 1982, 728; Ulmer/Schmidt, JuS 1984, 18; Lousanoff, NJW 1985, 2921.

Kompensation und Kumulation bei der Inhaltskontrolle.
Inwieweit kann der Gesamtzusammenhang, können andere
Klauseln zur Verwerfung einer Einzelklausel herangezogen
werden; inwieweit kann eine bei isolierter Betrachtung unwirksame Klausel durch andere Vertragsklausel aufrechterhalten
werden, wenn diese die Interessen des Kunden angemessen
berücksichtigen und somit insgesamt eine ausgewogene Vertragsgestaltung ermöglichen?

Im Verbandsverfahren hat der BGH eine Verschärfung einer
Einzelklausel durch den Zusammenhang für möglich erachtet
(BGH, NJW 1986, 927). Bei der Frage, ob eine → deklaratorische Klausel vorliege oder eine der Inhaltskontrolle unterlie-
genden AGB, müsse eine Würdigung des Gesamtvertrages erfolgen (BGH, NJW 1984, 2161). Auch der Textzusammenhang
wird zur Verschärfung einer Einzelklausel herangezogen (BGH,
NJW 1986, 43, 44). Eine Entschärfung einer Klausel ist jedenfalls dann nicht möglich, wenn die Klauseln äußerlich völlig
getrennt sind und aufeinander nicht bezug nehmen (BGH, NJW
1983, 1322). Dagegen will der Kartellsenat (BGH, AGBE V,
§ 27, Nr. 2) generell eine Gesamtbetrachtung anstellen (bestätigt durch BGHZ 82, 238). Der X. Senat überprüft die Klauseln im → Verbandsverfahren dagegen isoliert an den einzelnen
Bestimmungen des AGB, sie seien nicht im Gesamtzusammenhang zu würdigen (BGH, NJW 1987, 2818); die Besonderen
Bedingungen für die Überlassung von DV-Programmen (BVB-
Überlassung) seien dagegen für sich an den Bestimmungen des
AGBG zu messen und nicht lediglich im Gesamtzusammenhang zu würdigen (BGH DB 1991, 801). Im Individualverfahren soll eine isolierte Überprüfung der Einzelklauseln dagegen
nicht erfolgen, sofern die → VOB/B „ohne ins Gewicht fallende
Einschränkungen" vereinbart wurden (BGH, NJW 1986, 315;
BGH, NJW 1988, 1726). Hier sei das „Normgefüge als solches"
zu prüfen. Der Grund liegt nach Auffassung des BGH darin,
daß bei der Ausarbeitung der VOB Interessengruppen der Besteller wie der Unternehmer beteiligt waren, und auch die öf-
fentliche Hand. Diese Rechtsprechung gilt für die ADSp entsprechend (BGH, NJW 1982, 1820). Umgekehrt kann eine bei
isolierter Betrachtungsweise unwirksame VOB/B-Regelung
durch andere, zusätzliche Vertragsbedingungen kompensiert
werden (BGH, NJW 1988, 55; BGH, NJW 1990, 2384). Bei der

Kompensation und Kumulation bei der Inhaltskontrolle

Wertstellungsklausel erklärt der XI. Senat, daß sowohl im Inzident- wie auch im Verbandsverfahren Einzelklauseln „vor dem Hintergrund des Gesamtvertrages" zu interpretieren seien (BGH, BB 1989, 243 m. Anm. Niebling, DRspr. 1989, 582). Anpassungsklauseln (z. B. für Zinsen) müssen grundsätzlich die Anpassungsmaßstäbe hinreichend konkret festlegen. Stößt jedoch im Einzelfall eine solche Konkretisierung auf unüberwindliche Schwierigkeiten, so läßt sich nach der Rechtsprechung des III. und VIII. BGH-Zivilsenats ein angemessener Interessenausgleich dadurch erzielen, daß dem Vertragspartner ein Auflösungsrecht eingeräumt wird (BGH, NJW 1980, 2518; 1982, 331; 1985, 853; 1989, 1796, 1797). Der Rechtsprechung ist es daher bislang nicht gelungen, die Problematik widerspruchsfrei und sachlich einleuchtend zu begründen. Da sowohl die isolierte Klausel, wie auch der Gesamtzusammenhang von Klauseln geeignet ist, den Vertragspartner von der Geltendmachung berechtigter Ansprüche abzuhalten, erfordert es der Schutzzweck des AGBG, die Unwirksamkeitsfolge eingreifen zu lassen, sofern entweder die isolierte Klausel oder die Klausel im Zusammenhang betrachtet unwirksam ist. So ist grundsätzlich die Kommulierung von Schadensersatz und Vertragsstrafe unwirksam (BGH, NJW 1985, 53, 54). Damit können die bei isolierter Betrachtung unwirksamen Klauseln grundsätzlich nicht durch andere Klauseln bis zur Grenze der Wirksamkeit entschärft werden. Andernfalls ließe sich der Zweck des Verbandsverfahrens, den Rechtsverkehr von unwirksamen Bedingungen freizuhalten (BGH, NJW 1984, 2468) nicht verwirklichen. Was gegen den Klauselkatalog des § 11 verstößt ist auch dann unwirksam, wenn die Klauseln einen anderweitigen Vorteil enthalten. Eine Kompensation ist hier nur im Rahmen der § 11 Nr. 10 b und § 11 Nr. 13 b möglich, da die Kompensationsmöglichkeit hier ausdrücklich aufgeführt ist. Eine Ausnahme sollte nur dann gelten, wenn es inhaltlich keinen Unterschied macht, ob eine zusammengehörige Klausel in mehrere Klauseln aufgespalten wird. Nach diesen Grundsätzen kann grundsätzlich ein Rücktrittsrecht nicht die Unwirksamkeit einer Klausel beseitigen (für den konkreten Fall anders BGH, NJW 1984, 1177 → Tagespreisklausel). § 11 Nr. 13 b zeigt, daß ein Rücktrittsrecht nicht generell, sondern nur in dem genannten Ausnahmefall kompensiert. Dagegen steht das Dispositionsrecht des Großhändlers und des Remissionsrecht des Einzelhändlers in einem inhaltlichen Wechselverhältnis (BGHZ 82, 238). Vgl. ferner → Möbel-AGB. **Lit.:** Niebling BB 1992, 17.

Konditionenempfehlungen oder -kartelle sind zu ihrer Legalisierung beim → Bundeskartellamt anzumelden und unterliegen dessen Kontrolle in AGB rechtlicher, aber auch wettbewerbsrechtlicher Hinsicht; § 2 GWB, § 38 Abs. 2 Nr. 3 GWB. (Zur Anmeldung des „Mustermietvertrags": Bundeskartellamt, WuW 1989, 481 und WuW 1991, 947; Salje, WuW 1990, 7.)

Konnossementklauseln. Das Konnossement (§§ 642 f. HGB) ist der Frachtbrief, den der Verfrachter oder Frachtführer dem Ablader oder Absender ausstellt und in dem er die Annahme der Güter anerkennt und sich zur Auslieferung an den Inhaber der Konnossementurkunde verpflichtet. Klauseln, wonach bei falschen Angaben über die Berechnungsgrundlagen der Fracht der Frachtpreis vervielfältigt wird, sind in der Regel nicht zu beanstanden (BGH, NJW 1979, 105, 106). Der Verfrachter oder Frachtführer darf seine Haftung für anfängliche Fahr- oder Ladungsuntüchtigkeit jedoch nicht ausschließen (BGH, NJW 1978, 1314). Ebenfalls darf die Haftung des Verfrachters für die Auslieferung an einen durch Konnossement nicht legitimierten Empfänger nicht ausgeschlossen werden (BGH, NJW 1983, 1246, 1266). Eine willkürlich gewählte Haftungsbegrenzung ist ebenfalls unzulässig (BGH, VersR 1975, 1117, 1118; BGH, NJW 1978, 1314). Für Ansprüche aus §§ 485 bzw. 606 HGB gilt jedoch § 660 HGB (siehe BGH, NJW 1983, 1263). Eine Ausschlußfrist für die Geltendmachung von Schadensersatzansprüchen von drei Monaten, statt der einjährigen Verjährung nach §§ 439, 414 Abs. 1 HGB, § 26 BinnSchG ist ebenfalls unwirksam (BGH, NJW 1978, 1314). **Lit.:** Rabe, TranspR 1987, 128.

Kontrollfreiheit. Die §§ 9 bis 11 gelten nur für Bestimmungen in AGB, durch die von Rechtsvorschriften abweichende oder diese ergänzende Regelungen vereinbart werden. Dies besagt, daß eine Inhaltskontrolle nicht stattfindet, wenn ein vergleichbarer Gerechtigkeitsgehalt der Dispositivnormen, mit dem die Klauseln zu vergleichen sind nicht besteht. Der Vertrag kann somit nicht darauf überprüft werden, ob er wirtschaftlich sinn-

voll oder sachgerecht ist (BGH, BB 1987, 511). Vielmehr soll
die Inhaltskontrolle nur dann eingreifen, soweit vom dispositiven Recht, das nicht nur Zweckmäßigkeitserwägungen entspricht, abgewichen werden soll. Sinn und Zweck der → Inhaltskontrolle ist es, den von der AGB Klausel inhaltlich abweichenden Gerechtigkeitsgehalt der Dispositivnorm zur
Geltung zu bringen. D. h. einer Inhaltskontrolle (aber auch eine
Einbeziehungskontrolle) bedarf es dann nicht, sofern die gesetzliche Regelung mit der in den AGB enthaltenen Regelung
identisch ist (deklaratorische Klauseln). Eigentlicher Anwendungsbereich des § 8 sind jedoch Klauseln über Preis und Leistung, denen eine Entsprechung im dispositiven Recht fehlt.
Klauseln über das Entgelt unterliegen der Inhaltskontrolle jedoch dann, wenn vom gesetzlich vorgeschriebenen Preis abgewichen werden soll. Dies gilt auch bei Gestaltungsmöglichkeiten der preisrechtlichen Bestimmung (BGH, NJW 1981, 2351 →
HOAI). Die Inhaltskontrolle bezieht sich dagegen jedenfalls auf
die Voraussetzungen, unter denen der Vergütungsanspruch
nach den AGB entstehen soll. Ein Eilzuschlag ist daher unwirksam, sofern dieser für die nachfolgende Tätigkeiten ausbedungen ist (BGH, BB 1978, 636). Preisnebenabreden, etwa solche,
die eine Erhöhung der Gesamtvergütung von bestimmten Voraussetzungen abhängig machen unterliegen dagegen der Inhaltskontrolle (BGH, NJW 1984, 171). Auch der Vorbehalt der
Leistungsbestimmung durch einen Dritten ist nicht von der
Inhaltskontrolle ausgenommen, dies gilt auch, sofern sich die
Leistungsbestimmung auf das Entgelt bezieht (Preisvorbehalt →
DAT-Schätzpreis: BGH, NJW 1983, 1854). Dagegen ist die
reine Leistungsbeschreibung grundsätzlich nicht kontrollfähig,
da es hier an normativen Bewertungsmaßstäben fehlt (BGH,
AGBE III, § 9, Nr. 3). Für den im Bürgschaftsformular um-
schriebenen Umfang der Hauptverpflichtung des Bürgen findet
die Inhaltskontrolle nach § 8 nicht statt, sofern nicht von den
§§ 765 f. BGB abgewichen oder diese Vorschriften ergänzt
werden (BGH, NJW 1985, 848). Die Klausel „Fahrtzeiten gelten
als Arbeitszeiten" stellt eine kontrollfähige Preisnebenabrede
dar (BGH, NJW 1984, 2160 → Fahrtzeitenklausel). Allerdings
können auch AGB Bestimmungen, die dem Wortlaut nach rein
deklaratorisch eine dispositive gesetzliche Bestimmung für
anwendbar erklären (z. B. § 367 BGB) im Zusammenhang des

Vertrages einen echten Regelungsgehalt haben und daher der Inhaltskontrolle unterliegen (BGH, NJW 1984, 2161 → Kompensation und Kumulation). Erforderlich ist daher die Durchführung eines Rechtslagenvergleiches (BGH, a. a. O.). Bloße Abreden über den unmittelbaren Gegenstand der Hauptleistung (Leistungsbeschreibung) unterliegen der Inhaltskontrolle ebensowenig wie Vereinbarungen, über das von dem anderen Teil zu erbringende Entgelt. Dagegen unterliegen Preisnebenabreden, die zwar Auswirkungen auf den Preis und die Leistung haben, jedoch nicht ausschließlich die in Geld geschuldete Hauptleistung festlegen, der Inhaltskontrolle (BGH, NJW 1985, 3013 – Zusatzwasser). → Preisanpassungsklauseln ergänzen das dispositive Recht, das grundsätzlich von einer bindenden Preisvereinbarung der Parteien ausgeht, sie unterliegen daher der Inhaltskontrolle (BGH, NJW 1985, 853; BGH, NJW 1990, 115). Als Rechtsvorschrift im Sinne des § 8 sind nicht nur die Gesetzesvorschriften im materiellen Sinne zu verstehen, vielmehr fallen hierunter auch die allgemein anerkannten Rechtsgrundsätze (BGH, NJW 1985, 1153). Auch ein versteckter Sanktionscharakter kann eine Klausel aus dem Bereich der bloßen Entgeltregelung herausheben (BGH, a. a. O.). Das Äquivalenzprinzip darf nicht allgemein zum Instrument einer richterlichen Preiskontrolle gemacht werden (BGH, a. a. O.). Die Klausel, wonach der Bürge auch für künftige, der Höhe nach unbeschränkte Verbindlichkeiten des Hauptschuldners aus seiner Geschäftsverbindung mit der Bank einzustehen hat weicht nicht von den §§ 765, 767 BGB ab und unterliegt daher nicht der Inhaltskontrolle (BGH, NJW 1986, 928). Das uneingeschränkte Recht der Datenweitergabe unterliegt ebenfalls der Inhaltskontrolle (BGH, NJW 1986, 46). Die bloße Festlegung des Umfanges der von den Parteien geschuldeten Leistung unterliegt dagegen nicht der Inhaltskontrolle (BGH, NJW 1986, 2574). Als gesetzliche Regelung im Sinne der §§ 9 und 8 gelten alle Rechtssätze, welche durch Auslegung Analogie und Rechtfortbildung aus den Gesetzesvorschriften hergeleitet werden (BGH, NJW 1987, 1931). Ein Schuldanerkenntnis ist jedenfalls dann der Inhaltskontrolle entzogen, wenn dies formularmäßig als selbständiges Rechtsgeschäft vollzogen wird (BGH, NJW 1987, 2014). Die reine Preisgestaltung unterliegt nicht der Inhaltskontrolle (BGH, NJW 1987, 1828; BGH NJW-RR 1993,

430). Für die Leistungsbeschreibung verbleibt nach dieser Entscheidung der enge Bereich der Leistungsbezeichnung, ohne deren Vorliegen mangels Bestimmtheit oder Bestimmbarkeit des wesentlichen Vertragsinhalts ein wirksamer Vertrag nicht mehr angenommen werden kann. Als Vergleichsmaßstab ist von Bedeutung, welche dispositiven Vorschriften konkret durch die Klausel verdrängt werden sollen (BGH, NJW 1988, 258). Beim Darlehensvertrag stellt der Zins zwar die Hauptleistung des Darlehensnehmers dar und die Vereinbarung der Zinshöhe unterliegt nicht der Inhaltskontrolle. Die → Zinsberechnungsklausel ist dagegen bloße Nebenbestimmung, da sie von der ungeschriebenen Regel des Darlehensrechts abweicht, daß der vereinbarte Zinssatz grundsätzlich jeweils von der tatsächlich noch bestehenden Kapitalschuld berechnet wird (BGH, BB 1988, 2410). Eine Nebenabrede über die Voraussetzungen der Verzinsungspflicht stellt auch die → Wertstellungsklausel dar (BGH, BB 1989, 243). Die Kostenübernahme für *Kleinreparaturen* bei der → Wohnraummiete kann nicht als Teil des Mietzinses angesehen werden. Sie stellt jedenfalls eine Regelung dar, die den Mieter kraft Gesetzes nicht träfe, und unterliegt deshalb der Inhaltskontrolle (BGH, NJW 1989, 2247). Anders der Ausschluß von Wahlleistungen (bei Vertragsverstößen des Patienten) in *Krankenhausbehandlungsverträgen* (Arzt- und Krankenhaus-AGB), da kraft Gesetzes kein Anspruch auf Wahlleistungen besteht (BGH, NJW 1990, 761, 763).

Die Hauptleistungspflicht des Bestellers im Werkvertrag unterliegt nicht der Inhaltskontrolle(BGH NJW-RR 1993, 430). Der Inhaltskontrolle unterworfene Preisnebenabreden liegen nur dann vor, wenn an Stelle aller auf die Preise bezogenen Absprachen im Falle ihrer Unwirksamkeit dispositives Gesetzesrecht treten kann (BGH, NJW-RR 1993, 430; BGH, BB 1996, 763, 765).

Konzernverrechnungsklauseln → Eigentumsvorbehalt

Kostenvoranschläge. Die formularmäßige Begründung einer Vergütungspflicht für Kostenvoranschläge verstößt gegen § 9 Abs. 1 (BGH, NJW 1982, 765). Dem Kunden steht bei Überschreitung des Kostenvoranschlages nach § 650 BGB ein Kündigungsrecht zu. Dieses kann formularmäßig nicht abbedun-

gen werden, ebensowenig der Schadensersatzanspruch des
Kunden wegen schuldhafter Überschreitung des Kostenvoranschlages nach den Grundsätzen der positiven Forderungsverletzung.

Kraftfahrzeughandel → Neuwagen-AGB → Gebrauchtwagen-
AGB → Reparatur

Kraftfahrzeugmiete. Bei der Anmeldung eines Kfz wird vielfach
gegen Zahlung eines zusätzlichen Entgeltes eine Haftungsfreistellung gewährt. Eine Klausel, wonach der Mieter trotz Vereinbarung einer Haftungsbefreiung in voller Höhe für den gesamten Schaden haftet, wenn er den Schaden grob fahrlässig
oder vorsätzlich herbeigeführt hat oder gegen seine formularmäßig auferlegte Verpflichtung verstoßen wurde, das Fahrzeug
nur persönlich zu nutzen, ist unwirksam (BGH, NJW 1981,
1211). Der gewerbliche Vermieter von Kraftfahrzeugen, der dem
Mieter gegen Zahlung eines Entgeltes nach Art einer Versiche-
rungsprämie bei Unfallschäden Haftungsfreistellung ohne
Selbstbeteiligung verspricht, ist gehalten, diese Haftungsbefreiung nach dem Leitbild der Kaskoversicherung auszugestalten
(BGH, a. a. O.). Hiernach muß der Regelung des § 2 Abs. 2 b
AKB Rechnung getragen werden. Die Leistungspflicht des Versicherers entfällt demnach gegenüber dem Versicherungsnehmer nicht, wenn dieser sein Fahrzeug einem Dritten überläßt.
Weder der Vertragspartner noch der fahrende Dritte haften
daher, sofern der Unfall nicht grob fahrlässig verschuldet worden ist. Im übrigen schließt die Haftungsfreistellung auch
Wertminderung und Mietausfall ein (BGH, a. a. O.; BGH, NJW
1982, 987; BGH, AGBE IV, § 9, Nr. 2). Die dem Vermieter
obliegende Beweislast für das Verschulden kann nicht auf den
Mieter übergewälzt werden; § 11 Nr. 15 (BGHZ 65, 118). Wird
den AGB die dem Mieter eines Kraftfahrzeuges gegen Zahlung
eines zusätzlichen Entgeltes gewährte Haftungsfreistellung
jedoch davon abhängig gemacht, daß er bei Unfällen die Polizei
hinzuzieht, liegt hierin keine unangemessene Benachteiligung
des Mieters (BGH, NJW 1982, 167; OLG Stuttgart, VersR 1988,
98). Eine Klausel, nach der die Verjährungsfrist des § 558 BGB
hinausgeschoben werden soll, verstößt gegen §§ 252, 134 BGB
(BGH, NJW 1984, 289). Auch die Verpflichtung, während der

Reparaturzeit die volle Miete weiter zu entrichten, ist unwirksam (a. A. OLG Zweibrücken, VersR 1981, 962).

Kreditkarten. Bei dem Vertrag zwischen dem Kreditkartenherausgeber und dem Karteninhaber handelt es sich um einen entgeltlichen Geschäftsbesorgungsvertrag nach § 675 BGB, durch den sich der Herausgeber gegen Zahlung einer Vergütung verpflichtet, die Verbindlichkeiten des Kreditkarteninhabers bei den Vertragsunternehmen zu tilgen (BGH, NJW 1984, 2460). Erfüllt der Herausgeber diese Verpflichtung, so steht diesem bereits nach § 670 BGB ein Anspruch auf Erstattung seiner Aufwendungen gegen den Kreditkarteninhaber zu. Bestimmen die AGB des Kreditkartenherausgebers, daß der Inhaber dem Herausgeber alle Zahlungen zu erstatten hat, die der Herausgeber aufgrund der vom Inhaber unterzeichneten Belastungsbelege geleistet hat, so kann der Herausgeber seine Ansprüche nur geltend machen, wenn ihren Zahlungen an die Vertragsunternehmen unterzeichnete Belastungsbelege zugrunde lagen. Fehlt die Unterschrift des Kunden oder ist diese gefälscht, so liegt kein Auftrag vor, es kann daher auch kein Aufwendungsersatzanspruch des Herausgebers entstehen (BGH, a. a. O.). Da die Erteilung eines Auftrages Anspruchsvoraussetzung für den Erstattungsanspruch ist, trägt der Herausgeber die Beweislast für die Echtheit der Unterschrift des Karteninhabers auf den Belastungsbelegen, somit das Fälschungsrisiko (BGH, a. a. O.). Dieses Risiko der Fälschung von Belastungsbelegen durch Bedienstete der Vertragsunternehmen, denen die Kreditkarte bestimmungsgemäß ausgehändigt worden ist, kann durch allgemeine Geschäftsbedingungen nicht auf den Kreditkarteninhaber abgewälzt werden (BGH, a. a. O.). Eine Pflicht des Kreditkarteninhabers die monatlichen Abrechnungen alsbald nach Eingang zu prüfen, greift jedenfalls nicht für den Fall, daß dieser während einer langdauernden Geschäftsreise nicht in der Lage war eine Prüfung vorzunehmen (BGH, a. a. O.). Da die Kreditkarte insbesondere für den geschäftlichen Reiseverkehr verwendet wird, dürfte eine zu weit gefaßte Klausel, wonach der Inhaber die Abrechnungen alsbald nach Eingang zu prüfen unwirksam sein (geltungserhaltende Reduktion), so daß es auf die Frage, ob der Karteninhaber eine Geschäftsreise durchgeführt hat (entgegen dem BGH, a. a. O.) nicht ankommen kann.

Wirksam ist dagegen die Klausel, daß bei Überschreitung eines Betrages von DM 600 eine Zahlungsverpflichtung nur dann entsteht, wenn das Vertragsunternehmen die Genehmigung der Kreditkartenorganisation eingeholt hat (LG Düsseldorf, NJW 1984, 2475). Nach OLG München (NJW-RR 1988, 1076) kann bei einer Firmenbetriebskarte neben dem Arbeitgeber auch der Arbeitnehmer für von ihm in Anspruch genommene Leistungen zur Haftung gezogen werden. Lit.: Löwe/Graf von Westphalen, Bd. III, Nr. 45.3.

Kündigungsfristen → Dauerschuldverhältnisse

Kunstauktionen-AGB → Gewährleistung

L

Lagergeschäft. Unwirksam ist eine Haftungsfreizeichnung für das Abhandenkommen oder die Beschädigung von Lagergut; § 11 Nr. 7 und 8, § 9 Abs. 2 Nr. 2 (KG, VersR 1982, 372; OLG Hamburg, VersR 1982, 1104). Klauseln, wonach der Einlagerer die Beweislast für Umstände aus dem Bereich des Lagerhalters trägt, verstoßen gegen § 11 Nr. 15 (KG, a. a. O.).

Laufzeit von Verträgen → Dauerschuldverhältnisse

Leasing. Der Leasingvertrag zeigt vielerlei – insbesondere durch AGB geprägte – Erscheinungsformen. Vom Finanzierungsleasing spricht man, wenn über eine längere feste Mietzeit der Leasingnehmer dem Leasinggeber durch Ratenzahlung den Kaufpreis zuzüglich aller Kosten und Zinsen sowie das Kreditrisiko und den Gewinn vergütet. Der Leasingnehmer wählt bei einem Dritten, dem Lieferanten, die Leasingsache aus und der Leasinggeber schafft sie über diesen durch Kauf an. Beim Operatingleasing ist die Mietzeit zumeist unbestimmt oder sehr kurz und die Kündigung jederzeit oder zumindest erleichtert möglich. Beim Immobilienleasing, bei der der Leasinggeber als Bauherr dem Leasingnehmer nach Ablauf einer längeren Vertragszeit eine Kaufoption einräumt, die durch Vormerkung gesichert ist liegt eine Sonderform des Finanzierungsleasing vor. Vom Herstellerleasing spricht man dann, wenn der Lieferant und Hersteller mit dem Leasinggeber eng verflochten ist. Da hier das typische Dreiecksverhältnis fehlt liegt in der Regel ein Miet- oder Abzahlungskauf vor. Kein Leasinggeschäft, sondern ein Abzahlungskauf ist das sog. Null-Leasing, wonach der Käufer die Sache für einen Zeitraum durch Raten abzahlt und nach Ablauf des Vertrages zu einem vornherein festgesetzten Preis bindend zum Erwerb angeboten wird. Ein Finanzierungs-Leasingvertrag kann von einem Nichtkaufmann widerrufen werden, wenn sein Inhalt darauf abzielt, die Leasingsache ihrer Substanz nach auf Dauer auf den Leasingnehmer zu übertragen (§ 7 VKG). Wesentliches Indiz dafür ist ein schriftlich oder mündlich – auch stillschweigend – vereinbartes Erwerbs- oder Behaltensrecht des Leasingnehmers (BGH, NJW 1985, 1539). Einer solchen Substanzübertragung steht es gleich, wenn nach dem bei Vertragsschluß erkennbaren Umständen die Leasingsache für den Leasingnehmer während der Vertragszeit jeden Gebrauchswert verliert (BGH, a. a. O.). Dies muß bei Vertragsschluß feststehen und für die Vertragsparteien erkennbar sein (BGH, NJW 1985, 1546; NJW 1985, 1547). Einem Erwerbsrecht steht der Fall gleich, daß der Leasingnehmer verpflichtet ist, bei Beendigung des Vertrages einen Käufer zu stellen, den der Leasinggeber akzeptieren muß, selbst wenn der Leasingnehmer sich selbst als Käufer benennt (BGH, NJW-RR 1986, 594). Die Erklärung des Widerrufes nach dem Abzahlungsgesetz bewirkt, daß der zwischen dem Lieferanten und dem Leasinggeber abgeschlossene Kaufvertrag endgültig rückabzuwickeln ist und dem Leasingvertrag von Anfang an die Geschäftsgrundlage fehlt, so daß der Leasinggeber keinen Anspruch auf Zahlung der Leasingrate hat (BGH, NJW 1985, 1535 zur Wandelung).

Beginnt nach den AGB des Leasinggebers die Mietzeit mit der Übernahme des Leasinggegenstandes, so tritt diese Rechtsfolge erst nach vollständiger Gebrauchsüberlassung ein. Diese liegt nicht schon dann vor, wenn dem Leasingnehmer bei einem Leasingvertrag über Computerhard- und -software nur die Hardware übergeben wurde, da sich dann die Rechtsfolgen nicht nach Sachmängelgewährleistungsrecht (§ 536 BGB), sondern nach den Bestimmungen über Teilleistungen einschließlich der Kündigung nach § 542 BGB bestimmen (BGH, NJW

1988, 204). Die in Leasingverträgen üblicherweise vereinbarte
Übernahmebestätigung stellt kein Schuldanerkenntnis im Sinne
des § 781 BGB dar, sondern bürdet dem Leasingnehmer nur die
Beweislast für die von ihm behauptete Unrichtigkeit der Erklärung auf (§§ 368, 363 BGB; BGH, NJW 1988, 204). Unwirksam
ist jedoch eine Bestimmung durch die bei Abgabe einer unrichtigen Übernahmebestätigung des Leasingnehmers dessen unbedingte, nur durch erfolgreiche Inanspruchnahme des Lieferanten abzuändernde Zahlungspflicht für die Leasingraten begründet werden soll (BGH, a. a. O.). Dem Leasinggeber tritt die Verpflichtung die Sache vollständig dem Leasingnehmer zu überlassen. Nach Übergabe der Sache an den Leasingnehmer beschränkt sich die Verpflichtung des Leasinggebers auf die Verpflichtung, den Leasingnehmer nicht im Gebrauch zu stören und
ihn bei Störungen durch Dritte zu unterstützen; dies, sofern die
Sach- und Gegenleistungsgefahr vertraglich auf den Leasingnehmer abgewälzt ist (BGH, NJW 1988, 198). Hat der Lieferant
die Leasingsache im Auftrag des Leasinggebers dem Leasingnehmer zu übergeben, so ist er bis zur vollständigen Übergabe
insoweit Erfüllungsgehilfe des Leasinggebers (BGH, a. a. O.).

Auch wenn Leasingverträge „in erster Linie" nach Mietrecht
zu beurteilen sind (BGH, NJW 1988, 198, 200; BGH, NJW
1989, 1275 für den Immobilien-Finanzierungsvertrag; BGH, BB
1990, 1796 für das Finanzierungsleasing), so können AGB in
Einzelpunkte zulässigerweise von den mietvertraglichen Vorschriften der §§ 535 f. BGB abweichen. Nach ständiger Rechtsprechung kann sich der Leasinggeber von der mietvertraglichen Haftung für die Überlassung des Leasinggutes in gebrauchsfähigem Zustand (§§ 536 f. BGB) freizeichnen und dem
Leasingnehmer dafür die kaufvertraglichen Gewährleistungsansprüche aus dem Kaufvertrag mit dem Lieferanten abtreten.
Dies gilt auch im nichtkaufmännischen Verkehr (BGH, NJW
1985, 1535). Der Leasingnehmer muß grundsätzlich zunächst
versuchen, seine Gewährleistungsansprüche beim Lieferanten
geltend zu machen. Scheitert jedoch die Durchsetzung der
→ Gewährleistungsansprüche (Minderung, Wandelung, ggf.
Nachbesserung) an der Vermögenslosigkeit des Herstellers =
Lieferanten, so muß der Leasingnehmer im Verhältnis zum
Leasinggeber so gestellt werden, wie er stünde, wenn die Wandelung des Kaufvertrages vollzogen worden wäre (BGH, NJW

Leasing

1985, 129). Eine vollzogene Wandelung bewirkt, daß der zwischen dem Lieferanten und dem Leasinggeber abgeschlossene Kaufvertrag endgültig rückabzuwickeln ist und dem Leasingvertrag von Anfang an die Geschäftsgrundlage fehlt, so daß der Leasinggeber keinen Anspruch auf Zahlung von Leasingraten hat (BGH, NJW 1985, 1535). An der Vollziehung der Wandlung fehlt es jedoch, wenn der Hersteller sich mit ihr nicht einverstanden erklärt hat (§ 465 BGB) und das Einverständnis auch nicht durch ein gegen dieses ergangene Urteil ersetzt worden ist. Voraussetzung ist daher zumindest, daß der Leasingnehmer die kaufrechtlichen Gewährleistungsansprüche in einem Rechtsstreit gegen den Lieferanten angriffs- oder verteidigungsweise geltend gemacht hat (BGH, NJW 1985, 1547, 1549). Die Anwendung des § 11 Nr. 10 a in einem Finanzierungsleasingvertrag hat der BGH verneint (BGH, NJW 1985, 1547, str.). Unterliegt der Leasingnehmer im Wandlungsprozeß gegen den Lieferanten, und sei es auch wegen Verjährung der Gewährleistungsansprüche, so kann er dem Leasinggeber Sachmängelansprüche nicht entgegenhalten (BGH, NJW 1985, 1535). AGB-Klauseln sind jedoch unwirksam, in denen sich der Leasinggeber von der mietvertraglichen Gewährleistung freizeichnet, ohne seine kaufrechtlichen Gewährleistungsansprüche an den Leasingnehmer abzutreten oder diesen vorbehaltlos zur Geltendmachung zu ermächtigen (BGH, NJW 1987, 1072). Ist die Wandelung vollzogen, entfällt der Anspruch des Leasinggebers auf Zahlung der Leasingraten wegen Fehlens der Geschäftsgrundlage von Anfang an auch dann, wenn die Leasingsache zeitweise oder teilweise benutzt werden konnte (BGH, NJW 1985, 796). Eine Besonderheit gegenüber dem Mietrecht ist auch die Zubilligung eines Ausgleichsanspruches trotz vertraglicher ordentlicher Kündigung (BGH, NJW 1985, 2253). Kündigt der Leasinggeber einen auf unbestimmte Dauer geschlossenen kündbaren Teilamortisierungsvertrag wegen Zahlungsverzug des Leasingnehmers nach § 554 BGB, so wird sein Anspruch auf Schadensersatz wegen Nichterfüllung der Höhe nach durch das Erfüllungsinteresse bei vertragsmäßiger Beendigung bestimmt. Der Anspruch auf Schadensersatz wegen Nichterfüllung ist bei Fehlen einer wirksamen vertraglichen Regelung konkret zu berechnen (BGH, a. a. O.; BGH, NJW 1986, 1335; BGH, NJW 1986, 1746; BGH, NJW 1988, 198,

200). Schließlich ist als Besonderheit die Zulässigkeit der Überwälzung der Sach- und Gegenleistungsgefahr zu nennen (BGH, a. a. O.). Zulässig ist daher eine Klausel in Leasingverträgen, die kein Kraftfahrzeug zum Gegenstand haben, wonach die Gefahr für zufälligen Verlust der Leasingsache dem Leasingnehmer zugewiesen, dieser zugleich jedoch an sämtlichen Verpflichtungen aus dem Vertrag festgehalten werden soll (BGH, a. a. O.). Unangemessen im Sinne des § 9 ist dagegen eine Regelung, nach der der Leasingnehmer bei Verlust der Leasingsache zur sofortigen Zahlung aller noch ausstehenden Leasingraten verpflichtet sein soll, falls weder die Sache repariert noch eine gleichwertige beschafft werden kann (BGH, a. a. O.). Eine Benachteiligung liegt schon darin, daß eine Abzinsung nicht vorgesehen ist und auch der in den Folgeraten enthaltene Gewinnanteil weiterhin beansprucht wird (BGH, a. a. O., S. 200). Der Leasingnehmer bleibt jedoch nicht zur Zahlung der Leasingraten verpflichtet, wenn die Leasingsache dem Lieferanten zur Nachbesserung übergeben wird und dort untergeht (BGH, NJW 1985, 1535). Weitere Einzelklauseln: Eine Klausel, die den Leasinggeber bei fristloser Kündigung wegen Zahlungsverzuges des Leasingnehmers berechtigt, die Leasingsache zurückzunehmen und sofort alle künftigen Leasingraten zu fordern ist unangemessen, und zwar auch dann, wenn der Leasingnehmer bei sofortiger Zahlung aller rückständigen und künftigen Raten die Sache wiedererlangen kann (BGH, NJW 1982, 870). Ein auf unbestimmte Dauer laufender Finanzierungsleasingvertrag, der vom Leasingnehmer halbjährlich gekündigt werden kann, ist nicht deshalb als auf eine bestimmte Höchstdauer (Zeitpunkt der Vollamortisation) geschlossen auszulegen, weil bei Vertragsbeendigung eine Ausgleichszahlung des Leasingnehmers nur bis zu dem Zeitpunkt der vollen Amortisation aller Kosten des Leasinggebers entrichtet werden soll. Die Verpflichtung des Leasingnehmers, die Leasingraten fortzuzahlen, soweit er den Vertrag nicht kündigt, ist grundsätzlich wirksam (BGH, NJW 1990, 247). Unwirksam ist dagegen eine Klausel in einem auf unbestimmte Zeit abgeschlossenen Leasingvertrag, die dem Leasingnehmer bei Kündigung nach 48 Monaten Grundmietzeit eine Abschlußzahlung von 43% der Beschaffungskosten der Leasingsache sowie deren Rückgabe auferlegt, ohne einen Weiterverkaufserlös anzurechnen und eine Abzinsung der Restzahlung erkennbar zu machen (BGH, NJW 1982, 870). Die Bestimmung, der Leasinggeber könne, leiste der Leasingnehmer Raten nicht, die Mietsache „zur Sicherheit" herausverlangen und sämtliche noch ausstehende Leasingraten fällig stehen verstößt gegen § 9 (OLG Düsseldorf, NJW-RR 1988, 1457). Die in einem *Immobilien-Leasingvertrag* und einem darin vorgesehenen Generalübernehmervertrag dem Leasingnehmer auferlegte Verpflichtung, das ihm zu überlassende Gebäude selbst zu errichten und für Herstellungsmängel zu haften, ist als – wirksame – Freizeichnung des Leasinggebers von seiner mietvertraglichen Haftung für Herstellungsmängel auszulegen (BGH, NJW 1989, 1279). In einem *Finanzierungsleasingvertrag* kann die Untervermietung generell verboten werden (BGH, BB 1990, 1796). **Lit.:** Beilage 8 zu Heft 18/1996 des BB.

Leistungsbestimmungsrechte und Leistungsvorbehalte unterliegen der Inhaltskontrolle nach §§ 9 f. (BGH, NJW 1985, 3013; BGH, NJW 1985, 853; BGH, NJW 1983, 1854). Die Einräumung eines einschränkungslosen Leistungsbestimmungs- oder Leistungsänderungsrechtes ist auch im kaufmännischen Geschäftsverkehr unwirksam. Hieran ändert sich nichts, daß nach §§ 315 f. die Ausübung an die Einhaltung billigen Ermessens gebunden ist (BGH, NJW 1985, 623). Änderungsvorbehalte sind insbesondere an den §§ 10 Nr. 4 und 9 zu messen. Die Grenze der Wirksamkeit von Leistungsbestimmungsrechten und Leistungsvorbehalten liegt insbesondere darin, daß die vertraglich vorausgesetzte Äquivalenz nicht einseitig zum Nachteil des Kunden gestört werden darf. Auch ist zu prüfen, ob derartige Klauseln nicht gegen den → Vorrang der Individualabrede nach § 4 verstoßen. Dies ist jedoch nicht stets, sondern nur bei besonderen Umständen und ausdrücklichen Vertragsabreden der Fall. **Lit.:** Paulsch, in: 10 Jahre AGB-Gesetz, 1987, S. 55 f. → Preisanpassungsklauseln und Preisvorbehalte → Kontrollfreiheit.

Leistungsfrist → Annahme und Leistungsfrist

Leistungsverweigerungsrechte. Leistungsverweigerungsrechte sind im nichtkaufmännischen Verkehr nach § 11 Nr. 2 gewähr-

leistet. § 320 BGB setzt voraus, daß ein gegenseitiger Vertrag vorliegt und die Forderung, auf die das Leistungsverweigerungsrecht gestützt wird, mit der Hauptforderung in einem Gegenseitigkeitsverhältnis steht. Insbesondere muß auch die Gegenforderung vollwirksam und fällig sein. Darüber hinausgehend ist Voraussetzung, daß der Schuldner selbst vertragstreu ist, und am Vertrag festhalten will (BGH, NJW 1982, 875). Das Zurückbehaltungsrecht nach § 273 BGB, das unter § 11 Nr. 2 b fällt, gilt dagegen für Schuldverhältnisse aller Art. Voraussetzung ist hier ebenfalls Gegenseitigkeit des Anspruches, Wirksamkeit und Fälligkeit des Gegenanspruches. Darüber hinausgehend ist Voraussetzung, daß die gegenseitigen Ansprüche auf „demselben rechtlichen Verhältnis" beruhen (Konnexität). Ausreichend ist es hierfür, daß zwischen den Ansprüchen ein innerer natürlicher und wirtschaftlicher Zusammenhang besteht, und es gegen Treu und Glauben verstoßen würde, wenn der eine Anspruch ohne Rücksicht auf den anderen geltend gemacht und durchgesetzt werden könnte. Nach § 11 Nr. 2 sind jede Erschwernisse dieser Leistungsverweigerungsrechte, etwa auf die voraussichtlichen Nachbesserungskosten, durch vorhergehende schriftliche Anzeige, durch ein Anerkenntnis u. a. unwirksam.
→ Vorleistungsklauseln fallen dagegen nicht unter § 11 Nr. 2, sondern ausschließlich unter § 9 (BGH, NJW 1985, 850, 851; BGH, NJW 1987, 1931, 1932). Die in einem Formularvertrag über die Errichtung und Veräußerung eines Bauwerks enthaltene Klausel, wonach der Veräußerer verlangen kann, daß der Erwerber ohne Rücksicht auf vorhandene Baumängel vor Übergabe des bezugsfertigen Bauwerks dann noch nicht fällige Teile des Erwerbspreises (in den Entscheidungen von 14%) nach Anweisung des Veräußerers hinterlegt, verstößt gegen § 11 Nr. 2 a (BGH, NJW 1985, 852). Durch die Klausel würde der Erwerber genötigt, zur Durchsetzung seiner Gewährleistungsansprüche auf Freigabe der hinterlegten Restvergütung zu klagen, anstatt sich gegenüber dem Vergütungsanspruch des Veräußerers auf Minderungs- und Leistungsverweigerungsrechte berufen zu können. Ebenfalls ist eine Klausel in einem finanzierten Fertighausvertrag unwirksam, worin 14 Tage nach der (Roh-)Montage des Hauses 90% des Werklohnes zur Zahlung fällig sind, ohne daß es auf den Wert der tatsächlich erbrachten Bauleistungen ankomme (BGH, NJW 1986, 3199). Der BGH

Leistungsvorbehalt

hat hier einen Verstoß gegen § 11 Nr. 2 a offen gelassen und einen Verstoß gegen § 9 bejaht. Ebenfalls verstößt die Klausel eines Fensterherstellers gegen §§ 9, 11 Nr. 2 die lautet: „Ist die Montage im Vertrag eingeschlossen, so sind bei Anlieferung 90% der Rechnungssumme fällig." Dies ist unangemessen, weil der Kunde bei Anlieferung weder Mängel feststellen, noch den ordnungsgemäßen Einbau der Fenster überprüfen kann. Die Ausübung der Leistungsverweigerungsrechte und Zurückbehaltungsrechte nach §§ 320, 373 BGB wird so vereitelt. Im kaufmännischen Verkehr werden über § 9 Abbedingungen der §§ 373, 320 BGB grundsätzlich nicht zu beanstanden sein (OLG Koblenz, AGBE I § 11 Nr. 13). Der Verwender kann aber aus der Ausschlußklausel dann keine Rechte herleiten, wenn ihm selbst eine grobe Vertragsverletzung zur Last fällt, wenn der Lieferant mit der Ausführung von Nachbesserungsarbeiten in Verzug geraten war und der Wert der gezahlten Vergütung der erbrachten Leistung entsprach (OLG Koblenz, a. a. O.), wenn er selbst im Verhältnis zum Subunternehmer einen Teil der Vergütung zurückhält (BGH, NJW 1978, 634) oder wenn der Gegenanspruch, auf den das Leistungsverweigerungsrecht gestützt wird, unbestritten, rechtskräftig festgestellt oder entscheidungsreif ist (BGH, NJW 1985, 319, 320).

Leistungsvorbehalt → Leistungsbestimmungsrechte und Leistungsvorbehalte

Linienverkehr → Beförderungsbedingungen

Lohnabtretung. Die Vorausabtretung künftiger Lohn-, Gehalts-, Provisions- und Sozialleistungsansprüche ist grundsätzlich zulässig und kann auch in AGB für Ratenkreditverträge wirksam vereinbart werden (BGH, NJW 1989, 2383, 2384). Solche Klauseln halten der Inhaltskontrolle nach § 9 I AGB-Gesetz aber nur dann stand, wenn sie Zweck und Umfang der Zession sowie die Voraussetzungen, unter denen der Verwender von ihr Gebrauch machen darf, hinreichend eindeutig bestimmen und zu einem vernünftigen, die schutzwürdigen Belange beider Vertragspartner angemessen berücksichtigenden Interessenausgleich führen. Dabei ist das Sicherungsintcresse der Bank, der in solchen Fällen als einziges Kreditsicherungs-

mittel häufig nur die künftigen Lohn-, Gehalts-, Provisions-
oder Sozialleistungsansprüche des Kreditnehmers zur Verfügung stehen, gegen das Interesse des Kunden an der Erhaltung
seiner wirtschaftlichen Bewegungsfreiheit abzuwägen. Einer
unverhältnismäßigen Übersicherung der Bank ist durch geeignete Ausgestaltung der Geschäftsbedingungen von vornherein
zu begegnen (BGH, a. a. O.).

Eine Vorausabtretung ist insbesondere nur zulässig, wenn die
abgetretene *Forderung genügend bestimmt oder bestimmbar*
ist (BGH, a. a. O.).

Dieser Rechtsgrundsatz findet auch in die Inhaltskontrolle
nach § 9 I AGB-Gesetz Eingang. Dem Erfordernis, in AGB die
Rechte und Pflichten der Vertragspartner klar, bestimmt und für
den Kunden durchschaubar zu beschreiben, kommt im Falle
der Vorausabtretung von Lohn-, Gehalts-, Provisions- und
Sozialleistungsansprüchen besondere Bedeutung zu, weil solche Abtretungen für den Betroffenen von existentieller Tragweite sein und seine Kreditwürdigkeit in Frage stellen können;
Interessen konkurrierender Gläubiger sind zu berücksichtigen.
Derartige Klauseln müssen deshalb Zweck und Umfang der
Abtretung sowie die Voraussetzungen der Verwertungsbefugnis
eindeutig bezeichnen. Diese Anforderung ist nicht erfüllt, wenn
die Sicherungsabrede nicht zweifelsfrei erkennen läßt, ob die
Vorausabtretung nur Ansprüche der Bank aus dem jeweiligen
Kreditvertrag oder auch solche Ansprüche sichern soll, die ihr
aus anderem Rechtsgrund gegen den Kunden zustehen. Ein
Beispiel hierfür ist die Formulierung, die Abtretung solle zur
Sicherung „der" Ansprüche der Bank erfolgen und der Kreditnehmer könne die Freigabe erst nach Ausgleich „aller" Forderungen verlangen.

Die Klausel muß auch klarstellen, unter welchen Voraussetzungen die Bank berechtigt sein soll, von der Abtretung Gebrauch zu machen. Die Tatsache, daß es sich um eine Siche-
rungszession handelt, erlaubt insoweit noch keinen hinreichend
sicheren Schluß. Es liegt zwar nahe, in solchen Fällen die Verwertungsbefugnis vom Zahlungsverzug abhängig zu machen;
dafür enthält aber die Klausel als solche in der Regel keinen
Anhaltspunkt.

Auch soweit eine Klausel die Abtretung „sonstiger" Ansprüche gegen „Dritte" vorsieht, ist dem Bestimmtheitserfordernis

nicht genügt, weil offen bleibt, um welche Ansprüche es sich dabei handelt und gegen wen sie sich richten.

Eine Lohnabtretungsklausel darf auch nicht geeignet sein, eine *unverhältnismäßige Übersicherung* der Bank zu bewirken. Wenn die Vorausabtretung die gesamten pfändbaren Lohn-, Gehalts-, Provisions- und/oder Sozialleistungsansprüche des Kreditnehmers ohne zeitliche und betragsmäßige Begrenzung erfaßt, liegt in der Regel eine übermäßige Sicherung schon im Ansatz vor. Sie verstärkt sich zudem mit fortschreitender Tilgung der Darlehensschuld und führt regelmäßig zu einer unangemessenen Benachteiligung des Kreditnehmers. Die Bank kann den gebotenen Ausgleich zwischen ihrem Sicherungsinteresse und dem Interesse der Kreditnehmer an der Erhaltung ihrer wirtschaftlichen Bewegungsfreiheit durch eine angemessene Begrenzung der Zession in Verbindung mit einer Freigabeklausel herstellen (BGH, a. a. O.)

Eine zeitliche Begrenzung der Abtretung reicht in der Regel nicht aus, weil sie dem Kreditnehmer die Möglichkeit bieten würde, sich durch Zahlungsverzögerungen Vorteile zu verschaffen. Eine Beschränkung auf die Höhe der jeweiligen Monatsrate würde dem Sicherungsinteresse der Bank bei Fälligstellung des Restdarlehens nicht angemessen Rechnung tragen. Gegen eine Vorausabtretung, die auf den jeweiligen Umfang der gesicherten Forderung abhebt, sind Bedenken unter dem Gesichtspunkt des Bestimmtheitserfordernisses anzumelden.

Einen *angemessenen Interessenausgleich* bietet dagegen eine betragsmäßige Begrenzung der Zession, die sich am Gesamtumfang des Darlehens orientiert, also sowohl den Nettokredit wie die Kreditkosten einschließt. Daneben sind im angemessenem Umfang auch Rechtsverfolgungskosten sowie die Möglichkeit einer Erhöhung des Darlehensrückzahlungsanspruchs für den Fall des Zahlungsverzuges zu berücksichtigen. Dies kann in der Weise geschehen, daß dem Gesamtumfang des Darlehens ein Pauschalbetrag – zweckmäßigerweise in Gestalt eines Prozentsatzes – zugeschlagen wird.

Darüber hinaus ist in solchen Fällen der Tatsache, daß das Sicherungsinteresse der Bank mit fortschreitender Tilgung abnimmt, zusätzlich durch eine geeignete Freigabeklausel Rechnung zu tragen (BGH, a. a. O.). Beim finanzierten Kauf bestehen gegen eine formularmäßige Vorausabtretung von Lohn-,

Gehalts-, Provisions- und Sozialleistungsansprüchen des Kreditnehmers unter dem Gesichtspunkt der übermäßigen Sicherung rechtliche Bedenken, wenn die Zession neben die Si-
cherungsübereignung des Kaufgegenstandes treten soll (BGH,
a. a. O.).

Lotterieverträge. Für staatlich genehmigte Lotterieverträge oder
Ausspielverträge gilt § 11 Nr. 7 nicht; § 23 Abs. 2 Nr. 4. In
Toto- und Lottoteilnahmebedingungen ist der Ausschluß von
drei Monaten für die Geltendmachung von Ansprüchen zulässig (OLG Celle, NJW-RR 1986, 833).

Luftfrachtbedingungen → IATA

M

Mängelanzeige. Der Verwender darf dem anderen Vertragsteil
bei Verträgen über Lieferung neu hergestellter Sachen und
Leistungen für die Anzeige nicht offensichtlicher Mängel keine
Ausschlußfrist setzen, die kürzer ist als die Verjährungsfrist für
den gesetzlichen → Gewährleistungsanspruch; § 11 Nr. 10 e
S. a. Gewährleistung.

Mängelrügefristen → Gewährleistung

Mahnung und Fristsetzung. Im nichtkaufmännischen Verkehr
sind Klauseln unwirksam, durch die der Verwender von der
gesetzlichen Obliegenheit freigestellt wird, den anderen Vertragsteil zu mahnen oder ihm eine Nachfrist zu setzen; § 11
Nr. 4. Voraussetzung des Verzuges ist grundsätzlich, daß der
Schuldner auf eine Mahnung des Gläubigers, die nach dem
Eintritt der Fälligkeit erfolgt, nicht leistet, § 284 Abs. 2 Satz 1
BGB. Dies kann durch AGB nicht abgedungen werden, wenn
nicht ohnehin nach den gesetzlichen Vorschriften eine Mahnung ausnahmsweise nicht erforderlich ist (§ 284 Abs. 1 Satz 2:
Klage oder Mahnbescheid; § 284 Abs. 2 kalendermäßig be-
stimmte Leistung; § 452 BGB: Verzinsung des Kaufpreises ab
Nutzungen; § 641 Abs. 2 BGB: Verzinsung ab Abnahme). Es
würde sich in diesen Fällen um → deklaratorische Klauseln

handeln, die einer Inhaltskontrolle nicht unterliegen. Entbehrlich ist auch eine Mahnung in den Fällen, in denen der Schuldner – nach Eintritt der Fälligkeit – die Leistung bestimmt und endgültig verweigert, weil dann die Mahnung leere Förmelei wäre. Eine Nachfristsetzung ist insbesondere in § 326 Abs. 1 Satz 1 BGB und als Fristsetzung in den §§ 250 Abs. 1, 542 Abs. 1 Satz 1, 634 Abs. 1 Satz 1 BGB vorausgesetzt. Im Rahmen des § 326 BGB (Schadensersatz wegen Nichterfüllung oder Rücktritt, nach Verzug und Fristsetzung mit Ablehnungsandrohung) ist die Nachfristsetzung jedoch nicht erforderlich, sofern die Erfüllung des Vertrages infolge des Verzuges für den anderen Teil kein Interesse hat; § 326 Abs. 2 BGB. Gleiches gilt, wenn es sich um ein handelsrechtliches Fixgeschäft oder (in der Regel) bürgerlichrechtliches Fixgeschäft nach den §§ 378 HGB, 361 BGB handelt. Auch die ernsthafte und endgültige Erfüllungsverweigerung macht eine Fristsetzung kraft Gesetzes überflüssig. Dagegen ist es möglich, auf das Erfordernis einer Ablehnungsandrohung im Sinne des § 326 Abs. 1 Satz 1 BGB zu verzichten (Löwe/Graf von Westphalen, § 11 Nr. 4, Rdnr. 6). Das Klauselverbot greift auch dann ein, wenn Mahnung und/oder Fristsetzung nicht ausdrücklich für entbehrlich erklärt wird, die gesetzlich hieran geknüpften Rechtsfolgen wie Rücktritt, Schadensersatz oder Verzinsung aber nach der Klausel ohne weiteres eintreten sollen (BGH, NJW 1983, 1322, NJW 1985, 324, NJW 1988, 258). § 11 Nr. 4 gilt über § 9 grundsätzlich auch im kaufmännischen Verkehr, so daß Mahnung und Nachfristsetzung nicht abbedungen werden können (OLG Stuttgart, AGBE III § 9 Nr. 13; BGH, NJW 1986, 842). Die Vereinbarung banküblicher Zinsen bei Überschreitung des Zahlungszieles ist im kaufmännischen Verkehr jedoch wirksam (OLG Karlsruhe, NJW-RR 1987, 498).

Maklerverträge. Die Vermittlung oder der Nachweis von Wohnraum oder Grundstücken erfolgt zumeist in zwei verschiedenen Formen: Entweder dem Makleralleinauftrag oder dem klassischen Maklervertrag, wie er im Grundsatz in § 652 BGB geregelt ist. Der alleinbeauftragte Makler ist abweichend von § 652 BGB verpflichtet, in angemessener Weise tätig zu werden (BGH, NJW 1985, 2477, 2478). Gleichwohl ist auch diese Form trotz Tätigkeitspflicht des Maklers nach § 9 Abs. 2

Nr. 1 am gesetzlichen Leitbild des Maklervertrages der §§ 652 f.
BGB zu messen (BGH, a. a. O.). Klauseln, die eine Vergütung
ohne Rücksicht auf den Erfolg vorsehen, entsprechen diesem
Leitbild nicht und sind deshalb unwirksam (BGH, a. a. O.).
Maklerverträge fallen dann unter § 28 Abs. 2, so daß § 9 Anwendung findet, wenn der Makler abweichend vom gesetzlichen Regelfall eine Verpflichtung zu regelmäßiger Nachweis-
oder Vermittlungstätigkeit übernommen hat (BGH, NJW 1986,
1173). Nach dem Leitbild der §§ 652 f. BGB ist der Maklervertrag jederzeit vom Auftraggeber frei widerruflich und verbietet
nicht die Inanspruchnahme einer anderen Vermittlung oder ein
Eigengeschäft des Auftraggebers (BGH, a. a. O.). Es ist daher
unzulässig, wenn der Makler seinem Auftraggeber in AGB
soweit binden will, daß der Kunde im Rahmen eines Alleinauf-
trages kein Eigengeschäft abschließen darf, ohne provisi-
onspflichtig zu werden (BGH, a. a. O.; OLG Schleswig, NJW
1990, 394). Erst recht ist es unzulässig, dem Auftraggeber ein
Eigengeschäft schlechthin zu untersagen (BGH, a. a. O.). Umstritten ist, ob ein Makleralleinauftrag allein durch die AGB
Klauseln begründet werden kann (Löwe/von Westphalen,
Bd. III, Nr. 49.1 Rdnr. 5: nur Individualabrede; Ulmer/Hensen,
Anh. §§ 9 bis 11, Rdnr. 487: auch in AGB möglich, sofern
drucktechnisch besonders hervorgehoben). Eine Klausel, daß
der Auftraggeber sämtliche Interessenten an den Makler verweisen müssen (Verweisungsklausel) oder eigene Verhandlungen
mit Darlehnsgebern (Interessenten) nur unter Hinterzuziehung
des Maklers führen darf, andernfalls eine angemessene Vergütung geschuldet wird (Zuziehungsklausel) wird vom BGH nach
§ 9 verworfen (BGH, NJW 1984, 360). Eine Bindungsfrist des
Kunden bei einem Makleralleinauftrag von sechs Monaten ist in
der Regel angemessen (Löwe/von Westphalen, a. a. O.,
Rdnr. 8). Zielt der Alleinauftrag dagegen auf die bloße Vermietung, werden vielfach Bindungsfristen bis vier Monate für angemessen gehalten (von Westphalen, a. a. O.). Für den Bereich
des Gesetzes zur Regelung der Wohnungsvermittlung wird nach
§ 4 gebilligt, wenn zwischen Makler und Auftraggeber bei
Nichterfüllung von vertraglichen Verpflichtungen eine Vertragsstrafe auf zehn Prozent des § 2 Abs. 1 vereinbarten Entgelts, höchstens auf 50 DM vereinbart wird. Im übrigen greift
§ 11 Nr. 6 ein (LG Mannheim, AGBE II, § 11, Nr. 65). Selbst-

Materialkosten

verständlich kann in AGB Klauseln auch nicht das Erfordernis der Ursächlichkeit der Maklerleistung nach § 652 Abs. 1 abbedungen werden (BGH, NJW 1967, 1225, 1226). Eine Klausel darf auch nicht die Maklerprovision für den Fall vorsehen, daß der Hauptvertrag wirksam angefochten wird. Nur in dem Fall, daß der Vertrag einvernehmlich aufgehoben wird, bleibt der Provisionsanspruch bestehen, derartige Klauseln wären als → deklaratorische Klauseln wirksam. Folgegeschäftsklauseln, wonach der Makler auch für solche weiteren Geschäfte eine Provision erhalten soll, die sich aus dem von ihm vermittelten Geschäftsabschluß ergeben, verstoßen gegen § 9, wohl auch gegen § 3 (BGH, NJW 1973, 990). Vorkenntnisklauseln, wonach sich der Auftraggeber formularmäßig verpflichtet, die Kenntnis eines Objektes innerhalb einer bestimmten Frist mitzuteilen, verstoßen gegen § 9 bzw. § 11 Nr. 15 b, da sie darauf abzielen, dem Auftraggeber die Berufung auf die fehlende Kausalität der Maklertätigkeit abzuschneiden (LG Berlin, AGBE I, § 11, Nr. 15 b). Klauseln über pauschale Aufwandsentschädigung sind in der Regel unwirksam (OLG Stuttgart, NJW-RR 1986, 275; OLG Hamburg, NJW 1983, 1502; str.). S. a. → Partnerschaftsvermittlung

Materialkosten → Aufwendungen bei der Nachbesserung

Mehrwertsteuer. Die Klausel „Änderungen des Umsatzsteuersatzes berechtigen beide Teile zur entsprechenden Preisanpassung" verstößt gegen § 11 Nr. 1 in Verbindung mit § 7 (BGH, NJW 1980, 2133; NJW 1981, 979). → Prämienanpassungsklauseln, Preisanpassungsklauseln und Preisvorbehalte.

Meistbegünstigungsklauseln. Hiernach soll der Lieferant seinem Vertragspartner mindestens den Preis anbieten, den dieser Dritten anbietet. Hierin liegt grundsätzlich ein Verstoß gegen das Kartellrecht (§ 15 GWB; BGH NJW 1981, 2052). Dieser kann aber auch im –Verbandsverfahren beanstandet werden.

Miet-AGB → Wohnungsmiete → Geschäftsraummiete

Minderung → Gewährleistung

Montagebedingungen. Die Beschränkung der Gewährleistung auf Mängelbeseitigung unter Ausschluß der Gewährleistungsansprüche im übrigen verstößt eklatant gegen § 11 Nr. 10 b bzw. in kaufmännischem Verkehr gegen § 9 (Gewährleistung).

Möbel-AGB. Im Möbelhandel verwendete AGB sind bereits lange Zeit vor Inkrafttreten des AGBG als unangemessen aufgefallen. Hierin hat sich auch durch das Inkrafttreten des Gesetzes nichts geändert. Insbesondere sind folgende Klauseln für unwirksam erklärt worden: „Die Angaben über den Liefertermin werden nach Möglichkeit eingehalten; sie sind jedoch nur annähernd und können vom Verkäufer bis zu drei Monaten überschritten werden" – das verstößt gegen § 10 Nr. 1 (BGH, NJW 1983, 1320); „Betriebsstörungen jeder Art, insbesondere in den Lieferwerken und sonstige Umstände irgendwelcher Art, welche die Lieferung ohne Verschulden des Verkäufers verzögern, unmöglich machen oder erheblich verteuern, befreien den Verkäufer von der Lieferverpflichtung unter Ausschluß von Schadensersatzansprüchen", als Verstoß gegen § 10 Nr. 3 (höhere Gewalt-Klauseln); „Bei Nichtbelieferung des Verkäufers durch Lieferanten steht beiden Parteien das Recht zu, vom Vertrag, soweit er sich auf nichtlieferbare Gegenstände bezieht, zurückzutreten", als Verstoß gegen § 10 Nr. 3, § 11 Nr. 9 (BGH, a. a. O.); „Bei Nichteinhaltung der Zahlungsbedingungen werden Verzugszinsen in Höhe von vier Prozent über dem Bundesbank-Diskontsatz erhoben, mindestens 7,5% p. a." als Verstoß gegen § 11 Nr. 5 b (BGH, a. a. O.); „Der Verkäufer hat in diesen Fällen (d. h. bei Nichterfüllung der Zahlungsverpflichtungen und bei Abnahmeverweigerung durch den Käufer) auch das Recht vom Vertrag zurückzutreten", als Verstoß gegen § 11 Nr. 4 (BGH, a. a. O.); „Gerichtsstand für beide Teile hinsichtlich einer sich aus dem Geschäft ergebenden Rechte und Pflichten ist Düsseldorf", als Verstoß gegen § 38 ZPO, der auch im Verfahren nach § 13 (Verbandsverfahren) untersagt werden kann (BGH, a. a. O.). Die Klausel „Bei Zahlungsverzug werden je angefangene Woche ein Aufschlag von 0,25% des Rechnungsbetrages erhoben" verstößt weder gegen § 11 Nr. 5 b noch gegen § 9 (BGH, NJW 1985, 320); die Klausel „Vereinbarungen, Zusicherungen oder Änderungen sind nur in schriftlicher Form gültig" verstößt gegen § 9, weil sie individuellen Erklärungen der Vertragsparteien schlechthin entgegen § 4 jede Wirksamkeit abspricht (BGH, NJW 1985, 320 → Schriftformklauseln); eine Klauselgestaltung, die dem Verwender die Gelegenheit eröffnet, begründete Ansprüche unter Hinweis auf eine in der Sache nicht oder nicht stets zutreffende Darstellung der Rechtslage abzuwehren, verstößt generell gegen § 9 (BGH, a. a. O.); die Klausel „Bei Abnahmeverzug des Käufers ist der Verkäufer nach einer angemessenen Nachfristsetzung verbunden mit einer Ablehnungsandrohung berechtigt, Schadensersatz in Höhe von 25% der Kaufsumme des Bestellscheins zu verlangen" verstößt gegen § 11 Nr. 5 b (BGH, a. a. O.). Die Vereinbarung des Gerichtsstandes „für das Mahnverfahren" darf nicht gegen die zwingende Bestimmung des § 689 Abs. 2 S. 1 ZPO in Verbindung mit § 40 Abs. 2 ZPO verstoßen (BGH, a. a. O.). Der BGH hat ferner über folgende Klauseln befunden: „Für alle Gegenstände gilt eine Nachlieferfrist von vier Wochen gem. § 326 BGB" als Verstoß gegen § 10 Nr. 2 (BGH, a. a. O.); „Die Lagerung der gekauften Möbel wird nach Ablauf des vereinbarten Liefertermins auf die Gefahr des Käufers einen Monat lang kostenlos übernommen", verstößt gegen § 9 Abs. 2 Nr. 1 (BGH, a. a. O.); „der Käufer kann an die bestellten Waren qualitativ Ansprüche nur in einer Höhe stellen, wie sie billigerweise oder handelsüblich bei Waren in der Preislage in der bestellten gestellt werden können", verstößt nicht gegen § 9, da die Maßstäbe der Billigkeit und Handelsüblichkeit hierbei berücksichtigt werden können. Dagegen ist die Klausel, daß die Gewährleistung sich nicht auf handelsübliche Farb- und Maserungsabweichungen bei Holzoberflächen sowie nicht auf handelsübliche Abweichungen bei Textilien in der Ausführung gegenüber Stoffmustern, insbesondere im Farbton, erstrecke, unwirksam (BGH, NJW-RR 1989, 193). „Wird dem Käufer nachträglich Ratenzahlung bewilligt, wird die gesamte Restforderung fällig, wenn der Käufer mit mindestens zwei aufeinanderfolgenden Raten ganz oder teilweise in Verzug ist" wird vom BGH nicht beanstandet, da die Klausel auf Abzahlungsgeschäfte nicht anwendbar ist und so auch nicht gegen § 4 Abs. 2 Abzahlungsgesetz verstößt (BGH, a. a. O.). „Mahnkosten gehen zu Lasten des Käufers und werden mit fünf Mark zuzüglich Portoauslagen je Mahnschreiben belastet", verstößt gegen § 11 Nr. 4 (BGH, a. a. O.). „Bei gerichtlicher Beitreibung sind die zusätzlich entstehenden Bearbeitungskosten mit 20 DM zu vergüten", verstößt gegen § 9 Abs. 2 Nr. 1 (BGH, a. a. O.). „Der Verkäufer kann in schriftlicher Erklärung vom Vertrag zurücktreten, wenn der Käufer unrichtige oder unvollständige Angaben über seine Person oder über die seine Kreditwürdigkeit bedingenden Tatsachen gemacht hat", verstößt gegen § 10 Nr. 3, soweit dem Verkäufer ein Rücktrittsrecht ohne Einschränkungen für den Fall zugestanden wird, daß der Käufer unrichtige Angaben über seine Person gemacht hat. Eine sachliche Rechtfertigung für ein Rücktrittsrecht ist dagegen zu bejahen, wenn der Kunde falsche Angaben über seine Kreditwürdigkeit macht (BGH, a. a. O., S. 325). „Der Verkäufer kann in schriftlicher Erklärung vom Vertrag zurücktreten, wenn der Käufer den vorstehenden Verpflichtungen zuwiderhandelt, insbesondere die Anzeigepflicht verletzt", ist wirksam, soweit die Pflichten, die dem Käufer auferlegt werden, z. B. das Vorbehaltseigentum des Verkäufers zu wahren und die Waren sorgfältig zu behandeln, wirksam sind (BGH, a. a. O.). „Der Verkäufer ist berechtigt, für die infolge des Vertrages gemachten Aufwendungen sowie als Ersatz für alle nicht durch den vertragsgemäßen Gebrauch hervorgerufenen Beschädigungen und als Vergütung für die Gebrauchsüberlassung und die inzwischen eingetretene Wertminderung den entsprechenden Betrag von den eingezahlten Raten einzubehalten oder – falls der Betrag der gezahlten Ratenzahlungen nicht ausreicht – über diesen hinaus vom Käufer zu fordern", verstößt bereits gegen § 2 Abs. 1 Abzahlungsgesetz. Hiernach hat der Käufer nur für solche Beschädigungen Ersatz zu leisten, die durch sein Verschulden oder sonstige von ihm zu vertretenden Umstände verursacht sind. Diese Regelung ist zwingend; § 2 Abs. 1 S. 3 AbzG. Die Klausel ist daher nach § 17 Nr. 2 auf Abzahlungsgeschäfte in ihrer Unwirksamkeitsfolge zu beschränken (BGH, a. a. O.). Eine Klausel, wonach für die Gebrauchsüberlassung jeweils ein bestimmter vom Hundertsatz zu erstatten ist, verstößt dann gegen § 2 Abs. 1 S. 2 AbzG, wenn hiermit nicht der Wert des tatsächlich erfolgten Gebrauches und die konkret festzustellende Wertminderung berücksichtigt wird (BGH, a. a. O.). Auch Nachbesserungsklauseln können unwirksam sein: Eine beklagte Möbelhändlerin verwandte beim Verkauf neuer Möbel ein Formular „Kaufbestätigung und Rechnung", das dem Käufer nach Nr. 2 der AGB bei mangelhafter Lieferung ein Recht auf Nachbesserung einräumte. Herabsetzung des Kaufpreises konnte der Kunde nach Nr. 3 der AGB nicht verlangen. Auf die Klage einer Verbraucherzentrale hin hat der BGH die AGB-Klauseln als Einheit und für mit § 11 Nr. 10 b AGBG unvereinbar angesehen. Eine Beschränkung auf Nachbesserung liege schon dann vor, wenn dem Käufer in den AGB zwar ein Recht auf Nachbesserung eingeräumt werde, der Zusammenhang dieser Klausel mit einer anderen über den Ausschluß der Kaufpreisminderung vom nicht rechtskundigen Käufer aber so verstanden werden könne, daß er *lediglich* ein Recht auf Nachbesserung habe. Dies gelte jedenfalls für die Beurteilung im → Verbandsverfahren nach § 13 AGBG (BGH v. 16. 5. 1990, VIII ZR 245/89).

Musterprozeßklauseln. Die Klausel, daß der Auftraggeber Ansprüche gerichtlich nur geltend machen darf, wenn ein vom Verwender zu bestimmender Vertragspartner die Ansprüche durchsetzt und so aus Kostenersparnis einen Musterprozeß führt, verstößt gegen § 9 (BGH, NJW 1984, 2408). Eine vor dieser Entscheidung von einem OLG ergangene Entscheidung, wonach diese Klausel wirksam war, war nicht geeignet, die Verjährung des Werklohnanspruches des Unternehmers gegen den nicht rechtzeitig verklagten Bauherren zu hemmen (BGH, NJW 1988, 197).

N

Nachbesserung → Gewährleistung → Möbel-AGB

Nachfristen für die zu bewirkenden Leistungen → Leistungsverweigerungsrechte

Neuwagen-AGB. Der Neuwagenverkauf unterliegt dann nicht dem Abzahlungsgeschäft, wenn der Kaufpreis in zwei Teilbeträgen erbracht wird (BGH, NJW 1978, 1315). Die sog. Tagespreisklausel, wonach bei Vereinbarung eines Liefertermins von mehr als vier Monaten der am Tag der Lieferung gültige Preis des Verkäufers gelten soll, ist gegenüber einem Nichtkaufmann unwirksam (BGH, NJW 1982, 331). Nach

Auffassung des BGH ist die Lücke aufgrund Unwirksamkeit dieser Klausel im Wege → ergänzender Vertragsauslegung zu schließen, mit der Folge, daß der Käufer zwar grundsätzlich zur Zahlung des bei Auslieferung des Fahrzeuges gültigen Listenpreises verpflichtet sei, soweit dieser Preis einer nach billigem Ermessen zu treffende Leistungsbestimmung durch den Verkäufer entspricht, dem Käufer dagegen ein Rücktrittsrecht eingeräumt werden muß, wenn die Preiserhöhung den Anstieg der allgemeinen Lebenshaltungskosten in der Zeit zwischen Bestellung und Auslieferung nicht unerheblich übersteigt (BGH, NJW 1984, 1177 zu Recht kritisch: Trinkner und Löwe, BB 1984, 486). Die früher vorgesehene Umsatzsteuerklausel (Mehrwertsteuer) verstieß gegen § 11 Nr. 1 (NJW 1980, 2133). Die Klausel, wonach Liefertermine und Lieferfristen, die sowohl verbindlich wie unverbindlich vereinbart werden können, in jedem Falle schriftlich anzugeben sind, verstößt nicht gegen § 9 bzw. § 10 Nr. 1 (BGH, NJW 1982, 331, 333). Die Klausel: „Der Käufer kann sechs Wochen nach Überschreitung eines unverbindlichen Liefertermines oder einer unverbindlichen Lieferzeit den Verkäufer schriftlich auffordern, binnen angemessener Frist zu liefern. Mit Mahnung kommt der Verkäufer in Verzug", verstößt nicht gegen § 10 Nr. 1 und ist auch nach § 9 wirksam (BGH, a. a. O., S. 333). Die Klausel „Verzugszinsen werden mit 2% p. a. über dem Diskontsatz der Deutschen Bundesbank berechnet, jeweils zuzüglich Mehrwertsteuer. Sie sind höher oder niedriger anzusetzen, wenn der Verkäufer eine Belastung mit einem höheren Zinssatz oder der Käufer eine geringere Belastung nachweist ist auch im Hinblick auf § 11 Nr. 5 wirksam (BGH, a. a. O.). Die Klausel, wonach der Käufer an Stelle der Nachbesserung Wandelung oder Minderung verlangen kann, sofern der Fehler nicht beseitigt werden kann oder für den Käufer weietere Nachbesserungsversuche unzumutbar sind, verstößt schon deshalb gegen § 11 Nr. 10 b, weil die Begriffe nicht entsprechend § 11 Nr. 10 b erläutert sind (BGH, a. a. O. → Transparenzgebot). Auch in Klammern gesetzte Erläuterungen dieser Begriffe machen die Klausel allenfalls unter dem Gesichtspunkt unwirksam, daß der Begriff des Fehlschlagens nicht zutreffend erläutert wird (Gewährleistung). Um einen „grauen Markt" zu verhindern ist auch die Klausel eines Kfz-Händlers wirksam, wonach die Vertragsrechte an Dritte abzutreten oder das gekaufte Neufahrzeug vor dessen Zulassung an einen Wiederverkäufer zu veräußern ausgeschlossen werden (BGH, NJW 1981, 117). Auch kann der Kfz-Verkäufer die Zulassung auf den Namen des Käufers fordern und sich für den Fall des Zuwiderhandelns ein Rücktrittsrecht vorbehalten (BGH, NJW 1982, 178). Eine Klausel, die bei Nichtabnahme des Fahrzeuges (nach Ablauf bestimmter Fristen) 15% des Verkaufspreises als Entschädigung ohne Nachweis fordert, verstößt nicht gegen § 11 Nr. 5 b, da sie die Möglichkeit offenläßt, im konkreten Fall nachzuweisen, es sei ein geringerer Schaden entstanden (BGH, NJW 1982, 2316). Eine vierwöchige Bindung des Käufers an sein Vertragsangebot ist nicht unangemessen (BGH, NJW 1990, 1784).

Notar. Auch die von einem Notar entworfenen Verträge können der Inhaltskontrolle (nach § 242 BGB) unterliegen, sofern sie formelhafte Erklärungen enthalten und nicht im einzelnen ausgehandelt wurden (Inhaltskontrolle) (BGH, NJW 1988, 1972).

O

Örtlicher Geltungsbereich. Das AGB-Gesetz findet Anwendung auf Verträge (und rechtsgeschäftliche Erklärungen, → Allgemeine Geschäftsbedingungen), die auf dem Gebiet der Bundesrepublik Deutschland abgeschlossen (abgegeben) werden. Das AGBG wurde bereits im „Gesetz zu dem Vertrag vom 18. 5. 1990 über die Schaffung einer Währungs-, Wirtschafts- und Sozialunion zwischen der Bundesrepublik Deutschland und der Deutschen Demokratischen Republik" vom 25. 6. 1990 (BGBl. II, Seite 518) als von der DDR in Kraft zu setzende Rechtsvorschrift aufgeführt. Demgemäß wurde durch die DDR auch das „Gesetz über die Inkraftsetzung von Rechtsvorschriften der Bundesrepublik Deutschland in der DDR" erlassen (GBl. I, Seite 357). In § 23 dieses Gesetzes ist das AGBG aufgeführt. Die Umsetzung in das Recht der DDR erfolgte mit geringfügigen Abänderungen, die im wesentlichen auf einem unterschiedlichen Verständnis juristischer Begriffe beruhten. Nach § 23 Nr. 5 dieses Gesetzes greift es auf alle ab dem 1. 7. 1990 abgeschlossenen Verträge, für Dauerschuldverhältnisse (Altverträge) sogar für vor diesem Zeitpunkt geschlossene Verträge. Mit Abschluß des Einigungsvertrages vom 31. 8. 1990 und Wirksamwerden des Beitritts der DDR zur Bundesrepublik Deutschland gemäß Artikel 23 des Grundgesetzes am 3. 10. 1990 hat sich hieran nichts geändert, d. h. das AGBG gilt, nun unbeschränkt, in den fünf neuen Bundesländern fort. Eine wesentliche Änderung mit Vollzug des Einigungsvertrages ist allerdings die Rechtsvereinheitlichung durch weitgehende Übernahme des BGB und des bundesdeutschen Wirtschaftsrechts. Damit ändern sich auch die Maßstäbe der → Inhaltskontrolle.

P

Partnerschafts- und Heiratsvermittlung. Beim Eheanbahnungsvertrag ist zu unterscheiden zwischen solchen Verträgen, die auf eine Anbahnungstätigkeit zielen und solchen, die selbst auf Herbeiführung der Ehe gerichtet sind. Der BGH spricht im ersten Fall von einem Eheanbahnungsdienstvertrag, im zweiten Fall von einem Ehemäklervertrag (BGH, NJW 1983, 2817). Auf Eheanbahnungsdienstverträge findet § 656 BGB entsprechende Anwendung, so daß grundsätzlich eine Verbindlichkeit nicht begründet, das aufgrund eines Versprechens geleistete jedoch nicht zurückgefordert werden kann. Gleiches gilt für Partnervermittlungsverträge (BGH, NJW 1990, 2550). Heiratsvermittler verlangen daher zumeist Vorauszahlung der Vergütung, was nicht gegen § 11 Nr. 2 verstößt, da – nach Auffassung des BGH – andernfalls den Eheanbahnungsinstituten die wirtschaftliche Grundlage entzogen würde (BGH, NJW 1983, 2817, 2189). Eine Klausel, nach der das im voraus entrichtete Entgelt „in keinem Fall" zurückgezahlt wird, verstößt gegen § 10 Nr. 7, da die Klausel auch den Fall umfaßt, daß der Auftraggeber von dem ihm vertraglich eingeräumten Kündigungsrecht zulässigerweise Gebrauch macht. Vergleichbare Regelungen können auch gegen § 628 Abs. 1 BGB verstoßen (OLG München vom 12. 12. 1991, 29 U 3128/91). Die Klausel würde auch dann eingreifen, wenn der Kunde durch vertragswidriges Verhalten des Instituts Grund zur Kündigung haben würde (geltungserhaltende Reduktion). Auch die Vereinbarung einer erfolgsunabhängigen Vergütung bei Eheanbahnungsverträgen ist nicht generell zu beanstanden (BGH, a. a. O., S. 2819). → Gehaltsabtretungsklauseln zur Begleichung des Ehemaklerlohnes sind nach § 9 unwirksam (Loddenkemper, NJW 1984, 161). Das Recht des Kunden den Vertrag nach § 627, 626 zu kündigen kann nicht ausgeschlossen werden (OLG Karlsruhe, NJW 1985, 2035; BGH, NJW 1987, 2808; BGH, NJW 1989, 1479). Bei Rückabwicklung des Vertrages ist § 628 zu beachten, d. h. es besteht ein Anspruch des Kunden auf Rückzahlung der vorausgezahlten Monatsbeiträge sowie eines Teils der Grund- und Aufnahmebeiträge (BGH, NJW 1983, 2817). Die Klausel in der eine Rechtspflicht des Instituts zum Tätigwerden vor Zahlung der Vergütung ausgeschlossen wird, ist als → deklaratorische Klausel wirksam (BGH, NJW 1986, 927, 928). AGB eines Partnerschaftsvermittlers, welche die mit den Kunden geschlossenen Verträge als Werkverträge hinstellen und die gesamte Vergütung noch vor Bekanntgabe der Adressen partnerschaftswilliger fällig stellen, sind nach § 9 unwirksam (OLG Hamburg, NJW 1986, 325). Der Prüfungsmaßstab für die Angemessenheit der Vergütung für Anlauf- und Allgemeinkosten richtet sich danach, was ohne die Klausel geschuldet sein würde (BGH VersR 1991, 1380 zu § 10 Nr. 7).

Pauschalierung von Schadensersatz und Wertminderung. Bei Verwendung gegenüber Nichtkaufleuten ist die Pauschalierung von Ansprüchen des Verwenders auf Schadensersatz oder Ersatz einer Wertminderung unwirksam, wenn die Pauschale den in den geregelten Fällen nach dem gewöhnlichen Lauf der Dinge zu erwartenden Schaden oder die gewöhnlich eintretende Wertminderung übersteigt, oder dem anderen Vertragsteil der Nachweis abgeschnitten wird, ein Schaden oder eine Wertminderung sei überhaupt nicht entstanden oder wesentlich niedriger als die Pauschale; § 11 Nr. 5. Hierunter fallen Schadensersatzansprüche aller Art, auch nach den §§ 326 und 286 BGB, nicht jedoch die nach § 818 Abs. 1 BGB herauszugebende Nutzung (BGH, NJW 1988, 258). Eine Pauschalierung der Wertminderung ist durch § 2 Abzahlungsgesetz nicht möglich, da es sich hierbei um zwingendes Recht handelt (BGH, NJW 1985, 326; das AbzG ist am 31. 12. 1990 außer Kraft getreten; nunmehr gilt das VerbraucherkreditG sowie das HaustürWG). Als wirksame Schadenspauschalen sind anerkannt worden:

Pauschalierung von Schadensersatz und Wertminderung

15% im Kfz-Neuwagengeschäft (BGH, NJW 1982, 2316, OLG Schleswig, NJW 1988, 2247), 25% bei Kauf fabrikneuer Möbel (BGH, NJW 1985, 322), 50% der Restmiete bei Fernsprechnebenstellenanlage (OLG Düsseldorf, NJW-RR 1987, 1191). Unwirksam ist es dagegen, 5 Mark für eine Mahnung zu verlangen, ohne klarzustellen, daß für die Erstmahnung Kostenersatz nicht verlangt wird (BGH, NJW 1985, 320, 324). Bei einem Disagio von 5% können auch 4,5% als Schadenspauschale zulässig sein (BGH, NJW-RR 1986, 468). 2% über dem Bundesbankdiskontsatz für Verzugszinsen sind zulässig (BGH, NJW 1982, 332), nicht dagegen 6% (BGH, NJW 1984, 2941); auch ein Zinsaufschlag von 1% bei Verzug ist wirksam (BGH, NJW 1983, 1542), nicht dagegen 1,8% je Monat (OLG Düsseldorf, NJW 1986, 385). Bei der vorzeitigen Fälligstellung eines Ratenkredites ist auf den marktüblichen Zins abzustellen. Die Bank kann jedoch Weiterzahlung der Vertragszinsen verlangen, wenn der Darlehensnehmer bei von ihm verschuldeter vorzeitiger Fälligkeit mit seiner Rückzahlungsverpflichtung in Verzug kommt. Dieser Zinsanspruch bezieht sich jedoch nur auf das Darlehenskapital und endet spätestens im Zeitpunkt der vertraglich vorgesehenen Fälligkeit oder zum nächsten Kündigungstermin nach § 609 a BGB (BGH, NJW 1988, 1967).

Die Klausel darf nicht den Anschein erwecken, daß ein Schaden oder eine Wertminderung nicht entstanden ist oder wesentlich niedriger liegt (BGH, NJW 1982, 2316; BGH, NJW 1985, 321). Formulierungen: „mindestens", „auf jeden Fall", „ist zu zahlen" (BGH, NJW 1982, 2317; BGH, NJW 1985, 632). Als wirksam angesehen wurden dagegen die Formulierungen „wird ein Aufschlag von X Prozent erhoben" (BGH, NJW 1985, 321), „Mahnkosten werden mit 5 Mark zuzüglich Portoauslagen berechnet" (BGH, a. a. O., S. 324), „kann X Prozent ohne Nachweis als Entschädigung fordern" (BGH, NJW 1982, 2317). § 11 Nr. 5 gilt grundsätzlich auch im kaufmännischen Verkehr über § 9 (BGH, NJW 1984, 2941; OLG Karlsruhe, NJW-RR 1988, 371). Die von einem öffentlich-rechtlichen Auftraggeber gegenüber Kaufleuten gestellte Klausel: „Wenn der Auftragnehmer oder die von ihm beauftragten oder für ihn tätigen Personen aus Anlaß der Vergabe nachweislich eine Abrede getroffen haben, die eine unzulässige Wettbewerbsbeschränkung darstellt, hat er als Schadensersatz drei vom Hundert der

Persönlicher Anwendungsbereich

Auftragssumme an die Stadt zu zahlen, es sei denn, daß ein höherer Schaden nachgewiesen wird", hindert den Klauselgegner nicht daran, einen niedrigeren Schaden nachzuweisen, und verstößt deshalb nicht gegen § 9 AGBG (BGH, BB 1996, 611).

Persönlicher Anwendungsbereich → Kaufmann

Prämienanpassungsklauseln, Preisanpassungsklauseln und Preisvorbehalte unterliegen wie → Leistungsanpassungsklauseln und → Leistungsvorbehalte der Inhaltskontrolle und sind nach § 9 zu überprüfen (Kontrollfreiheit; BGH, NJW 1990, 115). Bezieht sich die Klausel dagegen (auch) auf Waren und Leistungen, die innerhalb von 4 Monaten nach Vertragsschluß geliefert oder erbracht werden sollen, so folgt die Unwirksamkeit bereits aus § 11 Nr. 1 (anders bei → Dauerschuldverhältnissen; s. a. → Preiserhöhungen). Klauseln, die eine Preiserhöhung nach freiem Belieben gestatten, sind unwirksam (BGH, NJW 1985, 856; BGH, NJW 1986, 3135). Zur sog. Tagespreisklausel siehe → Neuwagen-AGB. Die bei Überschreitung einer Leistungsfrist eröffnete Vergütungsänderung muß nach § 9 dem Äquivalenzprinzip als der Vorstellung beider Parteien von der Gleichwertigkeit ihrer Leistungen entsprechen (BGH, NJW 1985, 2270). Es ist daher unzulässig, wenn über die Abwälzung der konkreten Kostensteigerungen (etwa Lohn- und Materialkosten) hinaus die vereinbarte Festpreisvergütung ohne jede Begrenzung einseitig angehoben werden kann, etwa um einen zusätzlichen Gewinn zu erzielen (BGH, a. a. O.; BGH, NJW 1990, 115, 116). Eine Klausel, wonach bei Überschreitung des Festpreistermines der Gesamtpreis um den Prozentsatz zu erhöhen ist, zu dem der Unternehmer entsprechende Bauwerke im Zeitpunkt des Baubeginns nach der dann gültigen Preisliste anbietet, verstößt daher gegen § 9 (BGH, a. a. O.). Auch eine Klausel in einem Krankenhausaufnahmevertrag, die den Anschein erweckt, als sei eine rückwirkende Erhöhung des Pflegesatzes stets wirksam, verstößt gegen § 9, da § 19 Abs. 2 S. 2 BPflV gegen den Grundsatz der Gesetzmäßigkeit der Verwaltung verstößt (BGH, NJW 1988, 2951). Zinsklauseln, die eine Anpassung an kapitalmarktbedingte Änderungen der Refinanzierungsbedingungen ermöglichen, halten einer Inhaltskontrolle stand (BGH, NJW 1986, 1803). Unter Kaufleuten ist ein Preisbestimmungsrecht des Unternehmers, das nicht mit einem folgenlosen Lösungsrecht des Bestellers gekoppelt ist, nicht zu beanstanden, wenn der vom Unternehmer bestimmte Preis den Anstieg der allgemeinen Lebenshaltungskosten in der Zeit zwischen Bestellung und Abruf der Werkleistung nicht unerheblich übersteigt (BGH, NJW 1985, 426). Im kaufmännischen Verkehr sind daher die jeweiligen Besonderheiten sorgfältig zu berücksichtigen und anhand der typischen Interessen der Vertragsschließenden zu würdigen (BGH, NJW 1985, 853). Eine nach § 9 unwirksame Preisanpassungsklausel kann unter den Voraussetzungen der → ergänzenden Vertragsauslegung dazu führen, daß Preise nur im Rahmen einer tatsächlichen Kostensteigerung an den Kunden weitergegeben werden dürfen (BGH, NJW 1990, 115, 116).

Preisargument. Der Verwender kann die Unwirksamkeit von AGB nicht dadurch rechtfertigen, daß diese der niedrigen Preiskalkulation dienten. Da die Kunden im übrigen nicht die jeweiligen AGB vergleichen, würde das Preisargument daher auch zu einem wesentlichen Transparenzverlust (Transparenzverbot) führen. Im übrigen ist sowohl abstrakt wie auch konkret nicht nachzuweisen, daß die Preisgestaltung von der Gestaltung der allgemeinen Geschäftsbedingungen abhängig ist. Die Rechtsprechung hat daher zu Recht das Preisargument verworfen (BGHZ 22, 98; 77, 131; OLG Karlsruhe, NJW-RR 1989, 243). Dies dürfte sich auch für Verbraucherverträge durch § 24a Nr. 3 nicht ändern. → Tarifwahl → Schönheitsreparaturen.

Preiserhöhungen für Waren oder Leistungen, die innerhalb von vier Monaten nach Vertragsabschluß geliefert oder erbracht werden sollen, verstoßen im nicht-kaufmännischen Verkehr gegen § 11 Nr. 1. Im übrigen gilt hier die Inhaltskontrolle nach § 9 (Prämienanpassungsklauseln, Preisanpassungsklauseln und Preisvorbehalte). § 11 Nr. 1 greift jedoch nicht ein bei Waren oder Leistungen, die im Rahmen von Dauerschuldverhältnissen geliefert oder erbracht werden. Das Klauselverbot greift auch ein, wenn die Leistungszeit vertraglich nicht bestimmt ist und daher die Leistung nach § 271 BGB sofort fällig ist. Die Frist berechnet sich vom Zustandekommen des Vertrages, nicht dagegen vom Datum der Unterzeichnung des Vertragsangebotes (OLG Frank-

furt, DB 1981, 884). Die Überwälzung von Kosten und Lohner-
höhungen, die dem Risikobereich des Verwenders zuzuweisen
sind, ist demnach ebenfalls unwirksam (BGH, NJW 1985, 856
→ Höhere Gewalt-Klauseln). Unter den Begriff des Dauer-
schuldverhältnisses fallen auch Abonnementverträge (BGH,
NJW 1980, 2518), Sukzessivlieferungsverträge (BGH, NJW-RR
1986, 212), Bezugsverträge wie Bierlieferungsvertrag und Wie-
derkehrschuldverhältnisse. Die Ausnahme nach dem GWB
betrifft Verkehrsträger, nicht jedoch Reiseveranstalter (OLG
Frankfurt, NJW 1982, 2199). Für den kaufmännischen Verkehr
gilt § 9 mit Zurückhaltung (Prämienanpassungsklauseln u. a.).

Preisirrtümer fallen grundsätzlich nicht unter § 11 Nr. 1, sind
jedoch nach § 9 zu beanstanden, da der Verwender das Risiko
richtiger Preisangaben tragen muß (BGH, NJW 1980, 180) und
sich von Fehlern bei der Preisangabe nicht schrankenlos freizeichnen kann. Die Klausel „Der Einwand eines Preis- oder
Kalkulationsirrtums auf seiten des Arbeitnehmers ist ausgeschlossen", verstößt jedoch gegen § 9 (BGH, NJW 1983, 1671).
Diese Klausel ist bei „kundenfeindlichster Auslegung" so zu
verstehen, daß von seiten des Anbieters der Einwand jedes
Preis- oder Kalkulationsirrtums ausgeschlossen sein soll. Hierunter fällt auch der Einwand der unzulässigen Rechtsausübung
oder der Anspruch wegen Verschuldens bei Vertragsverhandlungen. So könnte der Anbieter aufgrund der Klauseln einen bei
der Preisfestlegung unterlaufenen Kalkulationsirrtum nicht
geltend machen, den der Verwender als Vertragspartner *anerkannt* hat. Die Klausel geht daher über den bloßen Ausschluß
des Anfechtungsrechtes § 119 Abs. 1 BGB hinaus.

Publikums-KG → Gesellschaftsrecht

Q

Qualitätssicherungsvereinbarungen. Sie dienen dem Zweck,
zwischen Hersteller und Lieferant sicherzustellen, daß der
Stand der Technik oder vereinbarte Qualitätsstandarts eingehalten werden. (→ Einkaufsbedingungen) **Lit.:** von Westphalen CR
1993, 66.

R

Rahmenvereinbarung. Dies ist ein Vertrag, durch den die Geltung der AGB eines Partners für künftige Geschäfte geregelt wird. Die AGB brauchen dann nicht in jedem Einzelfall neu vereinbart zu werden, vielmehr werden sie durch die Rahmenvereinbarung für alle von ihr erfaßten Verträge verbindlich gemacht, ohne daß die Einbeziehungsvoraussetzungen bei den Einzelverträgen nach § 2 erfüllt zu sein brauchen oder in Einzelverträgen auf die Rahmenvereinbarung verwiesen werden müßte (so BT-Drucks. 7/3919, S. 18). Eine langjährige Geschäftsbeziehung zwischen den Parteien, die durch die AGB einer Partei geprägt wird, reicht nicht aus (BGH, NJW-RR 1987, 112). Der Wille des Verwenders, ihrem AGB Geltung zu verschaffen, muß erkennbar über den Willen hinausgehen, die AGB konkret in den jeweiligen Einzelvertrag einzubeziehen (BGH, a. a. O.). Ist allerdings der Kunde mit der Einbeziehung der AGB einverstanden, deren Inhalt ihm im einzelnen bekannt sind, so kann das in § 2 Abs. 1 Nr. 1 genannte Erfordernis des ausdrücklichen Hinweises als Förmelei anzusehen sein (BGH, a. a. O.). Ist dagegen zwischen den Parteien streitig, ob die AGB in den Vertrag einbezogen sind, so bedarf es der Darlegung und gegebenenfalls des Beweises desjenigen, der sich auf die Geltung der AGB beruft. Grundsätzlich ist daher erforderlich, daß die Voraussetzungen de § 2 Abs. 1 vorgetragen werden (– ausdrücklicher Hinweis, – Verschaffung der Kenntnismöglichkeit, – Einverständnis) (BGH, a. a. O.). Vereinbarungen, daß AGB in ihrer jeweiligen Fassung gelten sollen, sind nach § 2 Abs. 2 dagegen nicht möglich (BT-Drucks. 7/3919, S. 18). Ändert der Verwender seine AGB zugunsten der Kunden, muß er Altkunden bei Verhandlungen über Vertragsverlängerungen hierauf hinweisen. Der Verwender muß sich daher nach den §§ 276, 249 S. 1 BGB so behandeln lassen, als wäre die neue Klausel Vertragsinhalt geworden (BGH, NJW 1982, 926). Bei laufender Geschäftsverbindung unter Kaufleuten können geänderte AGB dadurch in künftige Verträge einbezogen werden, daß auf Rechnungen auf die Neufassung der AGB durch besonderen Vermerk klar und eindeutig hingewiesen wird (BGH VersR 1991, 480).

Rechtsanwalts-AGB

Rechtsanwalts-AGB. Angesichts der Verpflichtung des Rechtsanwalts zu umfassender Aufklärung des Mandanten in rechtlicher und unter Umständen auch wirtschaftlicher Hinsicht und der berechtigten Vertrauenserwartung des Mandanten hierauf wäre ein formularmäßiger Haftungsausschluß für einfache Fahrlässigkeit nach § 9 Abs. 1 und 2 Nr. 2 unwirksam. In diesem Bereich erscheinen allenfalls Haftungsbegrenzungen von mindestens 100 000 DM vertretbar (Hartstange, AnwBl. 1982, 509). Ein Haftungsausschluß für fernmündliche Auskünfte oder Erklärungen sind auch für den Bereich der leichten Fahrlässigkeit nach § 11 Nr. 7 bzw. 9 unwirksam. Die Abkürzung der dreijährigen Verjährungsfrist nach § 51 BRAO auf zwei Jahre verstößt jedenfalls gegen § 9 Abs. 2 Nr. 1 (Bunte, NJW 1981, 2657, 2660). Abtretungsklauseln für Kostenerstattungsansprüche des Mandanten gegen Dritte in Höhe der Kostenansprüche des beauftragten Anwaltes verstoßen gegen § 9 (für § 3; OVG Münster, NJW 1987, 3029). Auch die Abkürzung der Aufbewahrungsfrist für Handakten (5 Jahre nach Beendigung des Mandates oder sechs Monate nach Abholungsaufforderung) etwa auf ein Jahr verstoßen gegen § 9 (LG Koblenz, BB 1987, 1490; Bunte, a. a. O., S. 2661).

Eine -auch formularmäßige Haftungsbegrenzung (auf DM 2 Mio) für Rechtsanwälte ist inzwischen nach der neuen BRAO ebenso wie nach dem PartnerschaftsGG (dort auf den Partner, der die berufliche Leistung zu erbringen oder verantwortlich zu leiten und zu überwachen hat) grundsätzlich möglich. Derartige in Übereinstimmung mit §§ 8 PartGG und 51 a BRAO stehende Haftungsbeschränkungen verstoßen auch nicht gegen die AGB-Richtlinie oder das neue AGBG (Niebling, AnwBl. 1996, 20).

Recht, sich vom Vertrag zu lösen → Unmöglichkeit → Verzug

Rechtsmißbrauch. Die Inhaltskontrolle nach den §§ 9 ff. verbietet eine zusätzliche Beurteilung der Klauseln unmittelbar nach § 242 BGB (Treu und Glauben). Allerdings schließt dies nicht die Frage aus, ob die Berufung auf eine wirksame Klausel wegen der Einzelfallumstände treuwidrig ist (BGH, NJW 1985, 1537; BGH, NJW 1988, 2790, 2794). → Schönheitsreparaturen

Rechtswahl. Grundsätzlich können die Parteien das für einen Schuldvertrag maßgebliche Recht durch Rechtswahl selbst bestimmen (Art. 27 EGBGB). Bei Verbraucherverträgen darf dem Verbraucher hierdurch jedoch nicht der Schutz von zwingenden Bestimmungen des Rechts des Staates, in dem er seinen gewöhnlichen Aufenthalt hat und dem Verbraucherschutz dienen, entzogen werden (Art. 29 EGBGB). Soweit die – ins einzelne gehenden – Voraussetzungen des Art. 28 EGBGB vorliegen, greifen unmittelbar die zwingenden Vorschriften des AGBG ein. Außerhalb dieses Anwendungsbereiches greift § 12 ein, wonach das AGBG „zu berücksichtigen" ist, wenn zwei Voraussetzungen vorliegen: Der Vertrag muß aufgrund eines öffentlichen Angebotes, einer öffentlichen Werbung oder einer ähnlichen im Geltungsbereich des AGBG entfalteten geschäftlichen Tätigkeit des Verwenders zustande kommen, *sowie* der andere Vertragsteil muß bei Abgabe seiner auf den Vertragsschluß gerichteten Erklärung seinen Wohnsitz oder gewöhnlichen Aufenthalt im Geltungsbereich des AGBG haben und seine Willenserklärung im Geltungsbereich dieses Gesetzes abgeben. Lit.: zu Lieferbedingungen im internationalen Geschäftsverkehr Schütze DWiR 1992, 89.

Register. Das Bundeskartellamt führt ein Register, um die im → Verbandsverfahren geführten Streitigkeiten zu erfassen. Hierdurch soll eine Informationsquelle für „jedermann", insbesondere die Gerichte und am Rechtsverkehr beteiligten geschaffen werden. Entscheidungen im Inzidentprozeß werden nicht registriert. Dies ist befremdlich, weil auch hier die Bindungswirkung (§ 21) eintritt. Die Gerichte haben dem Bundeskartellamt von Amts wegen die Führung des Registers nach § 28 Abs. 1 Nr. 1 bis 3 erforderlichen Angaben mitzuteilen. Die Unterlassung kann zu Amtshaftungsansprüchen führen. Die Adresse des Bundeskartellamtes lautet: Mehringdamm 129, 10965 Berlin.

Reifenhersteller. Die Gewährleistungsklausel in Reifenhersteller-AGB, nur nach „Umtausch-Weise Ersatz zu liefern", und zwar zu dem am Tag der Ersatzlieferung für den Abnehmer gültigen Preis, zuzüglich Mehrwertsteuer", verstößt gegen § 480 Abs. 1 BGB i. V. m. § 9 Abs. 2 Nr. 1 und ist daher unwirksam. Es geht nicht an, daß der Käufer zum Ersatzkauf gezwungen wird, wenn ihm der Anspruch auf Nachlieferung unentgeltlich zusteht. Der Ausschluß „aller weitergehenden Ansprüche" verstößt gegen die §§ 11 Nr. 7, 11 Nr. 11, woran die → Salvatorische Klausel „soweit gesetzlich zulässig" nichts ändert. Auch der Ausschluß der Produzentenhaftung aufgrund „einer langjährigen Übung der Reifenindustrie" verstößt gegen § 11 Nr. 7 bzw. § 9 Abs. 2 Nr. 2. Zu berücksichtigen ist hierbei auch, daß das Risiko des Reifenherstellers versicherbar ist und eine Schadensverlagerung auf den Kunden klar den Wertungen des AGBG widerspricht.

Reiseverträge. Für den Reisevertrag, wonach der Reiseveranstalter verpflichtet ist, dem Reisenden eine Gesamtheit von Reiseleistungen zu erbringen, gelten die §§ 651 a bis 651 k BGB, von denen nicht zum Nachteil des Reisenden abgewichen werden kann (§ 651 k BGB). Reise-AGB sind daher zunächst an den genannten Bestimmungen zu überprüfen. Die Inhaltskontrolle nach dem AGBG wird hierdurch jedoch nicht ausgeschlossen, da die Bestimmungen im BGB nur die äußersten Wirksamkeitsgrenzen aufzeigen. Der BGH hatte 1987 über Fälligkeit, Leistungsumfang und Schadensersatzbegrenzungsklauseln grundsätzlich zu entscheiden. Hiernach gilt folgendes: Die Klausel, daß nach Leistung einer Anzahlung auf den Reisepreis nach Vertragsschluß „weitere Zahlungen zu den vereinbarten Terminen, die Restzahlungen spätestens bei der Aushändigung oder Zusendung der Reiseunterlagen fällig wird", ist nach § 9 unwirksam. Gleiches gilt für die Klausel: „Der Umfang der vertraglichen Leistungen ergibt sich aus der Leistungsbeschreibung des Reiseveranstalters unter Berücksichtigung der Landesüblichkeit sowie aus den hierauf Bezug nehmenden Angaben in der Reisebestätigung." Wesentlicher Grund hierfür ist, daß dem Kunden das Risiko einer Zahlungsunfähigkeit des Veranstalters vor und während der Reise aufgebürdet wird. Dem Reisekunden könnte eine über die mit Vertragsschluß zu entrichtende verhältnismäßig geringe Anzahlung hinausgehende Leistung nur dann abverlangt werden, soweit dem Kunden hinreichende Sicherheiten gegeben werden. Dies ist nicht bei jeden „Reiseunterlagen" der Fall. Die Klausel über die „Landesüblichkeit" genügt dem Erfordernis nach → Transparenz nicht und ist geeignet, den Reisekunden von der Geltendmachung von Mängelrügen abzuhalten, die sich auch aus Angaben aus dem Reiseprospekt ergeben können. Eine Beschränkung der Haftung des Reiseveranstalters für sämtliche vertragliche Schadensersatzansprüche auf den dreifachen Reisepreis entsprechend § 651 h Abs. 1 BGB ist auch in allgemeinen Reisebedingungen zulässig (BGH, NJW 1987, 1931). Sie muß jedoch klarstellen, daß dies nicht für Schadensersatzansprüche aus unerlaubter Handlung gilt (BGH, a. a. O.). Eine Klausel, wonach eine Umbuchung oder ein Rücktritt des Kunden als Neuanmeldung gilt, ist eine unzulässige Erklärungsfiktion nach § 10 Nr. 5 (OLG Hamburg, NJW 1985, 3030). Der Reiseveranstalter hat den Reisenden bei Buchung einer Auslandsreise grundsätzlich ungefragt über die im jeweiligen Durchreise- oder Zielland geltenden Einreisebestimmungen zu unterrichten. Er kann sich durch AGB nicht von seiner Haftung freizeichnen, die aus einer Verletzung dieser Pflicht folgt; § 9 Abs. 2 Nr. 2 (BGH, NJW 1985, 1665). Die in einer Quittung enthaltene Klausel, daß der Reisende mit der Unterschrift von Ansprüchen gegen den Veranstalter oder das Reisebüro bezüglich der Unterbringung und sämtlicher durch den Leistungsträger erbrachter Leistung absehe, ist nach § 9 unwirksam (LG Frankfurt, NJW 1983, 233). Auch in Klauseln kann die Empfangszuständigkeit vom Reisebüro nicht ausgeschlossen oder beschränkt werden (LG Frankfurt, NJW-RR 1987, 745; OLG München, NJW-RR 187, 493). Soweit der Verwender als eigener Veranstalter (etwa im Ferienhauskatalog) auftritt, kann eine sogenannte Vermittlerklausel keine Relevanz erlangen, und zwar auch dann, wenn nur eine einzelne Reiseleistung gebucht ist, und so die reisevertraglichen Bestimmungen des § 651 h (hier: § 651 h Abs. 2 BGB) dem Wortlaut nach keine Anwendung finden. § 651 h Abs. 2 BGB gilt hier jedoch entsprechend (BGH, NJW 1985, 906). Der Reiseveranstalter kann in seinen AGB auch nicht verlangen, daß der Reisende Ansprüche nach den §§ 651 c bis f (Abhilfe, Minderung, Kündigung und Schadensersatz) BGB innerhalb eines Monats nach vertraglich vorgesehener Beendigung der Reise ihm gegenüber schriftlich geltend zu machen hat (BGH, NJW 1984, 1752). Hiermit wird von § 651 g BGB abgewichen, wonach eine formlose Anzeige der Ansprüche möglich ist. Die Frage, wem gegenüber die Mängel zu rügen sind, ist kontrovers. Zum Teil wird die Mängelrüge gegenüber

der Reiseleitung am Urlaubsort für ausreichend gehalten, zum
Teil wird jedoch auch verlangt, daß der Reisende seine Ansprüche
che nach Beendigung der Reise noch einmal gegenüber dem
Reiseveranstalter geltend zu machen hat (Nachweise in BGH,
NJW 1984, 1752; BGH, NJW 1989, 2750, 2752). Hat der Reisende
sende unterwegs oder am Urlaubsort gegenüber dem Vertreter
des Reiseveranstalters Mängel der Reise im einzelnen gerügt, so
genügt es jedoch, wenn er unter Hinweis auf diese früheren
Beanstandungen Ansprüche gemäß § 651 g Abs. 1 BGB geltend
macht, ohne die Beanstandungen im einzelnen zu wiederholen
(BGH, a. a. O.). Eine Klausel, wonach der Reisende, wenn
weder die örtliche Reiseleitung noch eine Kontaktadresse erreichbar
reichbar sind, ausnahmslos verpflichtet ist, eine Mängelanzeige
oder ein Abhilfeverlangen an die Zentrale des Reiseveranstalters
ters zu richten, verstößt gegen § 9 (BGH, NJW 1989, 2750). Die
Ausdehnung der sechsmonatigen Verjährungsfrist auf „alle
Ansprüche aus dem Reisevertrag" ist unwirksam (OLG München,
chen, NJW-RR 1987, 493; a. A. LG Frankfurt, NJW 1982, 1538).
Eine Preisangleichungsklausel, wonach bei vier Monate vor
Reisebeginn gebuchten Reisen unvorhersehbaren Preiserhöhungen
hungen der Leistungsträger der Reisepreis bis zu 10% erhöht
werden kann, ist unwirkam. Unwirksam ist auch die Klausel,
daß das Rücktrittsrecht des Reisenden erst dann besteht, wenn
die Preiserhöhung 10% übersteigt (OLG München, NJW-RR
1989, 46). Die Klausel, die ein Reiseunternehmen seinen Kunden
den bei der Überlassung von Ferienwohnungen oder Ferienhäusern
sern stellt, und wonach eine von den Kunden bezahlte Kaution
erst innerhalb von 2 Wochen nach Abreise zurückerstattet wird,
falls der Kunde an Haus oder Inventar keinen Schaden angerichtet
richtet hat, verstößt gegen § 9 (BGH, NJW 1990, 317). Zukünftig
tig wird auch bei Reiseverträgen EG-Recht zu beachten sein:

Die Rechtsvorschriften der einzelnen Mitgliedstaaten über
Pauschalreisen weisen zahlreiche Unterschiede auf, was zu
Hindernissen der Dienstleistungsfreiheit und zu Wettbewerbsverzerrungen
verzerrungen zwischen den in den verschiedenen Mitgliedstaaten
ten ansässigen Reiseveranstaltern führen kann. Weiterhin werden
den die Verbraucher eines Mitgliedstaates aufgrund unterschiedlicher
schiedlicher Vorschriften über den Verbraucherschutz davon
abgeschreckt, Pauschalreisen in einem anderen Mitgliedstaat zu
buchen. Diese Hindernisse sollen durch eine einheitliche Rege-

lung beseitigt werden. Nach der EG-Richtlinie 90/314 des Rates vom 13. 6. 1990 (ABl. Nr. L 158 v. 23. 6. 1990, S. 59) ist eine „Pauschalreise" die im voraus festgelegte Verbindung von mindestens zwei Dienstleistungen (Beförderung, Unterbringung, andere touristische Dienstleistungen, die nicht Nebenleistungen von Beförderung oder Unterbringung sind und einen beträchtlichen Teil der Gesamtleistung ausmachen). Art. 3 der Richtlinie verpflichtet den Reiseveranstalter und/oder Vermittler sicherzustellen, daß die Beschreibungen der von ihnen veranstalteten oder angebotenen Pauschalreisen keine irreführenden Angaben enthalten und daß die dem Verbraucher zur Verfügung gestellten Reiseprospekte klare und genaue Informationen erteilen. Alle Bedingungen des Vertrages werden schriftlich oder in einer anderen dem Verbraucher zugänglichen Form festgelegt und sind ihm vor Vertragsschluß zu übermitteln, Art. 4 II b. Ist der Verbraucher daran gehindert, die Pauschalreise anzutreten, kann er unter bestimmten Voraussetzungen, seine Buchung auf einen Dritten übertragen, Art. 4 III. Gem. Art. 4 IV dürfen die vertraglich festgelegten Preise grundsätzlich nicht geändert werden. Etwas anderes gilt nur dann, wenn der Vertrag die Möglichkeit einer Preiserhöhung oder -senkung ausdrücklich vorsieht. Im Falle einer Preisänderung oder einer Änderung eines anderen wesentlichen Vertragsbestandteils hat der Verbraucher die Möglichkeit von dem Vertrag zurückzutreten, Art. 4 V. Storniert der Veranstalter die Reise vor dem vereinbarten Abreisetag – ohne daß ihn hierfür Verschulden trifft – stehen dem Verbraucher Ansprüche gegen den Veranstalter auf Teilnahme an einer gleichwertigen oder höherwertigen anderen Pauschalreise, an einer Reise geringer Qualität gegen Erstattung der Differenz oder auf schnellstmögliche Erstattung aller von ihm aufgrund des Vertrages gezahlten Beträge zu, Art. 4 VI. Eine Entschädigungspflicht des Veranstalters kann auch entstehen, wenn dem Verbraucher nach Antritt der Reise ein erheblicher Teil der vertraglich vereinbarten Leistungen nicht erbracht wird oder falls der Veranstalter feststellt, daß er einen Teil dieser Leistungen nicht erbringen kann. Er muß aber auch Vorkehrungen treffen, damit die Reise weiter durchgeführt werden kann. Können solche Vorkehrungen nicht getroffen werden oder werden diese vom Verbraucher aus triftigen Gründen nicht akzeptiert, sorgt der Veranstalter für eine Beförderungsmög-

lichkeit, mit der der Verbraucher zum Ort der Abreise oder an
einen anderen vereinbarten Ort zurückkehren kann, Art. 4 VII.
Schließlich haftet der Veranstalter und/oder der Vermittler bei
Verschulden wegen Nicht- oder Schlechterfüllung und für die
daraus entstandenen Schäden. Die Mitgliedstaaten können aber
zulassen, daß die Entschädigung gemäß den internationalen
Übereinkommen beschränkt wird. Bei anderen Schäden als
Körperschäden soll es auch möglich sein, die Haftung im Pau-
schalreisevertrag zu beschränken, Art. 5 I und II. Der Verbraucher muß jeden Mangel den er feststellt dem Leistungsträger
sowie dem Veranstalter und/oder dem Vermittler anzeigen. Auf
diese Verpflichtung muß im Vertrag klar und deutlich hingewiesen werden, Art. 5 IV. Der Reiseveranstalter muß Sicherheiten
für den Fall der Zahlungsunfähigkeit oder des Konkurses
nachweisen, damit die Erstattung gezahlter Beträge und die
Rückreise des Verbrauchers gewährleistet sind, Art. 7. Diese
Richtlinie soll von den Mitgliedstaaten bis zum 31. 12. 1992 in
nationales Recht umgesetzt werden, Art. 9.

Reparaturverträge. Klauseln in Kfz-Reparaturbedingungen:
„Die Durchführung nicht vereinbarter Arbeiten bedarf der vorherigen Zustimmung des Auftraggebers, es sei denn, der Auftraggeber ist nicht kurzfristig erreichbar, die Arbeiten sind notwendig, und der Auftragspreis erhöht sich hierdurch bei Aufträgen bis zu 500 DM um nicht mehr als 20% und bei Aufträgen
über 500 DM um nicht mehr als 15%", verstößt gegen § 11
Nr. 4 (BGH, NJW 1987, 2818). Auch eine Klausel, die ihrem
Wortlaut nach vorschreibt, beim Bestreiten des Vorliegens eines
gewährleistungspflichtigen Mangels durch den Auftragnehmer
sei die Schiedsstelle des Kfz-Handwerks anzurufen und den
Eindruck erweckt, deren Entscheidung sei endgültig und der
Rechtsweg sei ausgeschlossen, benachteiligt den Auftraggeber
unangemessen im Sinne des § 9 Abs. 1 in Verbindung mit § 9
Abs. 2 Nr. 1 (BGH, a. a. O.). Die Klausel: „Ansprüche bestehen
nicht wegen eines Schadens, der dadurch entstanden ist, daß
der Auftraggeber den Mangel dem Auftragnehmer nicht unverzüglich nach Feststellung schriftlich angezeigt und genau bezeichnet hat oder der Auftragsgegenstand dem Auftragnehmer
nicht unverzüglich nach Feststellung eines Mangels zugestellt
worden ist oder die von dem Mangel betroffenen Teile des

Auftragsgegenstandes inzwischen auf Veranlassung des Auftraggebers von einer anderen Werkstatt oder in einer Regie des Auftraggebers verändert oder instand gesetzt worden sind", verstößt ebenfalls gegen § 9 Abs. 1, Abs. 2 Nr. 1 (BGH, a. a. O.). Auch Klauseln, die den Eindruck erwecken, die Haftung sei auch bei grober Fahrlässigkeit auf die Gestellung eines Ersatzfahrzeuges beschränkt, verstoßen gegen § 11 Nr. 7. Gleiches gilt für die Klausel, die zum Ausdruck bringt, daß der Auftragnehmer für Schäden und Verluste nur haftet, wenn ein zusätzlicher Wageninhalt ausdrücklich in Verwahrung genommen ist (BGH, a. a. O.). Dagegen soll eine Klausel wirksam sein, nach der das vertragliche Pfandrecht auch wegen Forderungen aus früher durchgeführten Arbeiten und dergleichen geltend gemacht werden kann, soweit sie mit dem Auftragsgegenstand in Zusammenhang stehen, und zwar auch bei Verwendung unter Nichtkaufleuten (BGH, a. a. O.; str.). Klauseln über Vorleistungspflichten des Kunden, grundsätzlich auch über Abschlagszahlungen, werden als Verstoß gegen § 9 Abs. 2 Nr. 1, § 641 Abs. 1 S. 1 BGB angesehen (Wolf, § 9, Rdnr. R 126). Eine Klausel, wonach Kostenvoranschläge, die nicht zur Erledigung der Reparatur führen, mit einer Bearbeitungsgebühr berechnet werden", verstößt gegen § 9 (BGH, NJW 1982, 765). Erforderlich ist, daß der Kunde vor Vereinbarung einer Kostenvoranschlagsfertigung auf die möglichen „Bearbeitungsgebühren" ausdrücklich und unmißverständlich hingewiesen wird (BGH, a. a. O.). Klauseln, die bei einer aus Gründen zu hoher Kosten oder schwieriger Ersatzteilbeschaffung abgebrochenen Reparatur zur Vergütungspflicht führen, verstoßen gegen § 9 (Ulmer/Hensen, Anh. §§ 9 bis 11, Rdnr. 602). Die Klausel → „Fahrzeiten gelten als Arbeitszeiten" verstößt gegen § 9 (BGH, NJW 1984, 2160). Auch die Klausel, daß „angefangene Stunden voll berechnet" werden, verstößt gegen § 9 (Ulmer/Hensen, Anh. §§ 9 bis 11, Rdnr. 932), ebenso die Bestimmung, wonach der Unternehmer das Wahlrecht hat, ob er neue Teile oder Austauschteile einbauen will (OLG Frankfurt, ZIP 1983, 702). Der Haftungsausschluß in den Dock- und Reparaturbedingungen einer Seeschiffswerft auch für durch schwerwiegendes Verschulden einfacher Erfüllungsgehilfen verursachte Schäden, die im Schiff anläßlich der an diesem auszuführenden Werftarbeiten entstehen, hält mit Rücksicht auf branchentypischen

Rücktrittsvorbehalte

Besonderheiten eines Werftwerkvertrages und die im Geschäftsverkehr zwischen Schiffseigner und Werftunterneh-
mer bestehende Branchenübung der Inhaltskontrolle des § 9
stand (BGH, NJW 1988, 1785). Diese Entscheidung ist auf
andere Bereiche sicher nicht ohne weiteres übertragbar und
kann keinesfalls im nicht-kaufmännischen Verkehr Beachtung
finden.

Rücktrittsvorbehalte. AGB, deren Verwender sich das Recht
vorbehält, sich ohne sachlich gerechtfertigten und im Vertrag
angegebenen Grund von seiner Leistungspflicht zu lösen, sind
nach § 10 Nr. 3 unwirksam. Eine Ausnahme gilt nur dann,
wenn ein → Dauerschuldverhältnis vorliegt. Unter den Begriff
des Lösungsrechtes fallen sowohl Rücktritts-, Kündigungs-,
Widerrufs- und Anfechtungsrechte, aber auch die Klauselgestaltung, daß die Leistungspflicht des Verwenders an Bedingungen
geknüpft wird oder bei Eintritt von bestimmten Bedingungen
wegfällt. Eine Klausel, die einschränkungslos bei jeder Verzögerung oder erheblichen Verteuerung der Lieferung eine Befreiung des Verkäufers von der Lieferverpflichtung vorsieht, ist
unzulässig (BGH, NJW 1983, 1320, 1321 → Höhere-Gewalt-
Klauseln). Ein sachlich rechtfertigender Grund liegt dann vor,
wenn ein anerkennenswertes Interesse des Verwenders die
Lösung vom Vertrage rechtfertigt. Dies setzt eine Abwägung der
beiderseitigen Interessen der Vertragsteile voraus (BGH, NJW
1987, 831, 833). Sachlich gerechtfertigt ist ein Rücktrittsvorbehalt nicht, wenn er sich (auch) auf Umstände erstreckt, deren
Vorliegen der Verwender bei gebotener Sorgfalt schon vor dem
Vertragsschluß hätte erkennen und deshalb den Abschluß hätte
ablehnen können (BGH, a. a. O.). Ein sachlich rechtfertigender
Grund für einen Rücktritt des Verkäufers stellt es etwa dar,
wenn der Käufer die Verpflichtung, das Vorbehaltseigentum des
Verkäufers zu wahren und die Waren sorgsam zu behandeln,
bei Pfändungen Mitteilungen zu machen und eine Vernichtung
und Beschädigung der Sachen sowie einen Besitz- und Woh-
nungswechsel anzuzeigen, verletzt (BGH, NJW 1985, 320, 325
→ Möbelhandel). Der bloße Verdacht einer Pflichtverletzung ist
hierfür jedoch nicht ausreichend (OLG Hamm, BB 1979, 1425).
Auch die Klausel „der Verkäufer ist zum Rücktritt vom Vertrage
berechtigt, wenn der Käufer falsche Angaben über seine Person

oder über seine Vermögensverhältnisse gemacht hat", verstößt gegen § 10 Nr. 3 (BGH, NJW 1985, 2271). Denn nach der Klausel besteht die Möglichkeit, daß sich der Verwender hiermit durch jede Falschangabe des Käufers über seine Person zum Rücktritt berechtigt, etwa über eine falsche Angabe des Geburtsdatums etc. Die Klausel ist auch deshalb unwirksam, weil sie ein Rücktrittsrecht daran knüpft, daß der Käufer falsche Angaben über seine *Vermögensverhältnisse* gemacht hat. Kraft Gesetzes würde bei einer Geringfügigkeit der Abweichung (beispielsweise die Angabe, es werde 3000 DM statt 2900 DM monatlich verdient) ein Rücktritt nicht in Betracht kommen. Erforderlich ist daher die Einschränkung, daß sich der Rücktrittsvorbealt auf unrichtige oder unvollständige Angaben erstreckt, die die Kreditwürdigkeit *bedingen* (BGH, a. a. O., S. 2272). In → Leasingverträgen, die im kaufmännischen Verkehr über Investitionsgüter von beträchtlichem Wert abgeschlossen werden, verstößt es nicht gegen § 9, wenn der Verwender sich für den Fall von Zwangsvollstreckungsmaßnahmen in das Vermögen des Leasingnehmers das Recht zur fristlosen Kündigung des Leasingvertrages vorbehält (BGH, NJW 1984, 871, 872). Dagegen kann dies im Rahmen der Geschäftsraummiete anders zu beurteilen sein (BGH, a. a. O.). Klauseln, die die Leistungspflicht des Verwenders ins Belieben stellen, etwa durch Klauseln wie „freibleibend" oder „Lieferungsmöglichkeit vorbehalten" (OLG Stuttgart, ZIP 1981, 875), sind jedenfalls nach § 10 Nr. 3 unzulässig. Der Vorbehalt der Selbstbelieferung vermag ein Lösungsrecht im nicht-kaufmännischen Verkehr nur dann zu begründen, wenn er ausdrücklich auf den Fall beschränkt wird, daß der Verwender ein konkretes Deckungsgeschäft abgeschlossen hat und von dem Lieferanten insoweit im Stich gelassen wird. Eine Klausel, wonach „bei nicht rechtzeitiger Belieferung durch Zulieferer" ein Rücktrittsrecht gewährt wird, verstößt gegen § 10 Nr. 3 (BGH, NJW 1983, 1320; BGH, NJW 1985, 855, 857; anders für den kaufmännischen Verkehr: BGH, NJW 1985, 738: Die Klausel greife „nur Platz, wenn der Verkäufer ein kongruentes Deckungsgeschäft abgeschlossen hat und von seinem Lieferanten im Stich gelassen wird". Mit diesem Regelungsgehalt sei die Klausel wirksam – damit verstößt der BGH insoweit jedoch gegen das Verbot → geltungserhaltender Reduktion).

S

Sachlicher Anwendungsbereich. Dieser ist in § 23 geregelt, wobei zum Teil das gesamte AGBG, zum Teil lediglich Einzelbestimmungen von der Anwendbarkeit ausgenommen sind. Zum Beispiel bedarf es bei von der zuständigen Behörde genehmigten Bausparkassen-AGB den in § 2 Abs. 1 Nr. 1 und 2 bezeichneten Erfordernissen der Einbeziehung nicht; § 23 Abs. 3.

Salvatorische Klausel. Vielfach findet sich in den AGB die Formulierung, daß die Einschränkung nur gelte, „soweit gesetzlich zulässig". Hierbei handelt es sich nicht um eine → deklaratorische Klausel, da der Zusatz geeignet ist, die Grundsätze der → geltungserhaltenden Reduktion zu unterlaufen und den Kunden so möglicherweise von der Geltendmachung seiner Ansprüche abhalten kann. Fest steht auch, daß durch derartige Zusätze die ansonsten bestehende Unwirksamkeit von Klauseln nicht zu heilen ist (BGH, NJW 1985, 623, 627 für das → Verbandsverfahren; BGH NJW 1987, 1815, 1817 ; BGH ZIP 1991, 1362, 1365 für das Inzidentverfahren). Es spricht vieles dafür, derartige Klauseln als Verstoß gegen das Transparenzgebot im Sinne des § 2 für unwirksam zu erachten (str.). Außerhalb des AGBG sind salvatorische Klauseln grundsätzlich wirksam; sie verkehren lediglich die Vermutung der Gesamtnichtigkeit (§ 139 BGB) in ihr Gegenteil (BGH, BB 1995, 2549).

Schadensersatz. Die Klausel, daß der Käufer Schadensersatz wegen Nichterfüllung nur bei Vorsatz und grober Fahrlässigkeit des Verkäufers geltend machen könne, ist bei Verwendung gegenüber Nichtkaufleuten nach § 11 Nr. 8 b unwirksam (BGH, NJW-RR 1989, 625).

Schadenspauschalierung → Pauschalierung von Schadensersatz und Wertersatz.

Schiedsgerichtsklauseln. Schiedsgerichtsklauseln sind zunächst an den zwingenden §§ 1027 Abs. 1, sowie 1025 Abs. 2 ZPO zu messen. Im übrigen greift eine Inhaltskontrolle nach

§ 9 ein. Die Zulässigkeit der Klauseln sollte auf Vollkaufleute beschränkt werden, und auch nur dann, sofern ein überwiegendes Interesse für eine schiedsgerichtliche Klärung besteht (sehr str.).

Schiedsgutachten. Die Klausel in Kfz- → Reparaturbedingungen, wonach beim Bestreiten von gewährleistungspflichtigen Mängeln durch den Auftragnehmer die für den Sitz des Auftragnehmers zuständige Schiedsstelle für Kfz-Handwerk entscheidet, ist eine Schiedsgutachterklausel im Sinne des § 317 Abs. 1 BGB. Die Parteien sind an die durch das Gutachten zu treffende Bestimmung bis an die Grenze der offenbaren Unrichtigkeit gebunden. Dies ist für eine Individualvereinbarung vertretbar. Für einen AGB-Vertrag können derartige Klauseln jedoch nach den §§ 9 bis 11 überprüft werden (BGH, NJW 1987, 2818, 2820). Die vorstehende Klausel erweckt zudem den Eindruck, daß die Anrufung der Schiedsstelle zwingend vorgeschrieben ist, daß deren Entscheidung endgültig sei und den Rechtsweg ausschließe (BGH, a. a. O.). Sie verstößt daher gegen § 9 (BGH, a. a. O.). Um einen Schiedsgutachtervertrag handelt es sich auch bei der → DAT-Schätzpreisklausel. Der BGH hat in dieser Entscheidung die Vereinbarung einer Schiedsgutachterklausel dem Grunde für zulässig erklärt. Die Kriterien für die Wirksamkeit derartiger Klauseln sind jedoch vollständig offen.

Schönheitsreparaturen. Grundsätzlich ist die Durchführung der Schönheitsreparaturen „Sache des Vermieters", § 536 BGB. Die hiervon abweichende formularvertragliche Abwälzung der Schönheitsreparaturen verstößt jedoch grundsätzlich nicht gegen § 9 (BGH, NJW 1985, 480; BGH, NJW 1987, 2575; BGH, NJW 1988, 2780). Der BGH argumentiert im wesentlichen mit der Verkehrsüblichkeit sowie damit, daß die Durchführung der Schönheitsreparaturen bei der Mietzinskalkulation berücksichtigt sei. Beides ist jedoch wenig förderlich (Preisargument). Bei Vermietung einer bei Vertragsbeginn nicht renovierten Wohnung ist die formularmäßige Abwälzung nach Maßgabe eines Fristenplanes jedenfalls dann wirksam, wenn die Renovierungsfristen mit dem Anfang des Mietverhältnisses zu laufen beginnen (BGH, NJW 1987, 2575). Dies gilt auch dann, wenn die

Schönheitsreparaturen

Wohnung bei Vertragsbeginn renovierungsbedürftig war und der Anspruch des Mieters auf eine Anfangsrenovierung durch den Vermieter vertraglich ausgeschlossen ist (BGH, a. a. O.). (Begründung wie auch Ergebnis sind jedoch wenig überzeugend: Niebling, NJW 1987, 2564.) Auch eine Formularklausel über anteilige Schönheitsreparaturen ist vom BGH gebilligt worden (BGH, NJW 1988, 2790). Die Klausel, wonach der Mieter bei Ende des Mietverhältnisses je nach dem Zeitpunkt der letzten Schönheitsreparaturen während der Mietzeit einen prozentualen Anteil an Renovierungskosten aufgrund des Kostenvoranschlages eines vom Vermieter auszuwählenden Malerfachgeschäft zu zahlen hat, ist jedenfalls dann wirksam, wenn sie den Kostenvoranschlag nicht ausdrücklich für verbindlich erklärt, die für die Abgeltung maßgeblichen Fristen und Prozentsätze am Verhältnis zu den üblichen Renovierungsfristen ausrichtet und dem Mieter nicht untersagt, seiner anteiligen Zahlungsverpflichtung dadurch zuvorzukommen, daß er vor dem Ende des Mietverhältnisses Schönheitsreparaturen in kostensparender Eigenarbeit ausführt. Eine derartige Klausel ist auch bei Vermietung einer unrenoviert oder renovierungsbedürftig überlassenen Wohnung jedenfalls dann zulässig, wenn die für die Durchführung wie für die anteilige Abgeltung der Schönheitsreparaturen maßgeblichen Fristen nicht vor dem Anfang des Mietverhältnisses zu laufen beginnen (BGH, a. a. O.). Der Vermieter wird durch diese Rechtsprechung besser gestellt, als er bei einem konstanten Mietverhältnis stehen würde. Hat beispielsweise der Vormieter nach vier Jahren die Schönheitsreparaturen abgegolten und führt der Nachmieter einer unrenoviert übernommenen Wohnung die Schönheitsreparaturen nach fünf Jahren aus, so erhält der Vermieter nicht nur eine Wohnung, deren Zustand einem konstanten Mietverhältnis entspricht, sondern darüber hinaus 80% der Kostenschätzung vom Vermieter aus nicht durchgeführten Schönheitsreparaturen. Dies wird sicherlich nicht durch einen geringeren Mietzins „kompensiert" (Rechtsmißbrauch). Für zulässig erachtete Zeitabschnitte, in denen die Schönheitsreparaturen durchzuführen sind, betragen in Küchen, Bädern und Duschen, drei Jahre; in Wohn- und Schlafräumen, Fluren, Dielen und Toiletten, fünf Jahre; in allen anderen Nebenräumen sieben Jahre. Außerhalb dieser Zeitabschnitte braucht der Mieter nicht zu renovieren. Dies gilt auch dann, wenn der Wohnraum bestimmte, durch den vertragsgemäßen Gebrauch entstandene Abnutzungserscheinungen aufweist, wie Bilderflecken etc. (BGH, NJW 1987, 2575). Läßt der Mieter die fälligen Schönheitsreparaturen beim Auszug nicht durchführen, kann der Vermieter nach § 326 BGB vorgehen und Ansprüche auf Schadensersatz geltend machen. Voraussetzung hierfür ist, daß der Mieter erfolglos zur Durchführung der Schönheitsreparaturen aufgefordert wurde unter Fristsetzung und Ablehnungsandrohung; § 326 BGB (BGH, NJW 1977, 36). Dies kann formularmäßig nicht abbedungen werden; § 11 Nr. 4. Eine Klausel, wonach der Mieter verpflichtet ist, für rückständige Schönheitsreparaturen ohne Fristsetzung einen Geldbetrag zu zahlen, ist deshalb unwirksam (vgl. BGH, NJW 1986, 842). Dies gilt auch dann, wenn der Mietvertrag vor Inkrafttreten des AGBG abgeschlossen wurde (OLG Karlsruhe, NJW 1982, 2829). Die Ansprüche des Vermieters auf Durchführung der Schönheitsreparaturen bzw. auf Schadensersatz verjähren nach § 558 BGB in sechs Monaten ab Rückgabe. Diese Verjährungsfrist kann durch AGB nicht verlängert werden; § 9 Abs. 2 Nr. 1. **Lit.:** Blank, Mietrecht von A–Z, Beck-Rechtsberater im dtv Nr. 5044.

Schranken der Inhaltskontrolle → Kontrollfreiheit

Schriftformklauseln. Mit der Schriftformklausel beabsichtigt der Verwender, die Wirksamkeit der von ihm oder seinen Beschäftigten mündlich gegebenen Erklärungen bei oder nach Vertragsschluß seiner Einstandspflicht zu entziehen oder diese zu beschränken. Im Gesetzgebungsverfahren war zunächst vorgesehen, die Verwendung von Schriftformklauseln im nichtkaufmännischen Rechtsverkehr schlechthin für unwirksam zu erklären. Im Verlauf der Gesetzesberatung hat man dies jedoch fallen gelassen, da derartige Klauseln gesetzlich nicht schlechthin verboten werden sollten, denn sie könnten zur Klarheit im Rechtsverkehr und auch im Interesse des Kunden zur Erleichterung des Beweises wichtiger Vertragsabreden beitragen. Die Rechtsprechung folgert hieraus, daß nicht von der generellen Unwirksamkeit derartiger Klauseln ausgegangen werden könne (BGH, NJW 1982, 331, 333; BGH, NJW 1983, 1853). Dieser von der Rechtsprechung vorgenommene Differenzierungsversuch ist in vielen Punkten unscharf. Gleichwohl sollen einige wesentliche Gesichtspunkte hervorgehoben werden:

Im *Individualverfahren* kommt es auf die Wirksamkeit der Schriftformklausel mit Blick auf § 9 wegen § 4 zumeist nicht an: Liegt eine wirksame Individualvereinbarung vor, so kann diese durch eine Schriftformklausel nach § 4 nicht ausgehöhlt werden. Bestimmt somit eine Klausel, daß jede Ergänzung des Vertrages der Schriftform bedürfe und auf diese Erfordernis nur durch schriftliche Erklärung verzichtet werden kann, so hat gleichwohl eine Individualabrede mit dem Vertragspartner oder einem hierzu bevollmächtigten Vertreter, auch wenn diese mündlich erfolgt ist, Vorrang (BGH, NJW 1986, 3131, 3132 – Bürgschaftsvertrag). Auch die Klausel „mündliche Nebenabreden sind nicht getroffen", läßt dem AGB-Kunden den Beweis einer gegenteiligen Absprache offen (BGH, NJW 1981, 922; BGH, NJW 1985, 2329, 2331). Schriftformklauseln können auch im übrigen gegen zwingende gesetzliche Vorschriften verstoßen. Ein Reiseveranstalter kann daher nicht verlangen, daß Beanstandungen binnen vier Wochen nach Rückkehr *schriftlich* bei der Reiseveranstalterin geltend zu machen sind; § 651 g Abs. 1 S. 1 (BGH, NJW 1984, 1752). Es kann dagegen zulässig sein, wenn der Verwender bei Vertragsschluß optisch besonders hervorgehoben die Vertretungsmacht solcher Personen einschränkt oder deren Handeln von einer schriftlichen Bestätigung abhängig macht, das sich auf Vereinbarungen vor und bei Aufnahme der Bestellung bezieht (BGH, NJW 1985, 321, 322). So ist es beispielsweise zulässig, wenn vor Erteilung des Reparaturauftrages deutlich darauf hingewiesen wird, daß die von der Annahmestelle angegebene und gar auf dem Abholschein vermerkte Reparaturzeit nur unverbindlich ist und der Bestätigung durch die Werkstattleitung bedarf, um verbindlich zu werden (BGH, NJW 1982, 1389, 1390). Die Klausel „Reparaturzeiten sind nur verbindlich, wenn sie schriftlich bestätigt werden", stellt dies nicht ausreichend klar und ist so als gegen § 9 verstoßender Vorbehalt anzusehen (BGH, a. a. O.).

Im → *Verbandsverfahren* soll der Rechtsverkehr allgemein von der Verwendung unzulässiger Klauseln freigehalten werden (BGH, NJW 1983, 1853; st. Rspr.). Es kommt hier nicht darauf an, ob die Klausel konkret gegen § 4 verstoßen würde und zu einer tatsächlichen Benachteiligung führt (OLG Karlsruhe, NJW 1981, 405, 406). Eine Klausel ist im Verbandsverfahren bereits dann zu beanstanden, wenn die Klauselgestaltung dem Verwender die Gelegenheit eröffnet, begründete Ansprüche unter Hinweis auf eine in der Sache nicht – stets – zutreffende Darstellung der Rechtslage in seinen AGB abzuwehren (BGH, NJW 1985, 320, 322 → Transparenzgebot). Da jede Klausel, die der Inhaltskontrolle unterliegt (Kontrollfreiheit) geeignet ist, den Kunden von der Geltendmachung gesetzlicher Ansprüche abzuhalten, muß hierin zusätzlich eine unangemessene Benachteiligung des Kunden liegen. Die Klausel in einem Ein-Mann-Betrieb, daß *mündliche Nebenabreden* nur nach schriftlicher Bestätigung des Auftragnehmers Gültigkeit haben, verstößt jedoch gegen § 9 Abs. 1, Abs. 2 Nr. 1, da die Klausel *allein* dazu dient, eine getroffene Individualabrede inhaltlich auszuhöhlen (BGH, NJW 1983, 1853). Auch die Klausel, „Reparaturzeiten sind nur verbindlich, wenn sie schriftlich bestätigt werden", ist unwirksam, da sie zu weit gefaßt ist. Der Kunde muß ausdrücklich bei Vertragsschluß, etwa durch einen unübersehbaren Aushang auf eine Begrenzung der erteilten Handlungsvollmacht des Personals hingewiesen werden (BGH, NJW 1982, 1389, 1390). Daher ist auch die Klausel *Vereinbarungen, Zusicherungen oder Änderungen sind nur in schriftlicher Form gültig* unwirksam (BGH, NJW 1985, 320, 322). Auch die Klausel *Vereinbarungen der Parteien, die einen der in diesem Vertrag geregelten Gegenstände betreffen und Änderungen, Ergänzungen . . . oder Streichungen sind nur wirksam, wenn sie in einer schriftlichen Vereinbarung bestätigt werden* ist unwirksam (BGH, NJW 1985, 623, 630). Demgemäß muß auch die Klausel *mündliche Abmachungen haben ohne schriftliche Bestätigung der Firma keine Gültigkeit* als Verstoß gegen § 9 angesehen werden, und zwar schon deshalb, weil hiernach auch *nach Vertragsschluß* getroffene mündliche Abmachungen zwischen dem Kunden und zur Vertretung der Verwenderin berechtigten Personen ohne schriftliche Bestätigung keine Gültigkeit haben (BGH, NJW 1986, 1807, 1810). Der Verwender könnte seine Belange dadurch wahren, daß auf dem Auftragsformular hinreichend deutlich der Hinweis aufgebracht wird, daß dem Außendienstmitarbeiter die Befugnis fehlt, zusätzliche Nebenabreden zu treffen (BGH, a. a. O.,

S. 1811). Die Klausel müßte sich dann jedoch auf mündliche Zusagen nicht bevollmächtigter Personen oder Personen beziehen, deren Erklärungen sich der Verwender aus anderen Gründen nicht zurechnen lassen muß (OLG Karlsruhe, NJW 1981, 405, 406). Dagegen hat der BGH folgende Klauseln gebilligt: *Liefertermine, Lieferfristen, die verbindlich oder unverbindlich vereinbart werden können, sind schriftlich anzugeben,* sofern auf der Vorderseite des Bestellscheines unmittelbar unter der Unterschrift des Bestellers eine Spalte vorgesehen ist, in der Lieferzeit bzw. Liefertermin einzutragen waren und zudem in zwei hierfür vorgesehenen Feldern anzukreuzen war, ob die Frist unverbindlich oder verbindlich sein soll. Mit Blick auf diese besonders ausgestaltete Transparenz der Klausel hat der BGH hier Einwendungen nicht erhoben (BGH, NJW 1982, 331, 333). Zu weit dürfte dagegen die Billigung der Klausel gehen, daß mündliche Nebenabrede nicht getroffen seien (so BGH, NJW 1985, 2329). Es wurde zwar bereits darauf hingewiesen, daß diese Klausel dem Kunden den Gegenbeweis offenlasse. Die Klausel bietet dem Verwender jedoch sicherlich Gelegenheit, den Vertragspartner von der Durchsetzung begründeter Rechte abzuhalten (BGH, NJW 1986, 1809, 1811; BGH, NJW 1985, 320, 322; BGH, NJW 1988, 1726, 1728).

Auch Klauseln, wonach Angaben bei Vertragschluß keine zugesicherten Eigenschaften sein sollen, oder der schriftlichen Bestätigung bedürfen sind idR schon wegen Vorrangs der Individualabrede nach § 5 unwirksam (§ 9; Wagner DB 1991, 2325). Die Klausel *Änderungen oder Ergänzungen bedürfen der Schriftform* verstößt gegen § 9 und ist unwirksam (BGH BB 1995, 724 = NJW 1995, 1488).

Schufa-Klausel. Die Klausel eines Kreditvertrages, wonach die Bank berechtigt ist, alle Daten des Kreditnehmers über die Aufnahme und Abwicklung des Kredites an ein Kreditinformationssystem zur Speicherung zu übermitteln („Schufa-Klausel") verstößt gegen § 9. Der BGH, tritt zurecht der Auffassung entgegen, die Klausel entspreche lediglich § 34 Abs. 1 BDSG über die dort vorgesehene Benachrichtigung des Kreditnehmers über die Speicherung seiner Daten. Die Klausel enthält vielmehr eine Erklärung über die Berechtigung der Bank zu dieser Übermittlung und gewährt der Bank das uneingeschränkte Recht auch ohne Interessenabwägung im Einzelfall, alle Daten des Kreditnehmers über Aufnahme und Abwicklung eines Kredites zur Speicherung zu übermitteln. Notwendig ist jedoch, daß die übermittelnde Bank Aussagekraft und Berechtigung einer bestimmten Einzelmitteilung unter sorgfältiger Interessenabwägung prüft und außerdem das Kreditinformationssystem so organisiert ist, daß die gespeicherten Daten insgesamt ein möglichst vollständiges, aktuelles Bild der Kreditwürdigkeit bieten und die Weitergabe sich auf Anschlußnehmer beschränkt, die ein berechtigtes Interesse haben, über die Kreditwürdigkeit eines Betroffenen unterrichtet zu werden (BGH, NJW 1986, 46). Eine Entscheidung zur neugefaßten „Schufa-Klausel" liegt bislang nicht vor.

Schuldanerkenntnis. Der Abschluß eines abstrakten Schuldversprechens unterliegt nicht der Inhaltskontrolle, wenn es sich um den bloßen Abschluß dieses Rechtsgeschäftes handelt (OLG Stuttgart, NJW 1979, 222). Dagegen greift die Inhaltskontrolle ein, wenn praktisch „nebenbei" ein abstraktes Schuldversprechen „untergeschoben" wird, wenn also die AGB im Rahmen eines Gesamtvertrages, der im Ganzen zu würdigen ist (BGH, NJW 1984, 2161 → Kompensation und Kumulation), einen nach inhaltlichen Gesichtspunkten zu bewertenden Fremdkörper darstellt, der dem Zweck des Vertrages oder der Natur des Vertrages zuwiderläuft.

Schwarzfahrer. Das „erhöhte Beförderungsentgelt" für „Schwarzfahrer" beruht auf einer Rechtsverordnung (str.), so daß § 11 Nr. 6 – Vertragsstrafe – nicht eingreift. In privatrechtlichen Beförderungsbedingungen scheidet die Einbeziehung der Vertragsstrafenregelung bereits daran, daß der Fahrgast bewußt keinen Vertrag abschließen will. Vielfach wird jedoch hier argumentiert, daß ein Vertragsabschluß aufgrund faktischsozialtypischen oder konkludenten Verhaltens vorliege, so daß der Einbeziehung nach § 2 nichts im Wege steht (LG Ravensburg, NJW 1977, 684). Hat dagegen der Fahrgast versehentlich einen Fahrschein nicht gelöst, liegt Zahlungsverzug gemäß § 284 BGB vor, so daß § 11 Nr. 6 anwendbar ist. Das „erhöhte Beförderungsentgelt" wäre dann unzulässig (Löwe/Graf von Westphalen, § 11 Nr. 6, Rdnr. 31; str.). Privatrechtliche verein-

Selbstbelieferungsvorbehalt

barte „erhöhte Beförderungsentgelte" sind auch deshalb unwirksam, weil hiernach Minderjährige ebenfalls und generell verpflichtet werden, obwohl sie nach der gesetzlichen Regelung nur in Ausnahmefällen verpflichtet werden können (§§ 107 ff. BGB; AG Mühlheim a. d. Ruhr, NJW-RR 1989, 175). **Lit.:** Bartl, BB 1978, 1446; Hensen, BB 1979, 499; Trittel, BB 1980, 497; Hennecke, DÖV 1980, 884; Harder, NJW 1990, 857.

Selbstbelieferungsvorbehalt → Höhere-Gewalt-Klauseln

Sicherungsverträge → Eigentumsvorbehalt

Skonto und Rabatt. Das Skonto ist eine insbesondere im Kaufrecht gebräuchliche Handelsklausel mit dem Inhalt, daß bei pünktlicher Zahlung (z. B. innerhalb von 14 Tagen) ein Abzug gemacht werden kann (BGH, NJW 1981, 1959). Durch die Gewährung eines Skontos wird die Leistung gestundet (BGH, a. a. O.). Hiervon muß die Frage getrennt werden, ob ein Vorschuß zu zahlen ist. Skonto und Vorschußabrede stehen nicht im Widerspruch (BGH, a. a. O.). Der Rabatt ist dagegen ein Nachlaß des Unternehmers auf den Preis, den er allgemein ankündigt und fordert (§ 1 Abs. 2 RabattG). Die Existenz zweier Preise, des Normalpreises und des reduzierten Preises ist demnach Voraussetzung, um von einem Rabatt sprechen zu können. Derartige Klauseln unterliegen grundsätzlich nicht der Inhaltskontrolle (str.). Die Kontrollfähigkeit derartiger Klauseln ist jedoch erreicht, wenn mittels einer Skonto- oder Rabattklausel zur (gesetzlich nicht vorgesehenen) Vorleistung angehalten werden soll, andernfalls der zu zahlende Preis sehr viel höher liegt. Auch kann die Verknüpfung einer Rabattverfallklausel an die nicht gehörige Erfüllung der Zahlung als Vereinbarung einer Vertragsstrafe zu werten sein (OLG Hamm, ZIP 1980, 1102). Wirksam ist dagegen eine Skontoklausel von „3% Barzahlung innerhalb 14 Tagen". Die Klausel *die vereinbarten Nettopreise gelten nur, wenn Zahlung spätestens bei Lieferung in bar, per Scheck oder durch Lastschrift erfolgt; andernfalls erhöht sich der Nettopreis um 3% für Skontoverlust* ist jedoch nach § 9 unwirksam (LG Hannover, AGBE II, § 11 Nr. 11). Der Grund hierfür liegt darin, daß die Klausel dem Kunden die Überprüfung der Ware auf Fehler abschneiden will.

Stellen von AGB → Allgemeine Geschäftsbedingungen

Stillschweigende Vertragsverlängerung → Dauerschuldverhältnisse

Streitwert. Für Streitigkeiten im → Verbandsverfahren darf der Streitwert nicht über 500 000 DM angenommen werden; § 22. Diese Streitwert"begrenzung" hat bislang keine große praktische Bedeutung erlangt. Vielfach wird Unterlassungsklagen ein Regelstreitwert zwischen 3000 und 10 000 DM zugrunde gelegt, bei Klagen auf Unterlassung und Widerruf eine solcher von 10 000 bis 20 000 DM. Eine Reduzierung der Streitwerte im einstweiligen Verfügungsverfahren erscheint nur angemessen, wenn mit Sicherheit das Hauptverfahren durchgeführt wird. → Verbraucherverbände werden durch einen zu hohen Streitwert zumeist an die Grenze ihrer finanziellen Leistungsfähigkeit gedrängt (Niebling, DRspr. 1989, 321).

Subsidiaritätsklauseln – Versicherungsverträge

Subunternehmerverträge. Der Subunternehmer führt für den Generalunternehmer Werkarbeiten aus, die an sich der Generalunternehmer dem Bauherrn gegenüber schuldet. Vertragliche Beziehungen zwischen dem Subunternehmer und dem Bauherrn bestehen daher nicht. In der Praxis werden dem Subunternehmer eine Vielzahl unwirksamer Bedingungen diktiert, wobei auch die von der öffentlichen Hand gestellten Bedingungen vielfach unwirksam sind. An Stelle die → VOB/B zu vereinbaren, werden Klauseln entworfen, die die Rechtsstellung des Subunternehmens weitergehend beschneiden wollen. Die Klausel *nach Vertragsschluß kann sich der Auftragnehmer nicht mehr darauf berufen, Unterlagen oder Auskünfte nicht rechtzeitig, nicht vollständig, nicht genau oder überhaupt nicht erhalten zu haben oder einem Kalkulationsirrtum oder sonstigen Mißverständnissen unterlegen zu sein,* verstößt gegen § 9 (OLG München, AGBE IV, § 9, Nr. 23). Auch eine Klausel, wonach *der Einwand eines Preis- oder Kalkulationsirrtums auf Seiten des Auftragnehmers ausgeschlossen sei,* verstößt gegen § 9 (BGH, NJW 1983, 1671). Bindungsfristen, die den Rahmen des § 10 Nr. 1 in Verbindung

Subunternehmerverträge

mit § 9 nicht einhalten, sind unangemessen. Angemessen ist
dagegen entsprechend der Regelung der VOB/A § 19 Nr. 2 S. 2
eine Frist von 24 Tagen. Eine im Rahmen von Ausschreibungs-
bedingungen vorformulierte Erklärung, wonach sich die Bieter
*verpflichten, bei Beteiligung an einer wettbewerbsbeschrän-
kenden Absprache aus Anlaß der Ausschreibung eine
„Vertragsstrafe" in Höhe von 3 v. H. der Endsumme ihres
Angebotes zu zahlen,* verstößt gegen § 9 (BGH, NJW 1988,
2536). Eine Klausel *wonach die Leistungen des Auftragnehmers, wenn der Auftraggeber den Vertrag ohne besonderen
Grund kündigt (§ 8 Nr. 1 Abs. 1 VOB/B), gemäß § 6 Nr. 2
VOB/B abzurechnen und weitergehende Ansprüche des Auftragnehmers einschließlich etwaiger Schadensersatzansprüche ausgeschlossen sind,* verstößt gegen § 9 (BGH, NJW 1985,
631). Demgemäß hat auch das OLG München (AGBE IV, § 9,
Nr. 23) die Klausel *werden im Vertrag ausbedungene Leistungen oder Lieferungen des Auftragnehmers ganz oder teilweise
gestrichen oder anderweitig ausgeführt, mindert sich der
Vergütungsanspruch des Auftragnehmers um die im Vertrag
für die Leistung vorgesehen Beträge. Weitere Ansprüche des
Auftragnehmers bestehen nicht. Die vorstehende Regelung
gilt bei Pauschalaufträgen entsprechend* als Verstoß gegen
§ 10 Nr. 3 angesehen. Klauseln, die die Hinweispflicht des
Auftragnehmers über § 4 Nr. 3 VOB/B erweitern, sind bedenklich. Eine Pflicht zur Anzeige von Mängel vorausgegangener
Arbeiten anderer Unternehmer ist dagegen zulässig, auch wenn
hierfür die Schriftform verlangt wird. Dies kann jedoch nur für
erkennbare Mängel gelten (vgl. § 13 Nr. 3 VOB/B). Klauseln,
wonach die Ersatzvornahme auf Kosten des Subunternehmers
nach ungewöhnlich kurzer Fristsetzung ausbedungen wird,
verstoßen gegen § 9 Abs. 2 Nr. 1 in Verbindung mit § 633
Abs. 3 BGB. Klauseln, wonach der Subunternehmer nur dann
vergütet wird, wenn auch der Generalunternehmer vergütet
wird, verstoßen gegen § 9. Die Fälligkeit der Subunternehmer-
vergütung kann auch nicht durch Abnahmeklauseln hinausgeschoben werden, etwa dergestalt, daß die Abnahme des Subun-
ternehmerwerkes erst mit Abnahme des Gesamtwerkes erfolgt
(Ulmer/Hensen, Anh. §§ 9 bis 11, Rdnr. 725). Die Klausel *Gewährleistungsansprüche verjähren nach den Bestimmungen
des BGB, jedoch keinesfalls vor abschließender Regelung der*

Gewährleistungsansprüche des Bauherrn aus den Leistungen des Auftragnehmers, verstößt gegen § 9 Abs. 2 Nr. 1, da noch nicht einmal der Fristablauf bestimmbar ist (OLG München, AGBE IV, § 9, Nr. 23). Der Anspruch des Subunternehmers aus dem Vertrage auf Einräumung einer Sicherungshypothek auf dem Baugrundstück nach § 648 BGB kann formularmäßig nicht ausgeschlossen werden; § 9 (BGH, NJW 1984, 2100). Auch das *Erfordernis des Vorbehalts der Vertragsstrafe* kann in AGB nicht vollständig abbedungen werden (BGH, NJW 1983, 385). Eine Vertragsstrafe mit 0,2% je Werktag bzw. 0,3% je Arbeitstag ist nur dann zulässig, wenn in der Klausel selbst eine zeitliche Beschränkung vorgesehen ist (BGH, NJW 1983, 385, 387). Zumindest bei größeren Bauaufträgen müssen Klauseln, auch wenn sie gegenüber einem Kaufmann verwendet werden, über eine Vertragsstrafe, deren Höhe sich nach einem bestimmten vom Hundertsatz der Auftragssumme je Kalender-, Werk- oder Arbeitstag richtet, eine Begrenzung nach oben aufweisen. Dies gilt auch, wenn der vom Hundertsatz verhältnismäßig gering ist (z. B. 0,15% je Werktag), (BGH, NJW-RR 1988, 146 = BB 1988, 301). → Vertragsstrafe → Bauverträge → VOB/B.

T

Tagespreisklausel → Neuwagen-AGB

Tankschecksystem. Hiernach wurde dem Kunden die Möglichkeit zum bargeldlosen Tanken angeboten, wobei der Verwender seine Haftung für ein ordnungsgemäßes Eintragen der getankten Treibstoffmenge durch seine Erfüllungsgehilfen formularmäßig ausgeschlossen hat. Der Verwender kann nicht einerseits eine besondere Verpflichtung, die ordnungsgemäße Abrechnung, übernehmen und gleichzeitig deren charakteristischen Inhalt, die Haftung bei nicht ordnungsgemäßer Abrechnung, nicht übernehmen wollen. Die Klausel war daher auch im → kaufmännischen Verkehr als Verstoß gegen „wesentliche Pflichten" im Sinne des § 9 Abs. 2 Nr. 2 anzusehen (BGH, NJW 1985, 914).

Tankstellenstationärvertrag

Tankstellenstationärvertrag. Klauseln, die hinsichtlich der Dauer der Bindung den Vertragspartner in seiner wirtschaftlichen Bewegungsfreiheit und Selbständigkeit in unvertretbarer Weise beschränken, stehen auch mit wesentlichen Grundgedanken des Gesetzes in Widerspruch und verstoßen gegen § 9 Abs. 2 Nr. 1 (BGH, NJW 1982, 1692). Eine Vertragsgestaltung, die das Fortbestehen von Vertragsbeziehungen allein vom Willen der Mineralölgesellschaft abhängig macht und es dem Tankstellenhalter auf Dauer verwehrt, die Vertragsbeziehungen zu einem bestimmten Vertragspartner zu lösen, engen dessen wirtschaftliche Bewegungsfreiheit und Selbständigkeit unvertretbar ein (BGH, a. a. O.). Die Höchstbindungsfrist dürfte hier bei 25 Jahren liegen (BGH, a. a. O.). Derartige Verträge unterliegen nach § 9 auch dann der Inhaltskontrolle, wenn sie vor Inkrafttreten des AGBG abgeschlossen wurden; § 28 Abs. 2 (Dienstleistungen – offenlassend dagegen BGH, a. a. O.).

Tarifwahl. Die Frage der Tarifwahl ist sowohl für die Frage der Individualabrede („Aushandeln") relevant als auch für die Frage der Inhaltskontrolle. Grundsätzlich reicht es für ein Aushandeln von AGB nicht aus, daß der Kunde zwischen mehreren AGB-Mustern wählen kann, etwa solchen „günstiger AGB zu hohem Preise" oder „ungünstigen AGB zu niedrigem Preise" (Wolf, NJW 1977, 1941). Erforderlich ist vielmehr, daß der Verwender neben den Auswahlmöglichkeiten weitere zu Disposition stellt, so daß der Kunde die reale Möglichkeit erhält, den Inhalt der Vertragsbedingungen zu beeinflussen (BGH, NJW 1988, 410). Die Tarifwahl ist jedoch im Rahmen des § 9 zu berücksichtigen, sofern der höhere Preis begünstigender AGB nicht zum niedrigen Preis belastender AGB außer Verhältnis steht. Von Relevanz ist ferner, wenn der Verwender für einen Mehrpreis die Versicherung der Sache anbietet (vgl. Wolf, NJW 1980, 2439). → Allgemeine Geschäftsbedingungen → Freizeichnungsklauseln für leichte Fahrlässigkeit.

Tatsachenbestätigungen → Beweislastklauseln

Tegernseer Gebräuche → Handelsbrauch

Teilbarkeit → Geltungserhaltende Reduktion

Teillieferungen → Verzug → Unmöglichkeit

Theater. Die Einbeziehung von Theater-AGB scheitert meist daran, daß die Bezugnahme auf AGB in Theaterkarten etc. erst nach Vertragsschluß erfolgt. Klauseln, wonach die Änderung im Spielplan und in der Besetzung vorbehalten bleibt, verstoßen gegen § 10 Nr. 4. Beruht die Unmöglichkeit der Theateraufführung auf einem Verschulden des Veranstalters, so hat der Kunde das Recht, sich vom Vertrag zu lösen oder Schadensersatz zu verlangen, § 11 Nr. 8. In AGB kann dies nicht eingeschränkt werden. Hiernach kann der Kunde das volle Eintrittsgeld zurückverlangen (a. A. Fessmann, NJW 1983, 1164, 1167: teilweise Rückzahlungspflicht). Kann der Kunde dagegen ein Verschulden des Veranstalters nicht nachweisen oder fällt die Vorstellung ohne Verschulden des Theaterträgers aus, so verbleibt dem Kunden die Wahl, ob er die angebotene Ersatzvorstellung besucht oder die Karten gegen das volle Eintrittsgeld Zug um Zug zurückgewährt.

Eine Freizeichnung für Verlust der Garderobe ist nicht möglich. Für grobe Fahrlässigkeit folgt dies aus § 11 Nr. 7, für einfache Fahrlässigkeit aus § 9, da die Aufsicht der Garderobe zu den wesentlichen Vertragspflichten des Theaterträgers zählt. Ein Verstoß gegen § 9 liegt nur dann nicht vor, wenn der Theaterträger einen ausreichenden Versicherungsschutz gewährt.

Theorie des letzten Wortes → Kollision von Vertragsbedingungen

Time-Sharing. Vielfach verstoßen Regelungen in Time-Sharing Verträgen gegen das → Transparenzgebot nach § 9 AGBG (BGH NJW 1995, 2637; BGH NJW 1994, 1344; Hildenbrand NJW 1995, 2967). Unwirksam können auch überraschende Klauseln sein, wonach z. B. die Eintragung des Käufers im Grundbuch ausgeschlossen wird (BGH BB 1995, 2186). Weiterer Kundenschutz ist zu erwarten mit Umsetzung der Time-Sharing-Richtlinie der EU (94/47/EG) in nationales Recht. **Lit.:** Mätsch EuZW 1995, 8.

Transportkosten, die im Wege der Nachbesserung anfallen, hat der gewährleistungspflichtige Verwender zu tragen; § 11 Nr. 10 c (Gewährleistung).

Transparenzgebot

Transparenzgebot. Treu und Glauben verpflichten den Verwender von AGB, die Rechte und Pflichten seines Vertragspartners möglichst klar und durchschaubar darzustellen (BGH, BB 1988, 2410, 2412; BGH, BB 1990, 1656 = NJW 1990, 2383; → Zinsberechnungsklausel). Das Erfordernis der transparenten Gestaltung von AGB findet sich jedoch im AGBG selbst. Nicht jeder Verstoß gegen das „Transparenzgebot" führt zu Unwirksamkeit von Vertragsbestimmungen. Rechtsfolge ist vielfach auch nur, daß AGB nicht Vertragsbestandteil werden oder zu Lasten des Verwenders wirken. Man muß hierbei folgendes unterscheiden: Für die → Einbeziehung setzt insbesondere § 2 spezielle Transparenzerfordernisse voraus. Der Verwender muß den Kunden ausdrücklich darauf hinweisen, daß der Vertrag unter Zugrundelegung der AGB abgeschlossen werden soll, dem Kunden muß die Möglichkeit verschafft werden, in zumutbarer Weise vom Inhalt der AGB Kenntnis zu nehmen, d. h. die AGB müssen für den Durchschnittskunden mühelos lesbar sein (BGH, NJW 1983, 2773) und ein Mindestmaß an Übersichtlichkeit aufweisen. Ferner müssen die Klauseln zumindest im Kernbereich verständlich sein. Klauseln, die nicht nur in den Randzonen, sondern auch in ihrem Kernbereich unklar und unverständlich sind, sind unwirksam (OLG Hamburg, NJW-RR 1986, 1440). Auch eine Bestimmung in einem formularmäßigen → Bauvertrag, wonach Gewährleistung und Haftung des Unternehmers sich nach der VOB/B *bzw.* BGB richten und bei unterschiedlicher Auffassung jeweils die günstigere für den Bauherrn gilt, ist unwirksam (BGH, NJW 1986, 924). Im Rahmen von → Automatenaufstellverträgen ist eine Klausel, wonach *der Aufsteller zum Austausch oder zur Abräumung eines oder mehrerer Geräte binnen einer Anzeigefrist von einer Woche berechtigt ist, falls das oder die Geräte eine ausreichende Einnahme nicht einspielen, ohne daß der Ausstellungsvertrag hierdurch berührt würde*, gänzlich unbestimmt und daher unwirksam (BGH, NJW 1985, 53, 55). Das OLG Stuttgart hat eine im Kernbereich unklare Klausel auch angenommen, wonach *für nicht ausdrücklich geregelte Fragen* die VOB gelte (NJW-RR 1988, 787). Auch sog. → Salvatorische Klauseln verstoßen gegen das Verständlichkeitsgebot des § 2, zumindest dann, wenn eine klare und unzweideutige Fassung möglich und zumutbar ist (OLG Stuttgart, NJW 1981, 1105,

1106). Das Verständnis deutschsprachiger AGB kann zwar für Ausländer mit erheblichen Schwierigkeiten verbunden sein, der Verwendet ist jedoch gleichwohl nicht verpflichtet, eine Übersetzung zur Verfügung zu stellen, sofern sich die Parteien der deutschen Sprache in ihren rechtsgeschäftlichen Beziehungen bedienen (BGH, NJW 1983, 1489). Notfalls muß der Kunde selbst vor Vertragsschluß die erforderliche Übersetzung beschaffen und muß andernfalls den nicht zur Kenntnis genommenen Text der AGB gegen sich gelten lassen (BGH, a. a. O.).

Gegen das Transparenzgebot verstoßende Klauseln können auch als → überraschende Klauseln nach § 3 angesehen werden, etwa wenn Regelungsinhalte in den jeweiligen AGB nicht zu der Überschrift passen und der Kunde im Zusammenhang mit den jeweiligen Regelungskomplexen der AGB nicht mit einer gänzlich anders gelagerten Regelung rechnen mußte. So kann umgekehrt der Überraschungseffekt nach § 3 durch einen entsprechend deutlichen Hinweis entfallen (BGH, DB 1986, 2377; BGH, NJW 1981, 117, 118). Ist eine Klausel lediglich „im Randbereich" unklar, und sind mindestens zwei Auslegungen rechtlich vertretbar (BGH, NJW 1984, 1818) so gehen diese Unklarheiten nach § 5 zu Lasten des Verwenders. Es gilt dann die dem Kunden günstigere Auslegungsmöglichkeit (Unklarheiten bei der Auslegung von AGB).

Ein Verstoß gegen das Transparenzgebot kann auch zur Unwirksamkeit nach § 9 Abs. 1 führen. Der Verstoß gegen das Transparenzgebot liegt hier vielfach darin, daß bestimmte Klauseln hervorgehoben werden, durch andere Klauseln der Anwendungsbereich derselben jedoch wieder ausgehöhlt oder zumindest „vernebelt" werden soll. Unwirksam ist daher eine Klausel in einem Formularvertrag über den Erwerb eines noch zu errichtenden Hauses, wenn für das gesamte Objekt ein Pauschalpreis vereinbart ist und in einem Katalog zusätzlich anfallende „Aufschließungskosten", die mit der eigentlichen Errichtung des Hauses nichts zu tun haben (Aushub und Verfüllung der Baugrube) einbezogen werden. Eine derartige Regelung benachteiligt wegen der unredlich versteckten, der Höhe nach nicht abzuschätzenden Erhöhung des vereinbarten Pauschalpreises (BGH, NJW 1984, 171) den Auftraggeber nach § 9 unangemessen. In der → Zinsberechnungsklausel-Entscheidung hat der BGH, eine AGB-Regelung als Verstoß gegen das Trans-

parenzgebot gemäß § 9 angesehen, nach der die in der gleichbleibenden Jahresleistung enthaltenen Zinsen jeweils nach dem
Stand des Kapitals am Schluß des vergangenen Tilgungsjahres
berechnet werden, wenn erst in einer gesonderten späteren
Klausel vierteljährliche Teilleistungen vorgesehen sind und der
effektive Jahreszins oder die Gesamtbelastung im Vertrag nicht
angegeben werden (BGH, BB 1988, 2410). → Wertstellungs-
klauseln, wonach Girokonten bei Auszahlungen sofort belastet
werden konnten, Einzahlungen jedoch erst am folgenden
„Banktag" gutgeschrieben wurden, hat der BGH für Bareinzahlungen als Verstoß gegen das Transparenzgebot verworfen
(BGH, BB 1989, 243 m. Anm. Niebling, DRspr. 1989, 321).
Auch Garantiebedingungen können den Eindruck erwecken,
daß der Käufer hierdurch in der Geltendmachung seiner Gewährleistungsansprüche gegen den Verkäufer beschränkt wird.
Auch insoweit darf die Rechtsposition des Vertragspartners
nicht unklar geregelt sein. Eine Klausel, die die Rechtslage
unzutreffend darstellt und auf diese Weise dem Verwender die
Möglichkeit eröffnet, begründete Ansprüche unter Hinweis auf
die Klauselgestaltung abzuwehren, verstößt gegen das Transparenzgebot und damit gegen § 9 (BGH, NJW 1988, 1726, 1728;
BGH, NJW 1989, 2750). Bereits die Klauselfassung muß der
Gefahr vorbeugen, daß der Kunde von der Durchsetzung bestehender Rechte abgehalten wird (BGH, NJW 1988, 1726, 1728).
Für die Beurteilung von AGB ist dabei die Verständnismöglich-
keit des rechtlich nicht vorgebildeten Durchschnittskunden
maßgebend (BGH, NJW 1988, 1726; BGH, NJW 1989, 2750,
2752; BGH, BB 1990, 1656). Zu Transparenzerfordernissen bei
→ Schriftformklauseln siehe dort. Da der Rechtsverkehr auch
von „Scheinbindungen" freigehalten werden soll, die jede
rechtlich unwirksame oder unerhebliche Klausel tatsächlich
herzustellen vermag, kommt es nicht darauf an, ob durch AGB
in die durch *besondere* Abrede errungene Rechtsstellung des
Kunden wirksam eingegriffen wird. Entscheidend ist, ob dies
dem Vertragspartner durch die Vertragsgestaltung klar wird
oder diese geeignet ist, daß der Kunde vermeintlich einschlägige
Klauseln gegen sich gelten läßt (BGH, NJW 1987, 1931, 1936).
Gerade weil erfahrungsgemäß viele Verbraucher sich durch eine
ihnen entgegengehaltene Klausel von vornherein von dem
Versuch abhalten lassen, die ihnen zustehenden Rechte durch-

zusetzen, hat der Gesetzgeber in §§ 13 ff. die Möglichkeit geschaffen, schon bereits im Vorfeld der gerichtlichen Auseinandersetzung eine unwirksam erscheinende Klausel zu überprüfen (BGH, NJW 1981, 867, 868). Das Transparenzgebot als Bestandteil von § 9 ist daher auch im → Verbandsverfahren nach §§ 13 ff. Prüfungsmaßstab (OLG Hamburg, ZIP 1990, 982 – nicht rechtskr. – = EWiR § 13 AGBG, 3/90, 945 – Niebling –, bestätigt durch BGH, ZIP 1991, 1474, BGH, BB 1996, 763, 764). Die → Schriftformklausel, Liefertermine und Lieferfristen seien *schriftlich anzugeben*, legt zumindest die Möglichkeit nahe, daß ein Käufer mit seinem Vorbringen, ihm sei mündlich ein Lieferzeitpunkt – verbindlich oder unverbindlich – zugesagt worden, von dem Verwender unter Hinweis auf diese Klausel zurückgewiesen wird (BGH, NJW 1982, 331, 333).

U

Überraschende Klauseln werden nicht Bestandteil der vertraglichen Regelung, sie sind daher für den Kunden nicht bindend. Überraschende Klauseln sind solche, die nach den Umständen, insbesondere nach dem äußeren Erscheinungsbild des Vertrages so ungewöhnlich sind, daß der Vertragspartner des Verwenders mit ihnen nicht zu rechnen braucht; so die Legaldefinition in § 3. Das Gesetz geht daher davon aus, daß sich das allgemeine Einverständnis des Kunden nach § 2 nicht auf überraschende Klauseln bezieht, und umgekehrt, daß ein vermutetes fehlendes Einverständnis des Kunden mit überraschenden Klauseln nicht der Einbeziehung der Vertragsklauseln im übrigen im Wege steht.

Die Anwendungsbereiche der §§ 3 und 9 lassen sich nicht immer eindeutig voneinander trennen. § 3 setzt eine inhaltliche Unangemessenheit – anders als § 9 – nicht voraus, wohingegen umgekehrt die Unbilligkeit einer Klausel nicht voraussetzt, daß diese auch überraschend ist. Gleichwohl können beide Voraussetzungen im Einzelfalle bejaht werden (BGH, NJW 1982, 765; BGH, NJW 1984, 171; BGH, NJW 1985, 53; BGH, NJW 1985, 970). Generell ist der Blickwinkel des § 3 ein anderer als der des § 9: Bei § 3 kommt es darauf an, ob eine Diskrepanz zwischen der Vertrauenserwartung des Kunden mit dem Vertragsinhalt besteht; bei § 9 darauf, wie die Diskrepanz zwischen der Klausel und dem vergleichbaren Gerechtigkeitsgehalt zu werten ist (BGH, NJW 1988, 1261; BGH, NJW 1986, 1805; BGH, NJW 1982, 2309; BGH, NJW 1984, 2100). Eine formularmäßige Zweckerklärung für Grundschulden kann daher mit Blick auf eine vorausgegangene mündliche Sicherungsabrede überraschend sein (BGH, NJW 1987, 1636). Auch kann die Zusicherung von Kilometerangaben als Eigenschaftszusicherung im Sinne der §§ 459, 463 BGB angesehen werden, so daß der formularmäßige Ausschluß solcher Zusicherungen schon nach § 3 nicht Vertragsbestandteil wird (OLG Hamm, BB 1983, 21). Zum Teil wird behauptet, § 3 besitze insbesondere da Bedeutung, wo § 8 die Inhaltskontrolle von Klauseln ausschließe (Kontrollfreiheit). Hierauf dürfte es zumeist jedoch nicht ankommen, da Preise und Leistungen zumeist Gegenstand von Individualabreden sind und ein Wegfall der kontrollfreien Klauseln zumeist dazu führen müßte, daß wegen Fehlens einer vertraglichen Einigung über die vertragswesentlichen Punkte ein Vertrag nicht wirksam zustande gekommen wäre. Dies wird jedoch häufig dem wahren Vertragswillen der Parteien widersprechen. Bei notariellen Verträgen wird die Belehrung durch den Notar zumeist dazu führen, daß Klauseln nicht mehr als überraschend angesehen werden können (BGH, NJW 1984, 171, 173). Behördlich genehmigte AGB sind nicht von vornherein aus dem Anwendungsbereich des § 3 herauszunehmen (BGH, VersR 1985, 129; BGH, VersR 1982, 482). Voraussetzung des § 3 ist, daß die Klausel nach den Umständen so ungewöhnlich ist, daß der Kunde mit ihr keinesfalls zu rechnen braucht. Der Klausel muß ein Überrumpelungs- oder Übertölpelungseffekt innewohnen (BGH, NJW 1986, 1805, 1806; BGH, NJW 1988, 558, 559; BGH, NJW 1989, 2255). Überraschend können Klauseln sein, die nach dem äußeren Erscheinungsbild des Vertrages an der vom Verwender gewählten Stelle nicht zu vermuten sind und auf die sich der Kunde vernünftigerweise nicht einzurichten braucht (BGH, NJW 1982, 2309; BGH, NJW 1986, 1805, 1806). Für die Frage, ob eine Klausel Vertragsbestandteil geworden ist, kommt es nach dem BGH, nicht auf den Kenntnisstand des einzelnen Erwerbers an, vielmehr entscheidet die Erkenntnismöglichkeit des Erwerberkreises, der für die Verträge als Partner in Betracht zu ziehen ist (BGH, NJW 1981,

117; BGH, NJW 1985, 805; BGH, NJW 1986, 1805, 1806; BGH, NJW 1989, 2255). Dies ist nicht unzweifelhaft, da für die Kenntnis des Kunden von der Klausel und den hierdurch entfallenden Überraschungsmoment auf den konkreten Kunden abgestellt wird. Eine generell überraschende Klausel kann daher Vertragsinhalt werden, wenn der Verwender auf diese besonders hinweist oder der Kunde die Klausel von sich aus zur Sprache bringt oder auch nur von der Klausel wußte. Ein Durchlesen reicht hierfür jedoch nicht aus (BGH, NJW 1978, 1519, 1520). Es würde daher an sich naheliegen, wenn auch für das Überraschungsmoment auf den konkreten Kunden abgestellt würde, und auf dessen typische Vertragserwartung. Sofern diese mit den Erwartungen des Erwerberkreises, der für derartige Verträge in Betracht kommt nicht übereinstimmt, sollte lediglich dem Kunden die Beweislast dafür aufgebürdet werden, daß die Klausel für ihn selbst angesichts der konkreten Vertragserwartungen überraschend war. Dieser Nachweis sollte den Kunden nicht von vornherein genommen werden (so der Sache nach auch BGH, NJW 1987, 1636; OLG Hamm, BB 1983, 21; Niebling, DAR 1981, 37). Die Kundenerwartung wird sich vielfach an individuellen Umständen beim Vertragsabschluß aufbauen, so daß der Verwender Anlaß gibt, mit bestimmten Klauseln nicht rechnen zu müssen, die der vom Verwendet aufgebauten Vertragserwartung widersprechen (BGH, NJW 1988, 1261, 1262; ausdrücklich auch BGH, NJW 1988, 558, 560). Die Vertragserwartungen werden daher nicht nur durch den Grad der Abweichung vom dispositiven Gesetzesrecht und der für den Geschäftskreis üblichen Gestaltung der AGB bestimmt (BGH, a. a. O.), sondern auch von dem Gang und dem Inhalt der Vertragsverhandlungen und dem äußeren Zuschnitt des Vertrages (BGH, a. a. O.). Stützt sich die enttäuschte Kundenerwartung gerade auf individuelle Umstände bei Vertragsschluß, so kommt es auf den Kenntnisstand des einzelnen Vertragspartners an (BGH, a. a. O.; BGH, NJW 1987, 2011).

Aus der Rechtsprechung zu § 3 sei auf folgende Entscheidungen hingewiesen: Eine Sicherungsvereinbarung, derzufolge die von einer BGB-Gesellschaft bestellten Grundschulden über die aus Anlaß ihrer Bestellung gewährten Kredite hinaus auch sonstige Darlehen an einzelne Gesellschafter sichern sollen, verstößt gegen § 3 (BGH, NJW 1988, 558). Eine Bestimmung in einem Grundstückserwerbsvertrag, wonach der Gesamterwerbspreis schon von einem Tage an verzinst werden soll, der mehrere Monate vor Vertragsschluß, also vor dem Zeitpunkt liegt, zu dem der Erwerbspreis frühestens fällig werden kann, ist zu ungewöhnlich, daß der Erwerber mit ihr nicht zu rechnen braucht. Sie wird daher nach § 3 nicht Vertragsbestandteil (BGH, NJW 1986, 1805). Gleiches gilt für eine Bierbezugsbindung bereits in einem Darlehensvorvertrag (BGH, NJW 1978, 1519), über „Aufschließungskosten" zusätzlich zum vereinbartem Pauschalpreis (BGH, NJW 1984, 171) → Subunternehmerverträge. Überraschend ist auch eine Ermächtigung zur Kreditaufnahme, wenn diese in einer Vollmacht enthaltene Klausel mit den mündlichen Verhandlungen nicht vereinbart werden kann (BGH, NJW 1987, 2011); die Abtretung des Prozeßkostenerstattungsanspruches an den Anwalt im Prozeßvollmachtsformular (OVG Münster, NJW 1987, 3029); wenn die kreditgebende Bank in einem Vordruck, den sie für die notarielle Beurkundung einer Sicherungsgrundschuld zur Verfügung stellt, den Kreditschuldner ein abstraktes Schuldversprechen oder Schuldanerkenntnis in Höhe des Grundschuldbetrages und die Erklärung abgeben läßt, sich wegen des Anspruches aus dieser Zahlungsverpflichtung der sofortigen Zwangsvollstreckung in sein gesamtes Vermögen zu unterwerfen (BGH, NJW 1987, 904). Ferner: zusätzlicher Wartungsvertrag beim Kauf einer Sache, etwa im Falle des Kaufs einer Blitzschutzanlage, Abnahmepflicht beim Kauf einer Kaffeemaschine, Erwerb der gemieteten Sache nach Ablauf der Mietzeit (DB 1974, Sonderbeilage 18, S. 8), die Klausel *vom Schadenstage an vermindert sich die Versicherungssumme um den Betrag der Entschädigung. Für spätere Versicherungsperioden gelten wieder die ursprüngliche Versicherungssumme und -prämie, wenn sich nicht aus den Umständen etwas anderes ergibt*, verstößt gegen § 3, da die Klausel vom gesetzlichen Leitbild, nach dem nur in ein- und derselben Sparte eine Verminderung der Versicherungssumme durch eine Schädigungsleistung eintreten kann, derart weit entfernt, daß sie für den Versicherungsnehmer überraschend im Sinne des § 3 ist. Der Versicherer muß daher auch über eine analoge Anwendung der §§ 95, 112 und 119 VVG hinweisen und belehren, wenn er den Überraschungscharakter vermeiden will (BGH, NJW 1985, 971); eine schuldrechtliche Ankaufsverpflichtung in einem Erbbaurechtsvertrag (BGH, NJW 1979, 2387), eine vorformulierte Erklärung des Kunden, Vollkaufmann zu sein (BGH, NJW 1982, 2309), Vereinbarung einer Unterstellgebühr von 195 DM in einem Kfz-Agenturvertrag (AG Lübeck, DAR 1982, 72), die Klausel, der Pauschalpreis gelte nur, wenn der Kunde das Haus weiterhin als Musterhaus zugänglich macht (OLG Nürnberg, MDR 1977, 137), die Klausel einer Haftpflichtversicherung für Abfindungserklärungen, wonach sich *der Verzicht des Geschädigten auf weitergehende Ansprüche nicht nur auf den Versicherungsnehmer und den Versicherer, sondern uneingeschränkt auf „jeden Dritten" erstreckt* (BGH, NJW 1985, 970). Festlegung des Arzthonorars von vornherein auf die Höchstsätze ohne Rücksicht auf den Schwierigkeitsgrad und die Besonderheiten des Einzelfalles (OLG Düsseldorf, VersR 1984, 370), die Klausel der Allgemeinen Versicherungsbedingungen für die Krankentagegeldversicherung, wonach bei Wegfall der Versicherungsfähigkeit (z. B. Arbeitslosigkeit infolge Konkurs des Arbeitgebers) der Versicherungsschutz nach spätestens drei Monaten endet, verstößt gegen § 3 (LG Bremen, NJW 1985, 868); eine Klausel in einem Arzt-Zusatzvertrag, *wonach die Leistungen auch von einem von dem leitenden Arzt im Einzelfall beauftragten Arzt der Abteilung erbracht werden können* (LG Fulda, NJW 1988, 1519). Bei *Anzeigenwiederholungsaufträgen* ist es auch im Verkehr mit gewerblichen Interessen überraschend, wenn bei den vom Verlag verwendeten Formularen lediglich in den rückseitig abgedruckten und in Bezug genommenen AGB eine automatische Vertragsverlängerung für den Fall nicht rechtzeitiger Kündigung geregelt ist, während auf der unterschriebenen Vorderseite in drucktechnisch hervorgehobener Form lediglich bestimmt ist, die Vertragsdauer betrage „jeweils 1 Jahr".

Folgende Klauseln wurden nicht als überraschend angesehen: Das in AGB eines Kfz-Händlers enthaltene *Verbot, die Vertragsrechte an Dritte abzutreten oder das gekaufte Neufahrzeug vor dessen Zulassung an einen Wiederverkäufer zu veräußern* (BGH, NJW 1981, 117; krit. Lindacher, JR 1981, 158; Niebling, DAR 1981, 37; von Westphalen, ZIP 1980, 984). Die uneingeschränkte Pflicht des Käufers zur Zulassung des verkauften Wagens auf den eigenen Namen mit dem Verbot, jeglicher Veräußerung an Dritte (und nicht nur an gewerbliche Wiederverkäufer) vor Erhalt des Fahrzeuges verstößt dagegen gegen § 9 (BGH, NJW 1982, 178). Kein Verstoß gegen § 3 liegt auch in der Urheberrechtsübertragung bei Schauspielergagenabrechnung (BGH, NJW 1984, 1112). Vollmachtsklauseln, wonach mehrere Grundstücks-Bruchteilseigentümer an diesem Grundstück zur Sicherung eines gemeinsam aufgenommenen Darlehens, für das sie gesamtschuldnerisch haften, eine Sicherungsgrundschuld bestellen und sich bevollmächtigen, gegenseitig Willenserklärungen mit Wirkung für die anderen abzugeben und entgegenzunehmen, sind einschränkend dahin auszulegen, daß sie jedenfalls keine Erklärungen decken, welche die Sicherungsabrede erweitern oder die Grundschuld von der Sicherungsabrede isolieren. Mit dieser Auslegung hält die Klausel jedoch § 3 stand (BGH, NJW 1988, 1375). Unbedenklich ist auch der Gewährleistungsausschluß durch den Leasinggeber unter Abtretung seiner eigenen gegen den Lieferanten bestehenden Gewährleistungsansprüche beim Finanzierungsleasing an den Leasingnehmer (BGH, NJW 1985, 1547). Regelmäßig liegt auch kein Verstoß gegen die §§ 3, 9 und 11 Nr. 15 vor, wenn die kreditgebende Bank in einem Vordruck, den sie für notarielle Beurkundung einer Sicherungsgrundschuld zur Verfügung stellt, den Kreditschuldner ein abstraktes Schuldversprechen oder Schuldanerkenntnis in Höhe des Grundschuldbetrages und die Erklärung abgeben läßt, sich wegen des Anspruches aus dieser Zahlungsverpflichtung *der sofortigen Zwangsvollstreckung in sein gesamtes Vermögen zu unterwerfen* (BGH, NJW 1987, 904). Die Klausel in Nr. 19 Abs. 2 der AGB-Banken, wonach die *irgendwie in ihren Besitz oder ihre Verfügungsgewalt gelangten oder noch gelangenden Sachen und Rechte des Kunden einschließlich seiner Ansprüche gegen sie selbst als Pfand für alle bestehenden und künftigen Ansprüche gegen den Kunden dienen* ist weder überraschend noch unangemessen, soweit sie zur Sicherung der gegenwärtigen Ansprüche einer Bank gegen einen Kunden Sachen und Rechte dieses Kunden erfaßt, die im Rahmen einer bankmäßigen Geschäftsverbindung in ihren Besitz oder ihre Verfügungsgewalt gelangt sind (BGH, NJW 1983, 2701).

Überweisungsformulare → Fakultativklausel

Umgehungsverbot. Das AGBG findet auch dann Anwendung, wenn seine Vorschriften durch eine anderweitige Gestaltung umgangen werden; § 7. Hiermit ist ein allgemeiner Grundsatz angesprochen, der etwa auch in § 6 des Abzahlungsgesetzes gesetzlich fixiert ist. In diesem Rahmen wird zumeist diskutiert, wann der → Leasingvertrag ein verdecktes Abzahlungsgeschäft ist. Praktisch wird ein Rückgriff auf § 7 jedoch nicht erforderlich sein, da vor Anwendung des § 7 die Grundsätze der Auslegung und Rechtsfindung (Analogie, u. a.) Vorrang haben. Eine Hinterlegungsklausel in einem Bauvertrag soll den Erwerber auf den umständlichen Weg verweisen, zur Durchsetzung aller Gewährleistungsansprüche auf Freigabe des hinterlegten Restbetrages zu klagen, anstatt sich gegenüber dem Vergütungsanspruch des Veräußerers auf Minderungs- und Leistungsverweigerungsrechte berufen zu können. Die Klausel läuft daher darauf hinaus, dem Erwerber das Leistungsverweigerungsrecht aus § 320 BGB zu nehmen oder einzuschränken. Der sechste Senat weist in diesem Zusammenhang auf § 7 hin (BGH, NJW 1985, 852). Ausreichend wäre hier jedoch auch die Auslegung des § 11 Nr. 2 a nach Sinn und Zweck.

Unbestrittene und rechtskräftig festgestellte Forderungen → Aufrechnungsverbot

Unklarheiten bei der Auslegung von AGB → Auslegung

Unmöglichkeit. Gegenüber Nichtkaufleuten sind Klauseln unwirksam, durch die für den Fall des Leistungsverzugs des Verwenders oder der von ihm zu vertretenen Unmöglichkeit der Leistung
a) das Recht des anderen Vertragsteils, sich vom Vertrag zu lösen, ausgeschlossen oder eingeschränkt wird oder
b) das Recht des anderen Vertragsteils, Schadensersatz zu verlangen, ausgeschlossen oder entgegen § 11 Nr. 7 (Haftung bei grobem Verschulden) eingeschränkt wird; § 11 Nr. 8.
Ebenfalls sind Klauseln unwirksam, die für den Fall des teilweisen Leistungsverzugs des Verwenders oder bei von ihm zu vertretender teilweiser Unmöglichkeit der Leistung das Recht der anderen Vertragspartei ausschließt, Schadensersatz wegen Nichterfüllung der ganzen Verbindlichkeit zu verlangen oder

von dem ganzen Vertrag zurückzutreten, wenn die teilweise Erfüllung des Vertrages für ihn kein Interesse hat; § 11 Nr. 9. Bei gegenseitigen Verträgen kann der Kunde dem Verwender nach § 326 BGB eine angemessene Frist zur Bewirkung der Leistung setzen, verbunden mit der Erklärung, daß die Leistung nach Fristablauf nicht mehr angenommen werde. Dem Kunden steht hiernach ein Wahlrecht zu zwischen Schadensersatz wegen Nichterfüllung und Rücktritt. → Recht sich vom Vertrag zu lösen → Teillieferungen

Unterlassungsanspruch → Verbandsverfahren

Unterrichtsverträge. Im Rahmen der Unterrichtsverträge müssen zwei Typen auseinandergehalten werden: der Direktunterricht (z. B. Internat, Tagesschule, Erwachsenenbildung, Musikschule, Fahrschule, etc.) und der Fernunterricht. Für letzteren besteht eine spezielle Gesetzesgrundlage, das Fernunterrichtsschutzgesetz. Dieses Gesetz ist auf Direktunterrichtsverträge nicht anzuwenden (BGH, NJW 1984, 1531, 1532; BGH, NJW 1985, 2585, 2586). Weder für den Direkt-, noch für den Fernunterricht greifen die Regeln des Abzahlungsgesetzes ein, da das Abzahlungsgesetz auf Dienstverträge nicht anwendbar ist.

Im Rahmen von Fernunterrichtsverträgen ist das Maß der Vorauszahlung der Unterrichtsvergütung auf das Entgelt für drei Monate beschränkt (§ 2 Abs. 2 FernUSG). Nach § 9 dürfte dies auch die Grenze sein, um im Rahmen von Direktunterrichtsverträgen Vorauszahlungen formularmäßig zu vereinbaren (strittig). Klauseln, die es ermöglichen, über die Abwälzung der Kostensteigerung hinaus den vereinbarten Preis ohne jede Begrenzung einseitig anzuheben (Preisänderungsvorbehalte), verstoßen in jedem Fall entgegen § 9 (BGH, NJW 1985, 855, 856), für die Kündigungsmöglichkeit formularmäßig abgeschlossener Internatsverträge gilt folgendes: § 5 FernUSG sieht zwar für den Schüler eine unabdingbare Kündigungsmöglichkeit vor. Diese Bestimmung ist auf Direktunterrichtsverträge jedoch weder unmittelbar noch entsprechend anwendbar (BGH, NJW 1984, 1531; BGH, NJW 1985, 2585). Eine allgemeine Regel für angemessene Laufzeit, die an der Generalklausel des § 9 zu messen ist, läßt sich hier nicht festlegen (BGH,

a. a. O.). Eine Kündigungsmöglichkeit nach § 627 (die grundsätzlich nicht abdingbar wäre) besteht nicht, da der Verpflichtete in einem dauernden Dienstverhältnis mit festen Bezügen steht. Ein dauerndes Dienstverhältnis, was die Anwendbarkeit des § 627 BGB ausschließt, kann bereits durch einen auf ein Jahr abgeschlossenen Dienstvertrag begründet werden, wenn es sich um die Verpflichtung für ständige und langfristige Aufgaben handelt und beide Vertragsteile von der Möglichkeit und Zweckmäßigkeit einer Verlängerung ausgehen (BGH, a. a. O., S. 1531; a. a. O., S. 2585). Ein Recht zur außerordentlichen Kündigung besteht jedoch nach § 626 BGB, sofern ein wichtiger Grund zur vorzeitigen Vertragskündigung besteht. Hierbei können jedoch keine Gründe geltend gemacht werden, die im Risikobereich des Kündigenden liegen (BGH, a. a. O., S. 2586). Insbesondere zählt die Fehleinschätzung der Fähigkeiten und die Bereitschaft des Schülers, die Trennung vom Elternhaus zu bewältigen und sich in die Internatsgemeinschaft einzufügen, zu dem Verantwortungsbereich der Eltern (BGH, a. a. O., S. 2586). Eine formularmäßige Beschränkung der Kündigungsmöglichkeit auf das Schuljahresende verstößt jedoch gegen § 9 (BGH, a. a. O., S. 2586). Wesentlicher Grund hierfür ist, daß sich gerade in dieser Zeit herausstellen soll, ob das Kind die Anforderungen und die Umstellung verkraftet. Fehlt eine Regelung zur Vertragsbeendigung im ersten Jahr, so ist nach dem BGH, eine → ergänzende Vertragsauslegung durchzuführen mit der Folge, daß im ersten Jahr der Vertragsbindung ein zusätzliches ordentliches Kündigungsrecht der Vertragspartner des Schul- und Internatsvertrages zuzulassen ist, nach einem Zeitraum, der lang genug ist, um verfrühtes Resignieren des Kindes, andererseits aber auch voreiliges elterliches Nachgeben zu verhindern (BGH, a. a. O., S. 2587). Demgemäß ist auch eine unwirksame Kündigungsregelung zu ersetzen. Bei Fitnessverträgen ist eine Vertragsbindung von 18 Monaten jedenfalls unwirksam; auch hier ist dem Kursteilnehmer eine Probezeit zuzubilligen, die maximal bei sechs Monaten liegen sollte (vgl. LG Frankfurt, NJW 1985, 1717; AG Dülmen, NJW 1985, 1718; a. A. LG Hamburg, NJW 1986, 282).

Urheberrecht. Im Rahmen der Überprüfung sogenannter „Honorarbedingungen für freie Mitarbeiter" hatte der BGH auch einige urheberrechtlich relevante Bestimmungen (z. B. die Übertragung auch des Vertonungsrechts, die Höhe der Rufentschädigung nach § 41 Abs. 6 UrhG) festgestellt, im übrigen jedoch – zu Unrecht – eine Vielzahl von Bedingungen gebilligt (BGH, AGBE III, § 9; Nr. 93; zu Recht krit. Ulmer/Brandner, Anh. §§ 9 bis 11, Rdnr. 767).

Urteilsformel. § 17 enthält zusätzliche Anforderungen an die Urteilsformel: Ist die im Wege des Verbandsverfahrens erhobene Klage begründet, so enthält die Urteilsformel auch die beanstandeten Bestimmungen der AGB im Wortlaut, die Bezeichnung der Art der Rechtsgeschäfte, für die die den Unterlassungsanspruch begründenden Bestimmungen der AGB nicht verwendet werden dürfen, das Gebot, die Verwendung inhaltsgleicher Bestimmungen in AGB zu untersagen, sowie für den Fall der Verurteilung zum Widerruf, das Gebot, das Urteil in gleicher Weise bekanntzugeben wie die Empfehlung verbreitet wurde; § 17. Hierdurch soll gewährleistet werden, daß nach Durchführung eines Verbandsverfahrens keine Zweifel mehr auftreten, über welchen Streitgegenstand entschieden wurde und was der Verwender zu unterlassen oder zu widerrufen hat. Ein Klagantrag wie auch eine Urteilsformel könnten daher wie folgt lauten: *Dem Beklagten wird untersagt, bei Meidung eines Ordnungsgeldes bis zu 500 000 DM, ersatzweise von Ordnungshaft bis zu sechs Monaten, letztere zu vollstrecken an ihren Vorstandsmitgliedern, oder von Ordnungshaft bis zu sechs Monaten folgende Bestimmung(en) (in Allgemeinen Geschäftsbedingungen) in Bezug auf Verträge über . . . – ausgenommen gegenüber einem Kaufmann im Rahmen seines Handelsgeschäftes, einer juristischen Person des öffentlichen Rechts oder einem öffentlich-rechtlichen Sondervermögen – wörtlich oder inhaltsgleich zu verwenden oder sich in der Geschäftsabwicklung auf die Bestimmung(en) zu berufen: . . .* Der klagebefugte Verband kann auch verlangen und beantragen, daß sich das Verwendungsverbot auch auf die Abwicklung schon früher abgeschlossener Verträge erstreckt (BGH, NJW 1981, 1511; Löwe, § 17, Rdnr. 33).

Urteilswirkungen. Handelt der verurteilte Verwender dem Unterlassungsgebot des Urteiles zuwider, so kann sich der betroffene Verbraucher auf die Wirkung dieses Unterlassungsurteiles berufen; § 21 S. 1. Diese Einrede des Kunden ist jedoch nicht möglich, wenn der Verwender gegen das Urteil Vollstreckungsgegenklage nach § 19 erheben könnte. Insoweit können sich die nach §§ 19 und 20 möglichen Nachfragen beim Bundeskartellamt empfehlen. Es handelt sich hier der Sache nach um eine Rechtskrafterstreckung, die lediglich auf Einrede zu beachten ist (Löwe, § 21, Rdnr. 10).

V

VDA-Bedingungen. Der Verband der Automobilindustrie e. V. (VDA) hat seinen Mitgliedern verschiedene Konditionenempfehlungen im Sinne von § 38 GWB unterbreitet: So die Einkaufsbedingungen vom 3. 9. 1982 (Stand: 15. 8. 1995). Hierdurch wird das Rechtsverhältnis zwischen Automobilherstellern und deren Zulieferern geregelt. Bedenklich, aber wohl noch zulässig, ist hierin insbesondere der Verzicht auf die Durchführung einer nach § 377 Abs. 1 HGB erforderlichen unverzüglichen Eingangskontrolle. Darüber hinaus ist auf die Leasingbedingungen (Stand: 28. 11. 1994) sowie die Neuwagenverkaufsbedingungen (Stand: 1. 7. 1991) hinzuweisen. **Lit.:** Löwe/Graf von Westphalen, Bd. III, Nr. 58.1.

VDMA-Bedingungen. Die Allgemeinen Bedingungen für Lieferung von Maschinen für Inlandsgeschäfte, ebenfalls eine Konditionenempfehlung nach § 38 Abs. 2 GWB, werden in zwei Fassungen verwendet: Die LI-K nur gegenüber Kaufleuten und den in § 24 S. 1 Genannten; die LI-NK dagegen auch gegenüber Nichtkaufleuten. Grundlegend: BGH BB 1996, 654 und 656. **Lit.:** Löwe/Graf von Westphalen, Bd. III, Nr. 58.2 und 58.3.

Veräußerungsverbot → Neuwagen-AGB

Verbandsverfahren. Das Verbandsverfahren ist ein wesentliches Kernstück des AGBG, womit die Effektivität und Breitenwirkung einer Inhaltskontrolle unterstrichen werden soll. Schutzobjekt im Verfahren nach § 13 f. ist daher nicht der einzelne, von einer möglicherweise unzulässigen Klausel betroffene Verbraucher, sondern der Rechtsverkehr, der allgemein von der Verwendung unzulässiger Klauseln freigehalten werden soll (BGH, NJW 1983, 1853). Das Verbandsverfahren dient daher auch dazu, den Verwender zu einer eindeutigen und im gesamten Regelungsbereich wirksamen Klausel anzuhalten, und durch die Klauselfassung der Gefahr vorzubeugen, daß der Kunde von der Durchsetzung bestehender Rechte abgehalten wird (BGH, NJW 1988, 1726, 1728). Es kommt daher auch nicht darauf an, ob eine Klausel im Individualverfahren gegen § 4 (Vorrang der Individualabrede) verstößt, vielmehr ist dem Unterlassungsprozeß die wirksame Vereinbarung einer Klausel zu unterstellen, weil andernfalls der Rechtsverkehr, der von der Verwendung unzulässiger Klauseln freigehalten werden soll, zu der unrichtigen Annahme gelangen könnte, die verwendete Klausel sei grundsätzlich zulässig. Auch dies will das Verfahren nach §§ 13 f. verhindern (BGH, NJW 1985, 320, 321 → Schriftformklauseln). Das Verbandsverfahren kennt den Unterlassungsanspruch (im Falle der Verwendung oder Empfehlung für den rechtsgeschäftlichen Verkehr) oder den Widerrufsanspruch (im Falle des Empfehlens unwirksamer Klauseln) (Urteilsformeln). Ein Verwenden in diesem Sinne liegt auch dann vor, wenn die Klausel mit Verwendungsabsicht in den rechtsgeschäftlichen Verkehr gebracht werden soll (Löwe, § 13, Rdnr. 5). Auch Vermittler und Vertreter können als Verwender im Sinne des § 13 anzusehen sein, wenn sie ein eigenes wirtschaftliches Interesse an der Verwendung der konkreten AGB haben (Löwe, a. a. O., Rdnr. 5). Eine Empfehlung für den rechtsgeschäftlichen Verkehr liegt dann vor, wenn AGB gegenüber mindestens zwei Personen für den rechtsgeschäftlichen Verkehr anempfohlen werden sollen und sei es auch, daß dies durch eine Behörde geschieht. Ein ausdrückliches Empfehlen ist nicht erforderlich, insbesondere reicht die Vertreibung von AGB-Formularen oder Abreißblocks. Empfehler kann hier der Verfasser, der Verleger oder ein Vertriebsunternehmen sein (Löwe, a. a. O., Rdnr. 7). Dagegen sind wissenschaftliche Meinungsäußerungen zu Gestaltungsfragen nicht als Empfehlung anzusehen (Löwe, a. a. O.). Der Rechtsanwalt oder Notar wird in der Regel nicht als Empfehler anzusehen sein, weil den Mandanten die verwendeten Formulare nicht für die eigene Verwendung anempfohlen werden und die Mandanten selbst nur einen Vertrag abzuwickeln beabsichtigen. Anders nur dann, wenn eine Verwendung als AGB, das heißt für mindestens zwei bis drei Fälle gleichartigen Gebrauches, von einem Rechtsanwalt oder Notar anempfohlen wird (str., vgl. Löwe, § 13, Rdnr. 41). Bei der Prüfung der Wirksamkeit von AGB im Verbandsverfahren ist von der kundenfeindlichsten Auslegung auszugehen (BGH, NJW 1983, 1671; BGH, NJW 1988, 1726; BGH, NJW 1989, 2750). Der auf Unterlassung der Verwendung unwirksamer Allgemeiner Geschäftsbedingungen gerichtete Anspruch aus § 13 AGBG ist materiellrechtlicher Natur im Sinne der Verjährungsvorschrift des § 194 I BGB (BGH, NJW-RR 1990, 886).

Der Wortlaut, der einen Verstoß gegen die §§ 9 bis 11 voraussetzt, ist zu eng. Das Unterlassungsverfahren greift daher auch ein, wenn Klauseln gegen ein gesetzliches Verbot oder Formvorschriften verstoßen (Löwe, a. a. O., Rdnr. 20 f.). Verstöße gegen die §§ 2 bis 5 können im Verbandsverfahren gerügt werden, wenn sie bei abstrakter Betrachtung so gefaßt sind, daß hiermit generell gegen das AGBG verstoßen wird (OLG Stuttgart, NJW 1981, 1106; OLG Hamm, NJW-RR 1986, 930; a. A. BGH, LM, AGBG, § 9 (C b), Nr. 5; BGH, NJW-RR 1987, 45). Auch kann im Verbandsverfahren verlangt werden, daß sich der Verwender auch bei der Abwicklung bereits abgeschlossener Verträge nicht mehr auf die unwirksame Klausel beruft (BGH, NJW 1981, 1511). Der mit § 21 verfolgte Zweck, widerspruchsvolle gerichtliche Entscheidungen über die Unwirksamkeit einer Klausel zu vermeiden würde nur unzulänglich erreicht, wenn die Bindung des im Individualrechtsstreit entscheidenden Gerichts an ein im Verfahren nach §§ 13 f. erlassenes Urteil diejenigen Fälle nicht erfassen würde, in denen der Verwender sich in einem vor Erlaß des Urteils abgeschlossenen Vertrag auf eine unwirksame Klausel beruft (BGH, a. a. O., S. 1512). Die für das Unterlassungsverfahren im Rahmen der Begründetheit erforderliche Wiederholungsgefahr wird nicht dadurch ausgeräumt, daß der Verwender zusagt, die unwirksame Klausel nicht mehr verwenden zu wollen (BGH, WM 1983, 596). Gibt der Verwender eine Unterlassungserklärung nur ab unter dem Vorbehalt einer sog. Aufbrauchfrist, so wird hierdurch die Wiederholungsgefahr nicht beseitigt (BGH, NJW 1982, 2311). Ein Vertragsstrafenversprechen des Verwenders ist jedoch nicht in jedem Einzelfalle erforderlich (BGH, NJW 1981, 2412; BGH, NJW 1982, 2311, 2312). Die Vereinbarung einer überhöhten Vertragsstrafe für den Fall der Weiterverwendung läßt die grundsätzliche Pflicht des Verwenders unberührt, seinerseits das Erforderliche zur Beseitigung der Wiederholungsgefahr zu tun. Dies bedeutet, daß er die Verpflichtungserklärung mit einer angemessenen Vertragsstrafe anzunehmen hat (BGH, NJW 1983, 941, 942). Der Widerrufsanspruch setzt dagegen einen fortdauernden Störungszustand voraus (Löwe, a. a. O., Rdnr. 46). Dieser kann ausnahmsweise entfallen, wenn der Empfehler von seiner früheren Erklärung unzweideutig abgerückt ist und dies verlautbart hat, etwa durch Schreiben an Verbandsmitglieder, durch Veröffentlichungen in Zeitungen u. a. Im Unterlassungsverfahren sind nur bestimmte Verbände klagebefugt. Der Vertragspartner des Verwenders ist daher im Verbandsverfahren nicht klagebefugt. Für den Mitbewerber kann sich jedoch eine Klagebefugnis aus § 1 UWG ergeben (OLG Stuttgart, BB 1987, 2394). Unter Umständen hat auch der Kunde ein Feststellungsinteresse an der Unwirksamkeit von Einzelklauseln, so daß dieser im Individualverfahren auf Feststellung der Unwirksamkeit einer Klausel klagen kann (OLG Karlsruhe, AGBE I, § 9, Nr. 171). Nach § 13 sind klagebefugt bestimmte → Verbraucherverbände, Verbände zur Förderung gewerblicher Interessen (einschließlich der öffentlich-rechtlichen Verbände wie Architektenkammern, Innungen und Rechtsanwalt-/Ärztekammern) (BGH, NJW 1981, 2351 zu einer Architektenkammer → Wirtschaftsverbände) sowie → Industrie-, → Handels- und → Handwerkskammern. Hat ein Verwender gegenüber einem Verband bereits die strafbewährte Unterlassungsverpflichtung abgegeben, so hat ein anderer Verband jedoch keinen Anspruch auf eine weitere, ihm gegenüber abzugebende Unterwerfungserklärung (BGH, NJW 1983, 1060).

Unterlassungs- und Widerrufsansprüche nach § 13 verjähren in zwei Jahren, von dem Zeitpunkt an, in welchem der Anspruchsberechtigte von der Verwendung oder Empfehlung der unwirksamen Klausel Kenntnis erlangt hat; ohne Rücksicht auf diese Klausel in vier Jahren von der jeweiligen Verwendung oder Empfehlung an; § 13 Abs. 4. Hierdurch werden die Rechte des Kunden bei Verwendung unwirksamer Klauseln seines Vertragspartners nicht berührt. Für Zuständigkeit der Klagen im

Verbandsverfahren gilt § 14, wonach in der Regel das Landgericht, in dessen Bezirk der Verwender seine gewerbliche Niederlassung, in Ermangelung einer solchen seinem Wohnsitz hat, zuständig ist. In Bayern ist das Landgericht München I für den OLG-Bezirk München, das Landgericht Nürnberg für den OLG-Bezirk Nürnberg/Fürth, und das Landgericht Bamberg für den OLG-Bezirk Bamberg zuständig. In Hessen ist ausschließlich zuständig das Landgericht Frankfurt/Main. In Nordrhein-Westfalen das Landgericht Düsseldorf für den OLG-Bezirk Düsseldorf, das Landgericht Dortmund für den OLG-Bezirk Hamm und das Landgericht Köln für den OLG-Bezirk Köln (Ulmer/Hensen, § 14, Rdnr. 11). Der Klagantrag muß sowohl die AGB im Wortlaut, wie auch die Art der Rechtsgeschäfte bezeichnen, für die die Bestimmung beanstandet wird; § 15 (Urteilsformeln). Vor Erhebung der Klage empfiehlt es sich, den Verwender abzumahnen, da der klagende Verband anderenfalls Gefahr läuft, durch sofortiges Anerkenntnis des Verwenders in die Kosten des Rechtsstreites verurteilt zu werden; § 93 ZPO. Die Kosten einer Abmahnung hat der Verwender nach den Grundsätzen der Geschäftsführung ohne Auftrag (§ 670 BGB) zu tragen; Anwaltskosten jedoch dann nicht, wenn wegen der Schwierigkeit der Sache die Beauftragung eines Anwaltes nicht erforderlich war (BGH, NJW 1984, 2525). Eine einstweilige Verfügung ist beim Bestehen eines Verfügungsanspruches und eines Verfügungsgrundes zulässig (Löwe, § 15, Rdnr. 19 f.). Die Dringlichkeit des Antrags wird jedoch, anders als im Wettbewerbsrecht, nicht vermutet, muß also eigens glaubhaft gemacht werden (OLG Frankfurt/M., NJW 1989, 1489; OLG Düsseldorf, NJW 1989, 1487). Je nach Gegenstand der Klage sieht § 16 eine → Anhörung im Verbandsverfahren bestimmter Behörden vor. Wird der Klage stattgegeben, so kann dem Kläger auf Antrag die Befugnis zugesprochen werden, die Urteilsformel mit der Bezeichnung des verurteilten Verwenders oder Empfehlers auf Kosten des Beklagten im Bundesanzeiger, im übrigen auf eigene Kosten bekanntzumachen. Jedes Gericht kann diese Befugnis zeitlich begrenzen; § 18. Dieser Antrag des klagenden Verbandes muß vor Schluß der mündlichen Verhandlung gestellt werden (Löwe, § 18, Rdnr. 6). → Streitwert → Urteilswirkungen → Urteilsformeln → Verbraucherverbände → Empfehler. **Lit.:** Schmidt ZIP 1991, 629.

Verbraucherverbände

Verbraucherverbände. Im → Verbandsverfahren sind Verbraucherverbände nach § 13 Abs. 2 Nr. 1 klagebefugt. Voraussetzung ist ihre Rechtsfähigkeit, die nach § 21 BGB durch Eintragung in das Vereinsregister des zuständigen Amtsgerichts erworben wird. Die Verbraucherinteressen muß der Verband durch Aufklärung und Beratung wahrnehmen, es reicht nicht, daß der Verband nur aufklärt oder nur berät. Dieser Schutz der Verbraucherinteressen muß auch der Hauptzweck sein (Löwe, § 13, Rdnr. 70). Es ist nicht ausreichend, wenn Aufklärung und Beratung satzungsgemäß zu den Aufgaben zählt, vielmehr müssen diese Interessen tatsächlich wahrgenommen werden (BGH, NJW 1986, 1613). Der ADAC ist als Verbraucherverband in diesem Sinne anerkannt (BGH, BB 1988, 1908, zu § 13 Abs. 2 Nr. 3 UWG). Der Umstand, daß der ADAC verschiedene Beteiligungsgesellschaften gegründet hat, macht diesen noch nicht zu einem (auch) der Förderung gewerblicher Interessen dienender Verband (BGH, a. a. O.). Das Gericht prüft von Amts wegen, ob der Verband klageberechtigt ist (Löwe, a. a. O., Rdnr. 63). Als Beispiel von Verbraucherschutzverbänden in diesem Sinne soll auf die folgenden hingewiesen werden:

Arbeitsgemeinschaft der Verbraucher e. V. (AGV), Heilsbachstraße 20, 53123 Bonn ;
Verbraucherschutzverein e. V.(VSV), Lützowplatz 11–13, 10785 Berlin ;
folgende Verbraucherzentralen e. V. der Bundesländer:
Baden-Württemberg, Paulinenstraße 47, 70178 Stuttgart;
Bayern, Mozartstraße 9, 80336 München;
Berlin, Bayreuther Straße 40, 10787 Berlin;
Brandenburg, Hegelallee 6–8, Haus 9, 14467 Potsdam;
Bremen, Obernstraße 38–42, 28195 Bremen;
Hamburg, Große Bleichen 23–27, 20354 Hamburg;
Hessen, Berliner Straße 27, 60311 Frankfurt/Main;
Mecklenburg-Vorpommern, Strandstraße 98, 18055 Rostock;
Niedersachsen, Herrenstraße 14, 30159 Hannover;
Nordrhein-Westfalen, Mintropstraße 27, 40215 Düsseldorf;
Rheinland-Pfalz, Große Langgasse 16, 55116 Mainz;
Saarland, Hohenzollernstraße 11, 66117 Saarbrücken;
Sachsen, Burgstraße 2, 04109 Leipzig;
Sachsen-Anhalt, Am Steintor 14–15, 06112 Halle;

Vergütung der Nutzung bei Vertragsbeendigung

Schleswig-Holstein, Bergstraße 24, 24103 Kiel;
Thüringen, Wilhelm-Külz-Straße 26, 99084 Erfurt.

Verdingungsordnung für Bauleistungen → VOB

Verdingungsordnung für Computerleistungen → VOC

Verfallklauseln liegen vor, wenn unter bestimmten aufgeführten Umständen der Kunde seiner Rechte unmittelbar verlustig gehen soll oder dieser verpflichtet wird, seine Rechte zu übertragen oder auf diese zu verzichten. So sind im → Leasingvertrag Klauseln unwirksam, wonach der Leasinggeber bei fristloser Kündigung wegen Zahlungsverzuges des Leasingnehmers berechtigt ist, die Leasingsache zurückzunehmen und sofort alle künftigen Leasingraten zu fordern. Hiermit wird gegen das Äquivalenzprinzip unter Nichtberücksichtigung der Vorteilsausgleichung verstoßen (BGH, NJW 1982, 870), wobei die Unwirksamkeit auch dann besteht, wenn der Leasingnehmer bei sofortiger Zahlung aller rückständigen und künftigen Raten die Sache wiedererlangt (BGH, a. a. O.).

Vergütung der Nutzung bei Vertragsbeendigung. Eine Bestimmung, nach der Verwender für den Fall, daß eine Vertragspartei vom Vertrage zurücktritt oder den Vertrag kündigt, eine unangemessen hohe Vergütung für die Nutzung oder den Gebrauch einer Sache oder eines Rechtes oder für erbrachte Leistungen oder einen unangemessen hohen Ersatz von Aufwendungen verlangen kann, verstößt gegen § 10 Nr. 7. Hierunter fallen auch die Ansprüche nach §§ 628, 649 (BGH, NJW 1983, 1492; BGH, NJW 1985, 632), aus § 645 BGB (BGH, NJW 1985, 633), sowie aus § 651 i Abs. 2, soweit der Anspruch nicht als Schadensersatzanspruch ausgestaltet ist (LG Hannover, NJW-RR 1987, 1079; a. A. LG Braunschweig, NJW-RR 1986, 144). Man wird diese Bestimmung auf alle Entgeltsansprüche anwenden müssen, die dem Verwender kraft Gesetzes oder nach den vertraglichen Vereinbarungen bei vorzeitiger Beendigung des Vertrages zustehen (LG Köln, NJW-RR 1987, 1531). Ausgenommen sind Schadensersatzansprüche und → Vertragsstrafen sowie → Verfallklauseln, für die § 11 Nr. 5 und 6 gelten (OLG Köln, NJW-RR 1986, 1435). Ob eine Pauschale unangemessen hoch ist, beurteilt sich nicht nach den konkreten Umständen des Einzelfalles, sondern nach der typischen Sachlage (BGH, NJW 1983, 1492). § 11 Nr. 5 b gilt wegen der vergleichbaren Interessenlage entsprechend bei den Abwicklungsregelungen des § 10 Nr. 7 (BGH, NJW 1985, 632). Damit darf sich aus der gewählten Formulierung nicht ergeben, daß der Gegenbeweis ausgeschlossen sein soll. Eine Klausel, wonach im Kündigungsfalle „mindestens 18% des Gesamtkaufpreises" zu zahlen sind, wird dem nicht gerecht und schließt jede Verteidigung gegen den geltend gemachten Zahlungsanspruch aus. Sie verstößt daher gegen § 10 Nr. 7 (BGH, a. a. O.). Unwirksam ist beispielsweise die Aufrechterhaltung der vollen Zahlungsverpflichtung bei vorzeitiger Beendigung eines → Partnerschaftsvertrages (BGHZ 87, 319; OLG Hamm, NJW-RR 1987, 244). Gleiches gilt für den Fall des Rücktrittes von der Flugreise (BGH, NJW 1985, 633) und der Vergütung im Rahmen eines Agenturvertrages (OLG Koblenz, NJW 1987, 74). Wirksam ist dagegen eine Klausel, wonach 5% der Auftragssumme bei Kündigung eines Bauvertrages vor Baubeginn zu zahlen ist (BGHZ 87, 120), 18% dürften dagegen zu hoch liegen (offenlassend BGH, NJW 1985, 632). Eine Bearbeitungsgebühr von 3% bei Nichtabnahme eines Darlehens ist unwirksam (OLG Hamm, NJW 1983, 1503). Im Prozeß muß der Verwender die Bemessungsgrundlage der Pauschale, die Üblichkeit sowie dessen Kalkulation im einzelnen darlegen und im Bestreitensfalle beweisen. Dem Kunden steht der Gegenbeweis offen, daß im konkreten Fall der Schaden geringer ist als die verlangte Pauschale. § 10 Nr. 7 gilt im wesentlichen auch für den kaufmännischen Geschäftsverkehr gem. §§ 9, 24 S. 2 (Löwe, a. a. O., Rdnr. 14).

Verjährung. Die Verjährung hat den Zweck, dem Rechtsfrieden und der Sicherheit des Rechtsverkehrs dadurch zu dienen, daß die Anspruchsberechtigten genötigt werden, ihre Ansprüche alsbald geltend zu machen, weil nach Ablauf der Verjährungsfrist die Möglichkeit ihrer gerichtlichen Durchsetzbarkeit entfällt, wenn der Anspruchsgegner sich auf Verjährung beruft. Die Vorschriften über die Verjährung enthalten deshalb nicht nur reine Zweckmäßigkeitserwägungen des Gesetzgebers, sondern weisen einen hohen Gerechtigkeitsgehalt auf, der im Rahmen der Prüfung des § 9 Abs. 2 Nr. 1 zu beachten ist. Mit diesen

Grundsätzen ist es unvereinbar, den Eintritt der Fälligkeit eines Anspruchs in das Ermessen eines Vertragspartners zu stellen und auf diese Weise die Verjährung hinauszuschieben (BGH, NJW 1986, 1608). Eine Klausel in den Allgemeinen Vertragsbedingungen von Automietverträgen, wonach Schadensersatzansprüche des Vermieters gegen den Mieter (in Fällen, in denen der Unfall polizeilich aufgenommen wurde) erst dann fällig werden und damit dem Ablauf der Verjährung unterliegen, wenn der Vermieter Gelegenheit hatte, die Ermittlungsakte einzusehen, verstößt daher gegen § 9 AGBG (OLG Karlsruhe, VersR 1989, 966; s. a. → Gewährleistung).

Eine Verlängerung der Verjährungsfrist in Einkaufsbedingungen von sechs Monaten auf drei Jahre verstößt i. d. R. gegen § 9 (BGH, NJW 1990, 2065). **Lit.:** Schmid, DB 1990, 617.

Verkürzung der Gewährleistungsfristen → Gewährleistung

Veröffentlichungsbefugnis → Verbandsverfahren

Verpackungs- und Transportkosten. Klauseln, wonach der Kunde die Kosten der Verpackung sowie des Transportes zu tragen hat, sind weit verbreitet. Kraft Gesetzes ist der Verkäufer verpflichtet, die Ware so zu verpacken, daß sie nicht geschädigt wird (BGH, BB 1983, 1690). Für die Transportkosten greift § 448 BGB ein, wonach die Kosten der Versendung der Ware an einen anderen Ort als den Erfüllungsort dem Käufer zur Last fallen. Hierunter fallen die Transportkosten, nicht aber die Kosten der Transportversicherung. Für den Fall der Versendung an den Erfüllungsort (etwa bei einer Bringschuld der Ort, an dem die Sache zu übergeben ist), sind die Verpackungskosten vom Käufer zu tragen; § 448 BGB. Die Überbürdung dieser Kosten auf den Käufer verstößt in der Regel weder gegen § 9 noch gegen § 11 Nr. 1, möglicherweise jedoch gegen § 4 → Vorrang der Individualabrede. Hiervon zu trennen sind Klauseln über den Gefahrübergang. So etwa die Klausel, daß der Gefahrübergang ab Werk erfolge, wenn die Ware mit eigenem Fahrzeug des Verwenders zum Kunden verbracht werde. Dies verstößt gegen § 9 Abs. 2 Nr. 1 in Verbindung mit § 269 BGB (Löwe/Graf von Westphalen, Bd. III, Nr. 21.2, Rdnr. 7). Eine Klausel, wonach dem Kunden die Kosten einer Transportversicherung in Rechnung gestellt werden, übergeht die freie Entscheidung des Kunden eine solche abzuschließen und ist daher nach § 9 unwirksam.

Versicherungsverträge. Die Versicherungswirtschaft gehört historisch betrachtet zu den ersten Verwendern von Allgemeinen Geschäftsbedingungen (Wolf, Einleitung, Rdnr. 1). Eine Vielzahl verschiedener Bedingungswerke haben sich zwischenzeitlich entwickelt, etwa die Allgemeinen Rechtsschutzbedingungen, die Allgemeinen Versicherungsbedingungen für die Haftpflichtversicherung, die besonderen Bedingungen und Risikobeschreibungen für die Privathaftpflichtversicherung, die Bedingungen der Transportversicherung, die Allgemeinen Versicherungsbedingungen der Kapitalversicherung auf den Todesfall, und die Allgemeinen Bedingungen für die Kraftfahrtversicherung, die freilich wegen der Allgemeinverbindlicherklärung nach § 4 Abs. 1 S. 1 PflVersG eine Sonderstellung einnehmen. Die AGB-Charakter der Allgemeinen Versicherungsbedingungen (AVB) ist nicht mehr streitig (BGH, VersR 1982, 482, 483). Zur Begründung ist auf § 23 Abs. 3 zu verweisen, wonach ein Versicherungsvertrag den von der zuständigen Behörde genehmigten AGB der Versicherer auch dann unterliegt, wenn die in § 2 Abs. 1 Nr. 1 und 2 bezeichneten Erfordernisse nicht eingehalten sind. § 2 Abs. 2 bleibt dagegen unberührt. Deklaratorische AVB (deklaratorische Klauseln) unterliegen nicht der Inhaltskontrolle und sind richtigerweise auch nicht als AGB anzusehen. Solche deklaratorische AVB liegt jedoch nur vor, wenn die gleiche Rechtslage bereits kraft Gesetzes besteht.

Verlängerungsklauseln können nicht als deklaratorische Klauseln angesehen werden, da die Verlängerung des Versicherungsverhältnisses nach § 8 VVG nicht kraft Gesetzes eintritt (a. A. Schirmer/Martin, Symposion, 80 Jahre VVG, S. 296). Dagegen ist bei einem Versicherungsverhältnis auf unbestimmte Zeit eine Klausel, wonach das Versicherungsverhältnis von beiden Teilen nur für den Schluß der laufenden Versicherungsperiode gekündigt werden kann, mit Blick auf § 8 Abs. 2 S. 1 VVG deklaratorisch. Auch eine Klausel, wonach der Versicherer von der Verpflichtung zur Leistung frei ist, wenn der Anspruch auf die Leistung nicht innerhalb von sechs Monaten gerichtlich geltend gemacht wird, ist als deklaratorisch anzusehen, wenn in den AVB auch die Belehrung enthalten ist, daß diese Frist erst beginnt, nachdem der Versicherer dem Versicherungsnehmer gegenüber den erhobenen Anspruch unter Angabe der mit dem Ablauf der Frist verbundenen Rechtsfolge schriftlich abgelehnt hat. Ohne diesen Zusatz erweckt die Klausel den Eindruck, daß der Versicherer von der Leistung auch dann frei wird, wenn er seinen Hinweisobliegenheiten nach § 12 Abs. 3 S. 2 nicht nachgekommen ist. Dies könnte den Versicherungsnehmer jedoch von der Geltendmachung berechtigter Ansprüche abhalten (BGH, NJW 1988, 1726). Die Klausel, *der Versicherer kann den Versicherungsvertrag zum Schluß eines jeden Versicherungsjahres mit einer Frist von drei Monaten kündigen, in den besonderen Bedingungen kann dieses Kündigungsrecht des Versicherers beschränkt werden*, verstößt im Rahmen einer Krankentagegeldversicherung gegen § 9 Abs. 2 Nr. 2 (BGH, NJW 1983, 2632). Die Klausel stimmt nicht mit § 8 Abs. 2 VVG überein, da diese im Anwendungsbereich zu weit ist und mit dem Wesen der Krankenversicherung nicht vereinbart werden kann (im Ergebnis auch BGH, a. a. O.). Gleiches gilt für die Krankheitskostenversicherung, nicht dagegen für die Krankenhaustagegeldversicherung (BGH, BB 1987, 511). Diese Versicherungen sind für die soziale Absicherung des Versicherungsnehmers nicht zwingend erforderlich. Der private Versicherer ist auch nicht verpflichtet, seinen Versicherungsnehmern die gleichen Bedingungen anzubieten, wie die Sozialversicherung (BGH, a. a. O.). Die Kurkostenversicherung ist dagegen eine Krankheitskostenversicherung, bei der die Vereinbarung eines ordentlichen Kündigungsrechtes des Versicherers jedenfalls dann der Inhaltskontrolle standhält, wenn es auf einen Zeitraum von drei Jahren beschränkt wird (BGH, VersR 1983, 850). Nach § 61 VVG ist der Versicherer von der Verpflichtung zur Leistung frei, wenn der Versicherungsnehmer den Versicherungsfall vorsätzlich oder durch grobe Fahrlässigkeit herbeiführt. Es handelt sich hierbei um einen sogenannten subjektiven Risikoausschluß (BGH, VersR 1986, 696), so daß Klauseln, die unter Beachtung des Anwendungsbereiches dieser Bestimmung den Risikoausschluß übernehmen als → deklaratorische Klausel nicht der Inhaltskontrolle unterliegen (Prölss/Martin, § 61, Anm. 2). Derartige Klauseln unterliegen jedoch dann der Inhaltskontrolle, wenn die Leistungsfreiheit an einfache Fahrlässigkeit anknüpft. Auch Antragsvordrucke unterfallen dem

Versicherungsverträge

Begriff der AGB (BGH, VersR 1982, 841). Die aufsichtsrechtliche Genehmigung (§ 5 Abs. 3 Nr. 2 VAG) berührt weder die Frage, ob AGB vorliegen, noch die Frage der Überraschung (Überraschungsklauseln) sowie der → Inhaltskontrolle (Prölss, Vorbem. § 6, 6 B c, 6 C). In der Transportversicherung findet keine Genehmigung statt (§ 5 Abs. 6 VAG). Auch besondere Bedingungen unterfallen dem AGBG, wenn sie die Begriffsmerkmale des § 1 erfüllen, insbesondere wenn sie für eine Mehrzahl besonderer Risiken vorgesehen sind (BGH, VersR 1968, 762). Auch vorformulierte Erklärungen in Antragsvordrucken können dem AGBG unterfallen, wenn sie den Versicherungsnehmer gegenüber der gesetzlichen Regelung belasten, wie etwa eine sechswöchige Bindung an den Antrag in der Kranken- und Lebensversicherung (OLG Frankfurt, VersR 1983, 528, 529; OLG Hamm, VersR 1986, 82), die Erklärung zum Beginn des Versicherungsschutzes (BGH, NJW-RR 1988, 819, 820), wobei der BGH (a. a. O.) eine Wartezeit von sechs Monaten in den meisten Versicherungszweigen als üblich und zulässig bezeichnet. Die → Einbeziehung von AVB in den Vertrag setzt auch bei genehmigten AVB das Einverständnis des Versicherungsnehmers voraus; § 23 Abs. 3, § 2 Nr. 1, 2. Es entscheidet der Zugang der Genehmigung vor dem Versicherungsvertrag (BGH, VersR 1986, 672). Ob der widerspruchslose Vertragsschluß als Einverständnis mit den AVB zu werten ist (so Prölss, a. a. O., B) ist zumindest zweifelhaft (vgl. OLG Frankfurt, NJW-RR 1986, 1035). → Überraschende Klauseln liegen etwa vor, wenn im Rahmen einer gebündelten Versicherung eine Verminderung der Versicherungssumme durch Schadenszahlungen im Hinblick auf die Verwirklichung sämtlicher Risiken vorgesehen ist (BGH, VersR 1985, 129). Nicht überraschend ist etwa die Klausel, wonach der Versicherungsnehmer verpflichtet ist, eine weitere Krankentagegeldversicherung nur mit Einwilligung des Versicherers abzuschließen (BGHZ 79, 6), ebenso der Ausschluß vorhersehbarer Schäden in der Bauwesenversicherung (BGH, VersR 1983, 821), Wartezeiten von sechs Monaten in den meisten Versicherungszweigen (BGH, RR 1988, 819, 820), das Erfordernis einer schriftlichen Zusage der Gewährung von Krankenhaustagegeld (LG Kempten, VersR 1986, 758), die Beschränkung der Leistungsdauer für psychische Krankheiten in der Krankentagegeldversicherung (OLG

Bremen, VersR 1985, 957), der Ausschluß von Film- und Foto-
apparaten in unbeaufsichtigt abgestellten Kfz (LG Hamburg,
VersR 1984, 930).

Im Rahmen der → Inhaltskontrolle stellt sich zunächst die
Frage nach der → Kontrollfreiheit. Hiernach ist die Leistungsbeschreibung als Risikobeschreibung dann der Inhaltskontrolle
entzogen, wenn sich ein hinreichend konkretisierbarer Vergleichsmaßstab mit Gerechtigkeitsgehalt nicht feststellen läßt
(ähnlich Prölss, a. a. O., I C a). Auf das ausdrückliche Bestehen
einer gesetzlichen Parallelvorschrift kommt es hierbei jedoch
nicht an (BGH, NJW 1986, 928 – Bürgschaft). Die Inhaltskontrolle hängt nicht davon ab, ob die sogenannte primäre oder
sekundäre Risikobegrenzung durch die Klausel betroffen wird,
sondern davon, ob etwa durch die berechtigte Vertragserwartung des Versicherungsnehmers (hierzu auch BGH, BB 1989,
243 m. Anm. Niebling, DRspr. 1989, 321 → Wertstellungsklausel) eine andere Rechtslage begründet würde. Insbesondere
unterliegen auch → Prämienanpassungsklauseln der Inhaltskontrolle. Unwirksam sind Klauseln nach § 9 beispielsweise
dann, wenn dem Versicherungsnehmer die Kosten eines sach-
verständigen Gutachtens aufgebürdet werden, zu dessen Zuzie-
hung dieser verpflichtet ist (BGHZ 83, 169). Bedenklich ist
auch die Klausel, wonach der Versicherungsnehmer beweisen
muß, daß das Reisegepäck während der unversicherten Nacht-
stunden gestohlen wurde (LG München, VersR 1983, 923; vgl.
auch Nies, VersR 1983, 977; AG Charlottenburg, VersR 1985,
156; LG Frankfurt, VersR 1984, 32). Auch eine Klausel eines
Reparaturversicherers, wonach bei Inanspruchnahme einer
Anschaffungshilfe zwangsläufig die neue Sache versichert ist, ist
unwirksam (BGH, VersR 1986, 908). Unzulässig sind auch
Klauseln, wonach die Absendung eines eingeschriebenen Brie-
fes vorausgesetzt wird (§ 11 Nr. 16). Die Regelung der Laufzeit
bei Versicherungsverhältnissen unterliegt nicht den Schranken
des § 11 Nr. 12, da Versicherungsverträge nicht als Dienstlei-
stungsverträge im Sinne des § 11 Nr. 12 angesehen werden
können (Löwe/von Westphalen, § 11 Nr. 12, Rdnr. 11). Dies
schließt jedoch eine Inhaltskontrolle der Laufzeit nach § 9
nicht aus (BGH, NJW 1986, 243). In der *Rechtsschutzversiche-
rung* kann eine 5-Jahres-Laufzeitklausel unwirksam sein (OLG
München BB 1996, 291), ebenso in der Reparaturkostenversi-

cherung (BGH BB 1995, 2131); die fünfjährige Befristung eines *Unfallversicherung*svertrages verstößt dagegen nicht gegen § 9 Abs. 1 (BGH BB 1996, 293). In der *Krankenhaustagegeldversicherung* ist eine Klausel wirksam, wonach eine weitere Versicherung dieser Art nur mit Einwilligung des ersten Versicherers abgeschlossen werden darf und dieser nach Maßgabe des § 6 Abs. 1 VVG von seiner Leistungspflicht frei wird, wenn er sein Kündigungsrecht innerhalb eines Monats nach Bekanntwerden der weiteren Versicherung ausübt (BGH, NJW 1990, 767). Unwirksam ist in der *Hausratversicherung* die klauselmäßig begründete Obliegenheit des Versicherungsnehmers, „Türen, Fenster und alle sonstigen Öffnungen der Wohnung ordnungsgemäß verschlossen zu halten", solange sich niemand in der Wohnung aufhält (BGH, BB 1990, 1445).

Versorgungsverträge. Die Klausel eines Wasserversorgungsunternehmens über den Bezug von Zusatzwasser, die die Vorhaltekosten des Versorgungsunternehmens nicht mit der tatsächlichen Inanspruchnahme koppelt und den Abnehmer zwingt, auf eine möglichst gleichmäßige Abnahme zu achten, verstößt wegen des hierin enthaltenen versteckten Sanktionscharakters gegen § 9 (BGH, NJW 1985, 3013).

Vertragsabschlußklauseln → Allgemeine Geschäftsbedingungen

Vertragsstrafe. Eine Bestimmung, durch die dem Verwender für den Fall der Nichtabnahme oder verspäteten Abnahme der Leistung, des Zahlungsverzugs oder für den Fall, daß der andere Vertragsteil sich vom Vertrag löst, Zahlung einer Vertragsstrafe versprochen wird, verstößt im nicht-kaufmännischen Verkehr gegen § 11 Nr. 6. Die Fälle der positiven Forderungsverletzung, insbesondere der Schlechtleistung fallen daher nicht unter § 11 Nr. 6, ihre Zulässigkeit wird jedoch zumindest über § 9 bzw. § 11 Nr. 10 beschränkt. Die Klausel *kommt der Anmeldende mit einer Monatsrate in Rückstand, ist er verpflichtet, die gesamten für die Restlaufzeit des Vertrages geschuldeten Monatsbeträge vorzuleisten, die sofort fällig sind,* in „Fitnesscenter-AGB" verstößt gegen § 9 Abs. 1, ein Verstoß gegen § 11 Nr. 6 ist dagegen umstritten (vgl. BGH, NJW 1985,

2329, 2330). Die Klausel ist deshalb unwirksam, weil sie die sofortige Fälligstellung der Restschuld an einen unverschuldeten Zahlungsrückstand mit einer Monatszinsrate knüpft und damit einseitig die Interessen des Verwenders unter Verstoß gegen § 9 berücksichtigt. Zu Vertragsstrafen in Beförderungsbedingungen s. → Schwarzfahrer. Die Anrechnung der Vertragsstrafe auf den Schadensersatzanspruch kann nicht anderweitig vereinbart werden; § 340 Abs. 2 BGB (BGH, NJW 1975, 163). Auch der Vorbehalt der Vertragsstrafe in Bauverträgen kann nicht völlig ausgeschlossen werden (BGH, BauR 1983, 80). Die bloße Überschreitung der Ausführungsfrist oder Verspätung, ohne Verschulden des Werkunternehmers kann eine Vertragsstrafe nicht begründen (OLG Düsseldorf, BauR 1985, 327). Die Vereinbarung einer Vertragsstrafe nach Prozentsätzen der Auftragssumme je Kalendertag der Terminsüberschreitung ohne zeitliche oder betragsmäßige Höchstgrenze ist unwirksam (BGH, NJW 1983, 385, 387) → VOB.

Auch im kaufmännischen Verkehr vermag eine von § 339 BGB abweichende verschuldensunabhängige Vertragsstrafe nur dann wirksam vereinbart zu werden, wenn gewichtige Umstände vorliegen, welche die Vertragsstrafenregelung trotz der Abweichung vom dispositiven Gesetzesrecht mit Recht und Billigkeit noch vereinbar erscheinen lassen, sofern also die Unwirksamkeitsvermutung des § 9 Abs. 2 Nr. 1 ausgeräumt wird (BGH, NJW 1985, 57). Auch im kaufmännischen Verkehr gilt das Verbot der Kumulation von Vertragsstrafe und Schadensersatz (BGH, NJW 1985, 53, 56). → Bauverträge → Subunternehmerverträge.

Vertragshändlerverträge. Der Vertragshändlervertrag ist ein Rahmenvertrag, durch den sich der Vertragshändler verpflichtet, vom Hersteller oder Zwischenhändler angebotene Markenware im eigenen Namen und auf eigene Rechnung aufgrund einzelner Kaufverträge zu beziehen und weiter zu vertreiben. Hierbei ist der Vertragshändler in die Vertriebsorganisation des Herstellers eingegliedert und insbesondere berechtigt, die Ausstattungs- und Zeichenrechte des Herstellers zu benutzen. Derartige Verträge sind etwa im Kfz-Vertrieb weit verbreitet und unterliegen Schranken zumeist nicht nur aus dem AGBG, sondern auch aus dem nationalen und internationalen Wettbewerbs- und Kartellrecht. Aus dem Bereich des Handelsrechtes ist insbesondere § 89 b HGB entsprechend anwendbar, wonach der Vertragshändler bei Beendigung der Verträge unter bestimmten Voraussetzungen einen Ausgleichsanspruch besitzt. Die entsprechende Anwendung dieser Bestimmung kommt jedoch nur in Betracht, wenn der Vertragshändler in die Absatzorganisation des Herstellers eingegliedert und verpflichtet ist, seinen Kundenstamm dem Hersteller zu überlassen (BGH, NJW 1983, 2878). Ist § 89 b HGB entsprechend anwendbar, so kann der Anspruch nicht im voraus ausgeschlossen werden (BGH, NJW 1984, 2101, 2102; BGH, NJW 1985, 3076). Im Kartellrecht ist insbesondere auf § 26 Abs. 2 GWB hinzuweisen, wonach eine unbillige Behinderung und ungerechtfertigte Verschiedenbehandlung (Diskriminierung) unzulässig ist, wenn der Hersteller eine marktbeherrschende Stellung besitzt. § 34 GWB stellt Schriftformerfordernisse für Vertragshändlerverträge auf, d. h. Vertragshändlerverträge sind schriftlich abzufassen. Gleiches gilt für etwaige Zusatzabreden. Ein Verstoß hiergegen stellt die Wirksamkeit des ganzen Vertrages in Frage. Wegen § 15 GWB sind Preisbindungen unzulässig. Dagegen kann der Hersteller unverbindliche Preisempfehlungen dem Vertragshändler an die Hand geben; § 38 a GWB. Ein bloßes Abweichen von diesen Preislisten über 3% stellt noch keinen Verstoß gegen § 1 des RabattG dar, vielmehr ist entscheidend, was der Vertragshändler üblicherweise für Preise verlangt (BGH, NJW 1985, 2950). Im Bereich des europäischen Kartellrechtes ist die Gruppenfreistellung von Vertriebs- und Kundendienstvereinbarungen über Kraftfahrzeuge vom 12. 12. 1984 (VO Nr. 123/85) einzuhalten, um die Nichtigkeitssanktion aus § 85 Abs. 2 EG-Vertrag zu vermeiden. Diese enthält insbesondere die Pflicht des Herstellers, beim Vorliegen sachlich gerechtfertigter Gründe den Vertrieb neuer Kraftfahrzeuge einer anderen Marke sowie die Übernahme einer „Zweitvertretung" für konkurrierende Erzeugnisse durch den Händler zuzustimmen (Nr. 1 a). Die Änderung des Vertragsgebietes des Vertragshändlers und die Betreuung durch weitere Vertragshändler im Vertrieb bedarf für den Hersteller sachlich gerechtfertigter Gründe (Nr. 1 b). Zeitlich eine Vertragsmindestlaufzeit von vier Jahren und eine Kündigungsfrist von mindestens einem Jahr (Nr. 2), sowie die Verpflichtung eines jeden Vertragspartners, den anderen Teil mindestens sechs Monate vor Vertragsbeendigung davon zu unterrichten, daß er das Vertragsverhältnis nicht verlängern will (Nr. 3). Werden diese Punkte nicht beachtet, so ist nicht etwa der Händlervertrag nichtig; vielmehr kann dann der Hersteller den Händler nicht mehr verpflichten, ausschließlich Fahrzeuge des eigenen Vertragsprogrammes zu vertreiben. Diese Gruppen-freistellungsverordnung (in Kraft seit 1. 7. 1985) ist in den beiden grundsätzlichen Entscheidungen des BGH zu Vertrags-händlerverträgen noch nicht berücksichtigt. In der „Ford-Entscheidung" (BGH, NJW 1984, 1182) hat der BGH, eine Klausel verworfen, wonach der Hersteller das einem selbständigen Vertragshändler ohne Gebietsschutz zugewiesene sogenannte Marktverantwortungsgebiet „aus Gründen der Marktab-deckung" einseitig zu verkleinern berechtigt war, wenn die Vertragsklausel sich nicht auf schwerwiegende Änderungsgründe beschränkt, nur eine dreimonatige Ankündigungsfrist vorsieht, das Ausmaß der Änderungen nicht begrenzt und keinen Ausgleich für die dem Vertragshändler entsprechende Einbuße anbietet. Dagegen hat der BGH in der Opel-Entscheidung (NJW 1985, 623) eine entsprechende Klausel gebilligt, durch die sich der Händler das Recht vorbehielt, nach eigenem unternehmerischen Ermessen weitere Vertragshändler im Vertragsgebiet des Händlers einzusetzen. Der Unterschied lag nach Auffassung des BGH darin, daß dem Händler im Formularvertrag kein Alleinvertriebsrecht eingeräumt wurde (krit. Bunte, NJW 1985, 600; Löwe/von Westphalen, Bd. III, Nr. 59.1, Rdnr. 15). Diese Entscheidung ist jedenfalls durch die VO (EWG) 123/85 überholt, wonach das Eingreifen der Gruppenfreistellung davon abhängig gemacht wird, daß derartige Änderungen an den Nachweis der sachlichen Rechtfertigung durch den Händler geknüpft werden (Pfeffer, NJW 1985, 1241 f.). An der Unwirksamkeit ändert sich nichts, wenn der Hersteller nur unter Anwendung billigen Ermessens (vgl. § 315 BGB) einseitige Bestimmungs- und Änderungsrechte ausüben will, da der weitere Spielraum der Billigkeit nicht den an die Eingrenzung und Konkretisierung einer Formularbestimmung zu stellenden Anforderungen gerecht wird (BGH, NJW 1984, 1182, 1183). Auch die einseitige Änderung des Vertragsgebietes muß vom Nachweis der sachlichen Rechtfertigung abhängig gemacht werden (Pfeffer, a. a. O.). Dagegen besteht ein anerkennenswertes Interesse des Herstellers, Änderungen seiner Modellpolitik durchzusetzen. Dies kann jedoch Vertragswaren nicht tangieren, für die bereits bindende Bestellungen beim Händler von dessen Kunden vorliegen (BGH, NJW 1985, 623). In diesem Falle sind die Schranken des § 10 Nr. 4 zu beachten, so daß lediglich in diesen Fällen des erfolgten Weiterverkaufs des Händlers an den Kunden die Änderung zumutbar sein muß. Für → Preisänderungsklauseln gelten dagegen keine Besonderheiten (str., vgl. NJW 1985, 853). Vereinbarungen, wonach der Händler zu Abnahmen, Lagerhaltung, Garantie und Kundendienst, zur Teilnahme an Werbeaktionen u. a. verpflichtet ist, sind auch in Formularverträgen wirksam. Sie konkretisieren vielfach nur die ohnehin bestehende Pflicht zur Vertriebsförderung und zur Interessenwahrnehmung des Herstellers. Der Hersteller muß dagegen den Vertrieb konkurrierender Erzeugnisse durch den Händler, so die Übernahme einer Zweitvertretung dulden, sofern der Händler hierfür sachlich gerechtfertigte Gründe nachweist. Bezugsbedingungen für Ersatzteile können dann vorgesehen werden, wenn die konkurrierenden Teile nicht den Qualitätsstandards der Originalteile entsprechen. Anderes gilt nur für die Verwendung von Teilen bei Gewährleistungs-, Garantie- oder Kulanzarbeiten auf Kosten des Herstellers (Art. 4 Abs. 1 Nr. 7 VO (EWG) 123/85; zum Teil weitergehend BGH, NJW 1982, 46). Klauseln, wonach der Fortbestand des Vertrages von der Eigentums- oder Geschäftsführungssituation im Unternehmen des Vertragshändlers abhängig gemacht wird, sind wegen der vertraglichen Vertrauensbeziehung zu billigen. Der Hersteller kann sich auch das Recht ausbedingen, bei Lieferengpässen die verfügbare Produktion anteilig auf verschiedene Vertragshändler aufzuteilen oder neue Bestellungen nur eingeschränkt anzunehmen (Ulmer, Anh. §§ 9 bis 11, Rdnr. 888). Der Hersteller kann sich auch das Recht vorbehalten, Bestellungen über auslaufende Modelle abzulehnen. Er muß jedoch dem Vertragshändler die Modelländerung rechtzeitig mitteilen. Klauseln, wonach der Hersteller zur Belieferung des Händlers auch ohne Bestellung berechtigt ist können allenfalls bei bestehendem Remissionsrecht Bestand haben (vgl. BGH, NJW 1982, 644 für Presseerzeugnisse). Übernimmt der Hersteller unmittelbar dem Kunden des Vertragshändlers gegenüber eine Herstellergarantie, so werden hieraus vertragliche

Beziehungen zwischen dem Kunden und dem Vertragshändler nicht tangiert (BGH, NJW 1985, 623, 626). Gleichwohl hat der BGH eine Klausel, nach der der Hersteller die von ihr übernommene Gewährleistung und Garantie jederzeit ändern könne, *soweit dies aus Wettbewerbs- oder wirtschaftlichen Gründen als zweckmäßig erscheint,* als Verstoß gegen § 9 angesehen, da die Begriffe zu unbestimmt und nicht nachprüfbar seien (a. a. O., S. 627). Die Klausel stellt das Änderungsrecht im praktischen Ergebnis zur freien Disposition des Herstellers. Nicht die bloße Änderung der Garantie ist daher unwirksam, unwirksam ist lediglich die Befugnis des Herstellers, vom Vertragshändler übernommene Gewährleistungspflichten zu ändern, ohne diesen Änderungsvorbehalt zu konkretisieren.

Kündigungsfristen unter einem Jahr verstoßen gegen § 9 bzw. Art. 5 Abs. 2 Nr. 2 VO 123/85 (Löwe/von Westphalen, Bd. III, a. a. O., Rdnr. 23), für „mindestens zwei Jahre" (Pfeffer, NJW 1985, 1241, 1247). Aufgrund nachvertraglicher Treuepflicht kann sich ein Anspruch des Vertragshändlers gegen den Hersteller auf Rücknahme des Waren- und Ersatzteillagers ergeben. Dies kann formularmäßig zumindest insoweit ausgeschlossen werden, als hierdurch das Risiko für fehldisponierte Einkäufe oder Absatzfehler des Vertragshändlers auf den Hersteller abgewälzt werden sollen. Klauseln sind daher nicht zu beanstanden, die die Rücknahmepflicht des Herstellers auf solche nicht gebrauchten Waren und Teile beschränkt, die der Händler aufgrund seiner vertraglichen Absatzförderungspflichten oder aufgrund entsprechender Veranlassung durch den Hersteller bezogen hat (OLG Frankfurt, WM 1986, 139, 141). Die VO (EWG) Nr. 123/85 gilt bis zum 30. 6. 1995. Eine Verlängerung ist jedoch zu erwarten, da andernfalls insbesondere für den Kfz-Vertrieb nur der rechtliche Rahmen der → Franchise-VO bliebe. Für → Schriftformklauseln und → Rechtswahlklauseln gelten die allgemeinen Grundsätze. **Lit.:** Niebling, Das Recht des Automobilvertriebs, 1996.

Vertragslösung → Rechte, sich vom Vertrag zu lösen

Verweisung auf Dritte → Gewährleistung

Verwender → Allgemeine Geschäftsbedingungen

VOB. Die Verdingungsordnung für Bauleistungen (VOB) besteht aus drei Teilen, Teil A, den allgemeinen Bestimmungen für
die Vergabe von Bauleistungen, Teil B sowie Teil C, die allgemeinen technischen Vorschriften. Der rechtlich bedeutsamste
Teil B erfüllt die Merkmale des AGB-Begriffes; § 23 Abs. 2
Nr. 5. Wer Verwender ist hängt davon ab, auf wessen Initiative
die VOB/B einseitig in den Vertrag eingeführt wird. Verlangen
beide Vertragspartner die Einbeziehung der VOB/B, so unterliegt die VOB/B nicht dem AGBG (str.). Bei erfahrenen Bauhandwerkern reicht in der Regel die Bezugnahme auf die
VOB/B aus (BGH, NJW 1983, 816). Die bloße Inbezugnahme
der VOB/B genügt den Anforderungen des § 2 AGBG dagegen
nicht, wenn der Auftraggeber ein Privatmann ist, der keinen
Architekten eingeschaltet hat und mit dem Inhalt der VOB/B
nicht vertraut ist, und der Auftraggeber ihm keine Möglichkeit
verschafft hat, in zumutbarer Weise von dem Inhalt der VOB/B
Kenntnis zu nehmen (OLG Hamm, NJW-RR 1988, 1366). Weitergehend wohl der BGH: wenn der Vertragspartner weder im
Baugewerbe tätig noch sonst im Baugewerbe bewandert ist
(BGH, NJW 1990, 715). Da nach Auffassung des BGH, die
VOB/B als kollektiv ausgehandelte Regelung im ganzen ausgewogen ist, kann eine isolierte Inhaltskontrolle einzelner Bestimmungen nach § 9 nicht erfolgen (BGH, a. a. O.; kritisch
Ulmer/Hensen, Anh. §§ 9 bis 11, Rdnr. 904). Voraussetzung
der Vereinbarung der VOB/B als Ganzes ist, daß diese ohne ins
Gewicht fallende Einschränkungen übernommen wird (BGH,
a. a. O.; BGH, NJW 1990, 2384). Die Vereinbarung „zusätzlicher Vertragsbedingungen zur VOB/B" hat zur Folge,
daß die VOB/B nicht „als Ganzes" vereinbart ist. § 16 Nr. 3
Abs. 2 S. 1 VOB/B, wonach die vorbehaltlose Annahme der
Schlußzahlung Nachforderungen ausschließt, verstößt nicht
gegen § 10 Nr. 5, ebensowenig gegen § 9, wenn die VOB/B
ohne Einschränkungen Vertragsbestandteil geworden ist (BGH,
NJW 1987, 2582). Die isolierte Vereinbarung des Ausschlusses
von Nachforderungen bei vorbehaltloser Annahme der Schlußzahlung oder einer ihr gleichstehenden Schlußzahlungserklä-
rung (§ 16 Nr. 3 Abs. 2 VOB/B) hat der BGH dagegen nach § 9
verworfen (BGH, NJW 1988, 55). Nach § 16 Nr. 6 Satz 1
VOB/B ist der Auftraggeber berechtigt, zur Erfüllung seiner
Zahlungsverpflichtungen aus § 16 Nr. 1–5 VOB/B mit befreien-

der Wirkung gegenüber dem Auftragnehmer an dessen im einzelnen bezeichnete Gläubiger zu leisten, wenn der Auftragnehmer in Zahlungsverzug gekommen ist. Ist die VOB/B nicht „als Ganzes" vereinbart, so verstößt auch diese Regelung gegen § 9. Weiterhin verstößt gegen § 11 Nr. 10 f die Abkürzung der fünfjährigen werksvertraglichen Gewährleistung nach § 638 BGB durch „isolierte" Vereinbarung der kurzen Gewährleistung des § 13 Nr. 4 VOB/B, wenn sie in einem vom Auftragnehmer oder Bauträger gegenüber dem Erwerber gestellten Bauvertrag enthalten ist (BGH, NJW 1988, 490). Anders ist es jedoch dann, wenn die isolierte Vereinbarung der kurzen VOB-Gewährleistung auf eine vom Auftraggeber gestellte Vertragsbedingung zurückgeht (BGH, NJW 1987, 837). Wirksam ist auch die in Aufträgen an Bauhandwerker zugrundeliegenden „Vertragsbedingungen für Bauleistungen" eines Bauträgers enthaltene Klausel „Für die Gewährleistung gilt § 13 VOB/B, jedoch beträgt die Verjährungsfrist in Abänderung von Satz 4 generell fünf Jahre" (BGH, NJW 1989, 1602). Für die formularmäßige Vereinbarung einer Vertragsstrafe ist zu beachten, daß zumindest bei größeren Bauaufträgen (auch gegenüber einem Kaufmann) eine Vertragsstrafe, deren Höhe sich nach einem bestimmten Vom-Hundert-Satz der Auftragssumme wie Kalendertag, Werktag oder Arbeitstag richtet, eine Begrenzung nach oben aufweisen muß, wenn sie der Inhaltskontrolle nach § 9 standhalten soll. Dies gilt auch dann, wenn der vom Hundert-Satz verhältnismäßig gering ist (z. B. 15% je Werktag) (BGH, NJW-RR 1988, 146; NJW-RR 1989, 527). 0,1% der Angebotssumme pro Werktag, maximal 10% sind wirksam (NJW 1987, 380). 0,5% der Auftragssumme pro Kalendertag dagegen nicht (BGH, NJW 1983, 385). Die Anknüpfung der Vertragsstrafe an die Überschreitung von Zwischenfristen ist unwirksam, wenn durch zahlreiche Zwischenfristen bei der Überschreitung der ersten Frist eine sehr hohe Vertragsstrafe erreicht werden kann (OLG Bremen, NJW-RR 1987, 468). Die Unwirksamkeit derartiger Klauseln wird nicht dadurch geheilt, daß im konkreten Fall der Verzug nur zu einem geringen Werklohnverlust geführt hätte (Verbot der geltungserhaltenden Reduktion). Eine Klausel, wonach sich die Gewährleistung und Haftung des Unternehmers nach VOB/B bzw. dem BGB richten und bei unterschiedlicher Auffassung jeweils die dem Bauherrn günstigere

Regelung gelten soll, ist unwirksam (BGH, NJW 1986, 924). Die Unwirksamkeit führt zur Anwendung der §§ 635, 638 BGB; § 6 Abs. 2. Die isolierte Vereinbarung der VOB-Gewährleistung ist auch in Verträgen über die Veräußerung einer Eigentumswohnung in einem Altbau, der vollkommen modernisiert und umgebaut werden soll, unwirksam (BGH, NJW 1986, 713). Die VOB/A und die VOB/B gelten nunmehr in der Fassung vom 19. 7. 1990. In der VOB/B wurden lediglich in zwei Paragraphen Änderungen vorgenommen. In Paragraph 16 wurde in Nr. 1 Abs. 3 die bisher nicht realistische Frist von zwölf Werktagen für Abschlagszahlung auf 18 Werktage nach Zugang der Rechnung erhöht. In Nr. 3 wurden die Voraussetzungen für den Ausschluß von Nachforderungen bei vorbehaltloser Annahme der Schlußzahlung entsprechend den von der Rechtsprechung an diese Regelung gestellten Anforderungen geändert. In § 17 Nr. 2 wurden die Kreditversicherer aufgenommen, wobei davon ausgegangen wird, daß der Auftragnehmer, der eine Bürgschaft eines Kreditversicherers vorlegt, dessen Zulassung als Kreditversicherer in der EG nachweisen kann. Unwirksam ist der Ausschluß der Abnahme durch Ingebrauchnahme (BGH, BB 1996, 763, dort auch zu Skontoklauseln). **Lit.:** Jagenburg, NJW 1990, 2972. → Bauverträge

VOC. Die Verdingungsordnung für Computerleistungen besteht aus den besonderen Vertragsbedingungen (BVB-Miete, BVB-Kauf sowie BVB-Wartung → EDV–Verträge). **Lit.:** Wolf, § 9, E 1.

VOL/B. Bei der Verdingungsordnung für Leistungen – ausgenommen Bauleistungen – handelt es sich um AGB. § 17 Nr. 5 Satz 1 VOL/B bestimmt, daß eine vorbehaltlose Annahme der Schlußzahlung Nachforderungen ausschließt. Erkennt der Auftraggeber eine in der Schlußrechnung gekürzte Schlußzahlung nicht oder teilweise nicht an und leistet er eine gegenüber der Schlußrechnung gekürzte Schlußzahlung, so bleibt der Bestand der Forderung hiervon unberührt. Die Restforderung des Auftragnehmers ist keine „Nachforderung". Es bedarf hier nicht einmal des Hinweises, daß Unklarheiten bei der Auslegung von AGB zu Lasten des Verwenders gehen (BGH, NJW 1989, 2888).

Vollmachtklauseln. Die Vollmacht, die dem Angestellten des Verwenders nach §§ 54 f. HGB zusteht, kann nicht gänzlich ausgeschlossen werden (BGH, NJW 1982, 1390; OLG Stuttgart, BB 1984, 2218). Auch kann die Duldungs- oder Anscheinsvollmacht nicht formularmäßig begrenzt werden, bei entsprechender drucktechnischer Gestaltung kann jedoch der Vertrauenstatbestand entfallen. Eine Klausel, nach der sich Mieter gegenseitig zur Empfangnahme bevollmächtigen, ist wirksam (OLG Schleswig, NJW 1983, 1862), nicht jedoch die Klausel, daß die Kündigung eines Mieters auch für die anderen Mieter wirkt (LG Berlin, MDR 1983, 757). In einem Kreditvertrag kann eine Klausel nicht vorgesehen werden, daß für künftige Kreditaufnahmen ein Ehepartner auch bevollmächtigt ist, für den anderen Darlehen abzuschließen (OLG Frankfurt, NJW 1982, 583). In Bauverträgen wird eine dem Baubetreuer erteilte umfassende Vollmacht auch bei Bestehen eines sog. Festpreisvertrages für zulässig erachtet vom OLG München (NJW 1984, 63), wohingegen das OLG Nürnberg die Bevollmächtigung eines Bauträgers, namens der Bauherren unbeschränkt Verträge mit Bauhandwerkern zu schließen, als Verstoß gegen § 9 Abs. 2 Nr. 2 gesehen wird (NJW 1982, 2326).

Vorrang der Individualabrede. Individuelle Vertragsabreden haben Vorrang vor Allgemeinen Geschäftsbedingungen; § 4. Ausdrücklich oder stillschweigend getroffene Vereinbarungen können daher durch das „Kleingedruckte" nicht ausgehöhlt werden. Dies wird teils versucht, durch → Schriftformklauseln zu umgehen.

Vorleistungen → Leistungsverweigerungsrechte

W

Wandelung → Gewährleistung

Wartungsklauseln → Reparaturbedingungen

Waschstraße → Autowaschanlagen-AGB

Wechsel des Vertragspartners

Wechsel des Vertragspartners. Eine Bestimmung, wonach bei Kauf-, Dienst- oder Werkverträgen ein Dritter anstelle des Verwenders in die sich aus dem Vertrag ergebenden Rechte und Pflichten eintritt oder eintreten kann, ist bei Verwendung gegenüber Nichtkaufleuten unwirksam, es sei denn, in der Bestimmung wird der Dritte namentlich bezeichnet, oder dem anderen Vertragsteil das Recht eingeräumt, sich vom Vertrag zu lösen; § 11 Nr. 13. Damit soll verhindert werden, daß dem Kunden ein unbekannter Vertragspartner aufgezwungen wird, der sein Vertrauen nicht besitzt. Wegen § 571 BGB gilt dies nicht im Mietvertrag und wohl ebenfalls nicht im Leasingvertrag. Je nach Vertragstyp würden derartige Klauseln auch gegen den → Vorrang der Individualabrede verstoßen. § 11 Nr. 13 greift sowohl bei der Vertragsübernahme, wie auch bei der Schuldübernahme. Da die Abtretung keine Zustimmung des Schuldners voraussetzt, wird diese hiervon nicht berührt. Die einen Wechsel des Vertragspartners ermöglichende Klausel ist dagegen wirksam, wenn der Dritte namentlich bezeichnet ist, d. h. mit Name und Anschrift im Zusammenhang mit den AGB benannt wird (BGH, NJW 1980, 2518). Im kaufmännischen Verkehr kommt es nach § 9 auf eine (typisierende) Abwägung an, bei der insbesondere die Zuverlässigkeit und Solvenz des Dritten Bedeutung besitzt (BGH, NJW 1985, 53, 54).

Wegekosten → Aufwendungen bei der Nachbesserung

Wertstellungsklausel. Die Wertstellungsklausel der Banken und Sparkassen, wonach die Wertstellung von Bareinzahlungen auf dem Girokonto einen (Bank-)Arbeitstag nach der Einzahlung vorgenommen wird, verstößt gegen § 9 (BGH, NJW 1989, 582). Der BGH bescheinigt dieser Klausel mangelnde Transparenz und Unbilligkeit. Als Preisnebenabrede ist die Klausel auch nicht der Inhaltskontrolle nach § 8 entzogen (Kontrollfreiheit). Da bereits durch die Bareinzahlungen auf das Konto – nicht erst mit der Gutschrift oder der Wertstellung – Forderungsrechte des Kunden gegen die Bank entstehen, wird dem Kunden eine Zinspflicht für einen in Wahrheit nicht bestehenden Schuldsaldo auferlegt. Die Üblichkeit der Klausel kann die Unangemessenheit hier nicht ausräumen. **Lit.:** Niebling, DRspr. 1989, 321.

Wettbewerbsbeschränkungen sind primär nach dem UWG wie auch nach dem GWB sowie den kartellrechtlichen Nebengesetzen zu beurteilen (insbesondere EWG-Vertrag). Wettbewerbsverzerrungen werden im Rahmen des AGBG durch § 9 sanktioniert.

Widerrufsanspruch → Verbandsverfahren

Wiederverkäuferklauseln. Die Klauseln in den AGB eines Kfz-Händlers, wonach es unzulässig ist, die Vertragsrechte an Dritte abzutreten oder das gekaufte Neufahrzeug vor dessen Zulassung an einen Wiederverkäufer zu veräußern, verstößt grundsätzlich nicht gegen die §§ 3 und 9 (BGH, NJW 1981, 117; BGH, NJW 1982, 331 umfassend Niebling RiW 1995, 881, ders. Das Recht des Automobilvertriebs 1996, S. 116 ff.). → Neuwagen-AGB

Wirtschaftsprüfer-AGB. Die allgemeinen Auftragsbedingungen der Wirtschaftsprüfer (AAB) (abgedruckt in ZIP 1984, 1289) verstoßen gegen §§ 11 Nr. 7, 24 S. 2, sofern sie eine summenmäßige Haftungsbegrenzung auf 500 000 DM in Nr. 9 Abs. 1 enthalten, wenn Fälle wesentlich höheres Schadensrisikos nicht ausgenommen sind (Brandner, ZIP 1984, 1190, anders Schlechtriem, BB 1984, 1182). Die fünfjährige Verjährungsfrist des § 51a WPO kann durch eine Ausschlußfrist von sechs Monaten ab Kenntnis vom Schaden nach Nr. 9 Abs. 3 der AAB nicht wirksam ausgeschlossen werden (Ulmer, § 11 Anh., Rdnr. 954). Auch kann die Pflicht, Buchfälschungen und Unregelmäßigkeiten aufzudecken, nicht von einem ausdrücklichen Auftrag abhängig gemacht werden, wie dies Nr. 2 Abs. 3 AAB vorsehen (Wolf, § 9, R 13). Unwirksam wären auch Klauseln (Nr. 13 AAB), wonach der Auftraggeber bei einer Kündigung gem. § 627 BGB abweichend von § 628 Abs. 1 S. 1 BGB die volle Vergütung abzüglich der ersparten Aufwendungen verlangen kann.

Wirtschaftsverbände. Klagebefugt im → Unterlassungsverfahren sind auch die rechtsfähigen Verbände zur Förderung gewerblicher Interessen; § 13 Abs. 2 Nr. 2.

Wohnungseigentümergemeinschaft. Ob Verträge der Wohnungseigentümer untereinander nach § 10 WEG dem AGB

unterliegen, ist strittig. Soweit die Begriffsmerkmale im übrigen
vorliegen, bestehen hiergegen jedoch keine Bedenken. Die vom
Bauträger nach § 8 WEG einseitig errichtete Gemeinschaftsordnung von Wohnungseigentümern steht Allgemeinen Geschäftsbedingungen gleich; auch die Ausnahmevorschrift des
§ 23 Abs. 1 findet hierauf keine Anwendung (BayObLG, BB
1979, 857, 858; Ulmer, § 1 Rdnr. 12; Wolf, § 9, W 21; a. A. Ertl,
DNotZ 1981, 152, 162).

Wohnraummiete. Auch Formularverträge, wie etwa der Mustermietvertrag, sind als → Allgemeine Geschäftsbedingungen
anzusehen. Unerheblich ist dabei, ob der Vermieter für mehrere
Verwendungsfälle ein einheitliches Vertragsformular entwirft,
oder etwa den Mustermietvertrag verwendet. Beabsichtigen
beide Vertragsteile unabhängig voneinander, ein bestimmtes
Formular zu verwenden, etwa den vom Bundesjustizminister
entwickelten Mustermietvertrag, so kann keiner als Verwender
angesehen werden (str.).

Handschriftliche Zusätze in vorformulierten Vertragsbedingungen ändern nichts am Begriff der AGB, wenn die Klausel im
übrigen auf Lückenfüllung angelegt ist oder die handschriftlichen Zusätze lediglich unwesentliche Korrekturen enthalten.
Auch in diesen Fällen muß der Verwender nachweisen, daß die
Klausel im einzelnen ausgehandelt wurde, wofür ein Indiz nur
dann vorliegt, wenn der handschriftliche Zusatz merkliche
Verbesserungen für den Kunden/Mieter aufweist und die ursprünglich vorformulierte Klausel nicht von vornherein haltlos
war, d. h. der Verwender von vornherein beabsichtigt hat, eine
maßlos überzogene Klausel lediglich in geringem Umfang zu
modifizieren. In diesem Sinne sind auch Alternativbestimmungen zu verstehen, die dem Mieter ein Recht zum Ankreuzen
gewähren sollen. Erforderlich für eine Individualabrede ist auch
insoweit, daß beide Alternativbedingungen ernsthaft zur Disposition gestellt werden (Allgemeine Geschäftsbedingungen).
Klauseln, wonach der Mieter bestätigt, daß alle Klauseln im
einzelnen ausgehandelt worden sind, verstoßen gegen § 11
Nr. 15 b (BGHZ 99, 379, OLG Stuttgart, NJW-RR 1986, 275,
1987, 143). Aus diesem Gesichtspunkt – unzulässige Änderung
der Beweisposition des Mieters – sind auch Klauseln unwirksam, wonach der Mieter bestätigt, die Sache in einwandfreiem

Zustand übernommen zu haben (OLG München, AGBE II, § 9, Nr. 23). Nichts anderes gilt für die Klausel, das Mietobjekt eingehend besichtigt zu haben (LG Frankfurt/Main, NJW 1988, 499). Problematisch ist die Anwendung des AGBG auf sog. Altverträge. Grundsätzlich gilt das AGBG nicht für Verträge, die vor seinem Inkrafttreten am 1. 4. 1977 abgeschlossen worden sind, §§ 28 Abs. 1 und 30. § 28 Abs. 2 bestimmt jedoch, daß unter anderem für Mietverträge, die vor dem 1. 4. 1977 abgeschlossen wurden und noch nicht abgewickelt sind, § 9 anzuwenden ist. Hiernach ergibt sich folgende Stufenfolge:

1. Verträge, die vor dem 1. 4. 1977 abgeschlossen wurden, bereits abgewickelt sind oder nicht in den Anwendungsbereich des § 28 Abs. 2 fallen, unterliegen nur einer Inhaltskontrolle nach § 242 BGB.

2. Verträge, die vor dem 1. 4. 1977 abgeschlossen wurden und noch nicht abgewickelt sind, unterliegen, sofern sie wie Mietverträge § 28 Abs. 2 unterfallen – der Inhaltskontrolle nach § 9 (nach BGH, NJW 1984, 2404), jedoch nur insoweit, als ihr unveränderter Fortbestand „in unerträglichem Widerspruch" – zu den grundlegenden Wertungsmaßstäben des AGBG stünde.

3. Verträge, die nach dem 1. 4. 1977 abgeschlossen worden sind, unterliegen in vollem Umfang dem AGBG.

An dieser Unerträglichkeitsformel ist im einzelnen Kritik geübt worden, ebenso daran, daß in der zweiten Fallgruppe eine → geltungserhaltende Reduktion erfolgen solle (Niebling, ZMR 1985, 707). Ein Formularmietvertrag kann im einzelnen auch → überraschende Klauseln enthalten. Etwa wenn der Mietvertrag mit anderen Verträgen, z. B. dem Kauf von Einrichtungsgegenständen verknüpft ist. Gleiches gilt für → Abtretungsklauseln.

Im Einzelfalle können auch Formularklauseln deshalb nicht Vertragsbestandteil werden, weil sie gegen den → Vorrang der Individualabrede verstoßen. Auch durch eine → Schriftformklausel kann der Vermieter nicht den Nachweis einer mündlichen Vertragsabsprache entkräften. Unklar im Sinne des § 5 wäre eine Klausel, wonach der Mieter „die Nebenkosten" zu tragen hat (Sonnenschein, NJW 1980, 1489). Es wird jedoch als zulässig erachtet, wenn im Mietvertrag auf die Betriebskosten „im Sinne des § 27 der zweiten Berechnungsverordnung" Bezug genommen wird. Klauseln, wonach der Mieter die Kleinreparaturen (Reparaturen bis 100 DM) ohne Rücksicht auf ein Verschulden zu tragen hat, sind unangemessen, wenn sie keinen Höchstbetrag für den Fall festlegen, daß innerhalb eines bestimmten Zeitraumes mehrere Kleinreparaturen anfallen, und wenn sie auch solche Teile der Mietsache umfassen, die nicht dem häufigen Zugriff des Mieters ausgesetzt sind. Unwirksam sind ferner Klauseln, wonach sich der Mieter bei Reparaturen über 100 DM oder bei Neuanschaffungen mit dem für Kleinreparaturen geltenden Betrag von 100 DM zu beteiligen hat (BGH, NJW 1989, 2247). Große Bedeutung besitzt in Mietverträgen § 9. Hiernach ist eine Klausel unwirksam, wonach alle Mieter anteilig für die Kosten der Schadensbehebung haften, sofern bei Kanal- oder Leitungsverstopfung in dem Haus, in dem sich die Mietwohnung befindet, der Verursacher des Schadens nicht ermittelt werden kann (OLG Hamm, NJW 1982, 2005). Auch Klauseln, wonach die Kündigung eines Mieters auch für andere Mieter gilt, sind unwirksam (LG Berlin, MDR 1983, 757). Eine Klausel, wonach der Vermieter uneingeschränkt seine Erlaubnis zur Untervermietung widerrufen könne, verstößt gegen § 9 (BGH, NJW 1987, 1692). Auch kann sich der Vermieter nicht ausbedingen, zur fristlosen Kündigung berechtigt zu sein, wenn der Mieter mit der Zahlung einer Rate ganz oder teilweise länger als einen Monat nach Zahlungsaufforderung trotz schriftlicher Mahnung in Rückstand ist (BGH, NJW 1987, 2506). Die Betriebskosten leerstehender Wohnungen können nicht auf die Mieter umgewälzt werden (Sonnenschein, NJW 1980, 1718). Ein generelles Aufrechnungsverbot verstößt gegen § 11 Nr. 3. Bezieht sich dieses jedoch nur auf unbestrittene oder rechtskräftig festgestellte Forderungen, so ist ein derartiges Aufrechnungsverbot wirksam, so daß die aufzurechnende Forderung nur im Wege der Widerklage geltend zu machen wäre. Allerdings greift hier die Spezialregelung des § 552 a BGB ein, so daß der Mieter generell dann aufrechnen kann, wenn er seine Absicht dem Vermieter mindestens einen Monat vor Fälligkeit des Mietzinses schriftlich anzeigt. Klauseln, die generell eine Anzeigepflicht verlangen und sich nicht nur auf unbestrittene oder rechtskräftig festgestellte Forderungen beziehen, verstoßen gegen § 11 Nr. 2 und 3 (Schultz, ZMR 1987, 42, str.). Klauseln, wonach Verzugsfolgen auch ohne Mahnung eintreten oder eine Nachfrist entbehrlich

ist, wenn der Mieter mit der Rückgabe der Mietsache → Schönheitsreparaturen nicht durchgeführt hat, verstoßen gegen § 11
Nr. 4 (OLG Karlsruhe, NJW 1982, 2829). → Vertragsstrafeklau-
seln verstoßen gegen § 550 a BGB bzw. gegen § 9, etwa wenn
der Mieter für den Fall der Vertragsbeendigung eine Zahlung
erbringen soll und zwar unabhängig davon, ob den Zahlungspflichtigen ein Verschulden an der Vertragsauflösung trifft
(BGH, NJW 1985, 57). Eine Klausel, wonach der Vermieter
nicht für die rechtzeitige Räumung durch den Vormieter oder
die Fertigstellung der Mieträume haftet, verstößt gegen § 11
Nr. 7. Die formularmäßige Abwälzung der → Schönheitsreparaturen auf den Mieter wird von der Rechtsprechung als zulässig
angesehen (BGH, NJW 1987, 2575). Dies gilt auch bei einer bei
Vertragsbeginn nicht renovierten Wohnung, sofern die Schönheitsreparaturen nach Maßgabe eines Fristenplanes auszuführen sind und die Renovierungsfristen mit dem Anfang des Mietverhältnisses zu laufen beginnen (BGH, a. a. O.). Dies gilt auch,
wenn die Wohnung bei Vertragsbeginn renovierungsbedürftig
ist und der Anspruch des Mieters auf eine Anfangsrenovierung
durch den Vermieter vertraglich ausgeschlossen ist (BGH,
a. a. O.). Diese Rechtsprechung, die sich in der Begründung im
wesentlichen auf das → Preisargument und die Verkehrssitte
stützt, ist mit der allgemeinen Systematik des AGBG nur
schwer in Einklang zu bringen (vgl. Niebling, NJW 1987, 2564).
Gleichwohl hat die Rechtsprechung hieran festgehalten und
eine Formularklausel über anteilige Schönheitsreparaturen-
Abgeltung gebilligt (BGH, NJW 1988, 2790). Eine formularmäßige Klausel, wonach der Mieter *bei Ende des Mietverhältnisses je nach dem Zeitpunkt der letzten Schönheitsreparaturen
während der Mietzeit einen prozentualen Anteil an Renovierungskosten aufgrund eines Kostenvoranschlags eines vom
Vermieter auszuwählenden Malerfachgeschäfts zu zahlen
hat*, ist jedenfalls dann wirksam, wenn sie den Kostenvoranschlag nicht ausdrücklich für verbindlich erklärt, die für die
Abgeltung maßgeblichen Fristen und Prozentsätze am Verhältnis zu den üblichen Renovierungsfristen ausrichtet und dem
Mieter nicht untersagt, seiner anteiligen Zahlungsverpflichtung
dadurch zuvorzukommen, daß er vor dem Ende des Mietverhältnisses Schönheitsreparaturen in kostensparender Eigenarbeit ausführt (BGH, NJW 1988, 2790). Dies gilt auch bei Ver-

mietung einer unrenoviert oder renovierungsbedürftig überlassenen Wohnung, jedenfalls dann, wenn die für die Durchführung wie für die anteilige Abgeltung der Schönheitsreparaturen maßgeblichen Fristen nicht vor dem Anfang des Mietverhältnisses zu laufen beginnen (BGH, a. a. O.). Diese Rechtsprechung ist jedoch schon vom Ergebnis her wenig einleuchtend, da der Vermieter hier vielfach Abgeltung vom Vormieter und – nach Ablauf der Fristen – vollständige Renovierung vom Nachfolger erhält, ohne daß die Abgeltungskosten auf die Kosten der Nachfolgerenovierung angerechnet werden. Der Vermieter wird so besser gestellt als bei einem konstanten Mietverhältnis, der Nachfolger hat die finanziellen Folgen der Abnutzung der Räume durch den Vormieter zu tragen. Eine Klausel, wonach der Mieter am Ende der Mietzeit unabhängig davon, wann die letzten Schönheitsreparaturen durchgeführt wurden, verpflichtet ist, diese durchzuführen, verstößt jedenfalls gegen § 9 (OLG Hamm, NJW 1981, 1049). Übliche Renovierungsfristen sind in Küche, Bädern und Duschen alle drei Jahre, in Wohn- und Schlafräumen, Fluren, Dielen und Toiletten alle fünf Jahre, in anderen Nebenräumen alle sieben Jahre. Die Berufung des Verwenders auf die wirksame Klausel kann unter Umständen jedoch gegen Treu und Glauben verstoßen. So, wenn der erforderliche Renovierungsaufwand infolge Abnutzung der Räume durch den oder die Vormieter wesentlich erhöht wird (BGH, NJW 1988, 2790, 2794). In diesem Fall kann dem Mieter der Mehraufwand nur nach dem Verhältnis seiner Mietzeit zur gesamten Abnutzungsdauer angelastet werden (BGH, a. a. O.; s. a. Beck-Rechtsberater im dtv Nr. 5044 Blank, „Mietrecht von A–Z" unter „Schönheitsreparaturen").

Z

Zahlungsklauseln → Skonto und Rabatt

Zeitschriftenbezug. Der Großhändler kann in seinem AGB bestimmen, daß der Händler das volle vom Verwender festgelegte Sortiment zu führen hat, wenn dem Einzelhändler ein Remissionsrecht zusteht (BGH, NJW 1982, 644) → Preisanpassungsklauseln → Höhere-Gewalt-Klauseln.

Zinsberechnungsklausel. Bereits 1988 hatte der III. Senat des BGH eine Regelung in Bank-AGB wegen Verstoßes gegen das → Transparenzgebot für unwirksam erklärt, weil darin für den Durchschnittskunden nicht hinreichend deutlich wurde, daß auch für Darlehensbeträge, die – durch vierteljährliche Zahlungen – bereits getilgt waren, noch bis zum Jahresende Zinsen berechnet wurden (BGH, NJW 1989, 222). 1990 hat der XI. BGH-Senat diese Rechtsprechung fortgeführt. Anders als im früheren Fall waren hier die beiden Regelungen, aus deren Zusammenhang sich die zinserhöhende Wirkung ergibt, nicht in zwei räumlich getrennte, gesondert bezifferte AGB-Absätze aufgenommen, sondern unter einer Ziffer in zwei aufeinanderfolgenden Sätzen nebeneinandergestellt worden. Auch diese Klauselfassung hat der BGH verworfen, weil es dem Durchschnittskunden Mühe bereite, zwischen den beiden Sätzen einen inneren Zusammenhang herzustellen und den ihm benachteiligten Sinn der Regelung zu erkennen (BGH, NJW 1990, 2383). → Grundschulddarlehen

Zinsklauseln. Klauseln über reguläre und vorzeitige Fälligkeit, Stundungsvergütungen (BGH, NJW 1986, 46, 48), Verzugs-, Fälligkeits- und Vorfälligkeitszinsen (BGH, NJW 1986, 376), Klauseln über die Zinsberechnung (BGH, NJW 1989, 2222), Bereitstellungszinsen, Wechselspesen, Bearbeitungs-, Überweisungs- und Abbuchungskosten unterliegen der Inhaltskontrolle (Kontrollfreiheit). Klauseln über Verzugszinsen in Höhe von 4% über dem Diskontsatz der Deutschen Bundesbank können gegen § 11 Nr. 5 b verstoßen (OLG Hamm, NJW-RR 1986, 1179). Bereitstellungszinsen von 0,25% pro Monat werden dagegen als zulässig erachtet (BGH, WM 1986, 577, 579). Dagegen ist die Entscheidung des BGH, in einem Kreditvertrag könnten bei Stundung von Teilbeträgen 21% Jahreszinsen berechnet werden (BGH, NJW 1986, 48), unter dem Gesichtspunkt des § 9 zweifelhaft. Der Kreditnehmer wird nämlich vielfach übersehen, welche Belastungen ihn im Falle der Stundung erwarten. Die bloße Klausel über die Festlegung der Zinshöhe unterliegt dagegen nicht der Inhaltskontrolle (BGH, NJW 1986, 928; BGH, NJW 1986, 2564). Zinsanpassungsklauseln unterliegen dagegen uneingeschränkt der Inhaltskontrolle (BGH, NJW 1988, 696 → Preisanpassungsklauseln).

Zugangserfordernisse

Zugangserfordernisse. Klauseln, wonach eine Erklärung des Verwenders von besonderer Bedeutung dem anderen Vertragsteil als zugegangen gilt, sind im nicht-kaufmännischen Verkehr nach § 10 Nr. 6 unwirksam. Hierin wird auch der Verzicht auf den Zugang der Erklärung und die Begründung einer widerleglichen Vermutung des Zuganges erfaßt (Kanzleiter, DNotZ 1988, 498). Erklärungen von besonderer Bedeutung sind solche, die für den Empfänger mit nachteiligen Rechtsfolgen verbunden sind. Etwa die Kündigung (BayObLG, NJW 1980, 2818), Mahnung (OLG Stuttgart, BB 1979, 909), Fristsetzungen nach Fristzsetzung sowie Genehmigung (LG Koblenz, DNotZ 1988, 496). Nicht erfaßt werden jedoch die Tagesauszüge der Banken (BGHZ 73, 209). Anders dagegen die Rechnungsabschlüsse (BGH, NJW 1985, 2699; OLG Düsseldorf, NJW-RR 1988, 105, str.). Für den kaufmännischen Verkehr wird sich das gleiche Ergebnis zumeist über §§ 9, 24 S. 2 herleiten lassen.

Zurückbehaltungsrechte → Leistungsverweigerungsrechte (§ 11 Nr. 2 b).

Zwischenstaatlicher Geltungsbereich → Rechtswahl

Anhang

Gesetz zur Regelung des Rechts der Allgemeinen Geschäftsbedingungen (AGB-Gesetz)*

Vom 9. Dezember 1976 (BGBl. I S. 3317)

(BGBl. III 402–28)

Zuletzt geändert durch G. vom 19. 7. 1996 (BGBl. I S. 1013)

Erster Abschnitt. Sachlich-rechtliche Vorschriften

1. Unterabschnitt. Allgemeine Vorschriften

§ 1. Begriffsbestimmungen. (1) Allgemeine Geschäftsbedingungen sind alle für eine Vielzahl von Verträgen vorformulierten Vertragsbedingungen, die eine Vertragspartei (Verwender) der anderen Vertragspartei bei Abschluß eines Vertrages stellt. Gleichgültig ist, ob die Bestimmungen einen äußerlich gesonderten Bestandteil des Vertrages bilden oder in die Vertragsurkunde selbst aufgenommen werden, welchen Umfang sie haben, in welcher Schriftart sie verfaßt und in welche Form der Vertrag hat.

(2) Allgemeine Geschäftsbedingungen liegen nicht vor, soweit die Vertragsbedingungen zwischen den Vertragsparteien im einzelnen ausgehandelt sind.

§ 2. Einbeziehung in den Vertrag. (1) Allgemeine Geschäftsbedingungen werden nur dann Bestandteil eines Vertrages, wenn der Verwender bei Vertragsabschluß

1. die andere Vertragspartei ausdrücklich oder, wenn ein ausdrücklicher Hinweis wegen der Art des Vertragsabschlusses nur unter unverhältnismäßigen Schwierigkeiten möglich ist, durch deutlich sichtbaren Aushang am Ort des Vertragsabschlusses auf sie hinweist und

2. der anderen Vertragspartei die Möglichkeit verschafft, in zumutbarer Weise von ihrem Inhalt Kenntnis zu nehmen,

und wenn die andere Vertragspartei mit ihrer Geltung einverstanden ist.

---

* Auf dem Gebiet der ehemaligen DDR sowie in Berlin (Ost) uneingeschränkt gültig mit Wirkung vom 3. 10. 1990 aufgrund Art. 8 des Einigungsvertrages vom 31. 8. 1990 (BGBl. II S. 889); bereits mit Wirkung vom 1. 7. 1990 war das AGBG – noch unter verschiedenen Maßgaben – für die damalige DDR durch § 23 des Gesetzes vom 21. 6. 1990 (GBl. I S. 357/360) in Kraft gesetzt worden.

Anhang: AGB-Gesetz

(2) Die Vertragsparteien können für eine bestimmte Art von Rechtsgeschäften die Geltung bestimmter Allgemeiner Geschäftsbedingungen unter Beachtung der in Absatz 1 bezeichneten Erfordernisse im voraus vereinbaren.

§ 3. Überraschende Klauseln. Bestimmungen in Allgemeinen Geschäftsbedingungen, die nach den Umständen, insbesondere nach dem äußeren Erscheinungsbild des Vertrags, so ungewöhnlich sind, daß der Vertragspartner des Verwenders mit ihnen nicht zu rechnen braucht, werden nicht Vertragsbestandteil.

§ 4. Vorrang der Individualabrede. Individuelle Vertragsabreden haben Vorrang vor Allgemeinen Geschäftsbedingungen.

§ 5. Unklarheitenregel. Zweifel bei der Auslegung Allgemeiner Geschäftsbedingungen gehen zu Lasten des Verwenders.

§ 6. Rechtsfolgen bei Nichteinbeziehung und Unwirksamkeit.
(1) Sind Allgemeine Geschäftsbedingungen ganz oder teilweise nicht Vertragsbestandteil geworden oder unwirksam, so bleibt der Vertrag im übrigen wirksam.

(2) Soweit die Bestimmungen nicht Vertragsbestandteil geworden oder unwirksam sind, richtet sich der Inhalt des Vertrages nach den gesetzlichen Vorschriften.

(3) Der Vertrag ist unwirksam, wenn das Festhalten an ihm auch unter Berücksichtigung der nach Absatz 2 vorgesehenen Änderung eine unzumutbare Härte für eine Vertragspartei darstellen würde.

§ 7. Umgehungsverbot. Dieses Gesetz findet auch Anwendung, wenn seine Vorschriften durch anderweitige Gestaltungen umgangen werden.

2. Unterabschnitt. Unwirksame Klauseln

§ 8. Schranken der Inhaltskontrolle. Die §§ 9 bis 11 gelten nur für Bestimmungen in Allgemeinen Geschäftsbedingungen, durch die von Rechtsvorschriften abweichende oder diese ergänzende Regelungen vereinbart werden.

§ 9. Generalklausel. (1) Bestimmungen in Allgemeinen Geschäftsbedingungen sind unwirksam, wenn sie den Vertragspartner des Verwendbares entgegen den Geboten von Treu und Glauben unangemessen benachteiligen.

(2) Eine unangemessene Benachteiligung ist im Zweifel anzunehmen, wenn eine Bestimmung

1. mit wesentlichen Grundgedanken der gesetzlichen Regelung, von der abgewichen wird, nicht zu vereinbaren ist, oder

2. wesentliche Rechte oder Pflichten, die sich aus der Natur des Vertrages ergeben, so eingeschränkt, daß die Erreichung des Vertragszwecks gefährdet ist.

§ 10. Klauselverbote mit Wertungsmöglichkeit. In Allgemeinen Geschäftsbedingungen ist insbesondere unwirksam

1. (Annahme- und Leistungsfrist)
   eine Bestimmung, durch die sich der Verwender unangemessen lange oder nicht hinreichend bestimmte Fristen für die Annahme oder Ablehnung eines Angebots oder die Erbringung einer Leistung vorbehält;

2. (Nachfrist)
   eine Bestimmung, durch die sich der Verwender für die von ihm zu bewirkende Leistung entgegen § 326 Abs. 1 des Bürgerlichen Gesetzbuchs eine unangemessen lange oder nicht hinreichend bestimmte Nachfrist vorbehält;

3. (Rücktrittsvorbehalt)
   die Vereinbarung eines Rechts des Verwenders, sich ohne sachlich gerechtfertigten und im Vertrag angegebenen Grund von seiner Leistungspflicht zu lösen; dies gilt nicht für Dauerschuldverhältnisse;

4. (Änderungsvorbehalt)
   die Vereinbarung eines Rechts des Verwenders, die versprochene Leistung zu ändern oder von ihr abzuweichen, wenn nicht die Vereinbarung der Änderung oder Abweichung unter Berücksichtigung der Interessen des Verwenders für den anderen Vertragsteil zumutbar ist;

5. (Fingierte Erklärungen)
   eine Bestimmung, wonach eine Erklärung des Vertragspartners des Verwenders bei Vornahme oder Unterlassung einer bestimmten Handlung als von ihm abgegebenen oder nicht abgegeben gilt, es sei denn, daß

   a) dem Vertragspartner eine angemessene Frist zur Abgabe einer ausdrücklichen Erklärung eingeräumt ist und

   b) der Verwender sich verpflichtet, den Vertragspartner bei Beginn der Frist auf die vorgesehene Bedeutung seines Verhaltens besonders hinzuweisen;

6. (Fiktion des Zugangs)

eine Bestimmung, die vorsieht, daß eine Erklärung des Versenders von besonderer Bedeutung dem anderen Vertragsteil als zugegangen gilt;

7. (Abwicklung von Verträgen)

eine Bestimmung, nach der der Verwender für den Fall, daß eine Vertragspartei vom Vertrage zurücktritt oder den Vertrag kündigt,

a) eine unangemessen hohe Vergütung für die Nutzung oder den Gebrauch einer Sache oder eines Rechts oder für erbrachte Leistungen oder

b) einen unangemessen hohen Ersatz von Aufwendungen verlangen kann;

8. *(aufgehoben)*

§ 11. Klauselverbote ohne Wertungsmöglichkeiten. In Allgemeinen Geschäftsbedingungen ist unwirksam

1. (Kurzfristige Preiserhöhungen)

eine Bestimmung, welche die Erhöhung des Entgelts für Waren oder Leistungen vorsieht, die innerhalb von vier Monaten nach Vertragsabschluß geliefert oder erbracht werden sollen; dies gilt nicht bei Waren oder Leistungen, die im Rahmen von Dauerschuldverhältnissen geliefert oder erbracht werden;

2. (Leistungsverweigerungsrechte)

eine Bestimmung, durch die

a) das Leistungsverweigerungsrecht, das dem Vertragspartner des Verwenders nach § 320 des Bürgerlichen Gesetzbuchs zusteht, ausgeschlossen oder eingeschränkt wird, oder

b) ein dem Vertragspartner des Verwenders zustehendes Zurückbehaltungsrecht, soweit des auf demselben Vertragsverhältnis beruht, ausgeschlossen oder eingeschränkt, insbesondere von der Anerkennung von Mängeln durch den Verwender abhängig gemach wird;

3. (Aufrechnungsverbot)

eine Bestimmung, durch die dem Vertragspartner des Verwenders die Befugnis genommen wird, mit einer unbestrittenen oder rechtskräftig festgestellten Forderung aufzurechnen;

4. (Mahnung, Fristsetzung)

   eine Bestimmung, durch die der Verwender von der gesetzlichen Obliegenheit freigestellt wird, den anderen Vertragsteil zu mahnen oder ihm eine Nachfrist zu setzen;

5. (Pauschalierung von Schadensersatzansprüchen)

   die Vereinbarung eines pauschalierten Anspruchs des Verwenders auf Schadensersatz oder Ersatz einer Wertminderung, wenn,

   a) die Pauschale den in den geregelten Fällen nach dem gewöhnlichen Lauf der Dinge zu erwartenden Schaden oder die gewöhnlich eintretende Wertminderung übersteigt, oder

   b) dem anderen Vertragsteil der Nachweis abgeschnitten wird, ein Schaden oder eine Wertminderung sei überhaupt nicht entstanden oder wesentlich niedriger als die Pauschale;

6. (Vertragsstrafe)

   eine Bestimmung, durch die dem Verwender für den Fall der Nichtabnahme oder verspäteten Abnahme der Leistung, des Zahlungsverzugs oder für den Fall, daß der andere Vertragsteil sich vom Vertrag löst, Zahlung einer Vertragsstrafe versprochen wird;

7. (Haftung bei grobem Verschulden)

   ein Ausschluß oder eine Begrenzung der Haftung für einen Schaden, der auf einer grob fahrlässigen Vertragsverletzung des Verwenders oder auf einer vorsätzlichen oder grob fahrlässigen Vertragsverletzung eines gesetzlichen Vertreters oder Erfüllungsgehilfen des Verwenders beruht; dies gilt auch für Schäden aus der Verletzung von Pflichten bei den Vertragsverhandlungen;

8. (Verzug, Unmöglichkeit)

   eine Bestimmung, durch die für den Fall des Leistungsverzugs des Verwenders oder der von ihm zu vertretenden Unmöglichkeit der Leistung

   a) das Recht des anderen Vertragsteils, sich vom Vertrag zu lösen, ausgeschlossen oder eingeschränkt oder

   b) das Recht des anderen Vertragsteils, Schadensersatz zu
     verlangen, ausgeschlossen oder entgegen Nummer 7 ein-
     geschränkt wird;

9. (Teilverzug, Teilunmöglichkeit)
eine Bestimmung, die für den Fall des teilweisen Leistungsverzugs des Verwenders oder bei von ihm zu vertretender
teilweiser Unmöglichkeit der Leistung das Recht der anderen Vertragspartei ausschließt, Schadensersatz wegen
Nichterfüllung der ganzen Verbindlichkeit zu verlangen
oder von dem ganzen Vertrag zurückzutreten, wenn die
teilweise Erfüllung des Vertrages für ihn kein Interesse hat;

10. (Gewährleistung)
eine Bestimmung, durch die bei Verträgen über Lieferungen
neu hergestellter Sachen und Leistungen

   a) (Ausschluß und Verweisung auf Dritte)
     die Gewährleistungsansprüche gegen den Verwender
     einschließlich etwaiger Nachbesserungs- und Ersatzliefe-
     rungsansprüche insgesamt oder bezüglich einzelner Teile
     ausgeschlossen, auf die Einräumung von Ansprüchen ge-
     gen Dritte beschränkt oder von der vorherigen gericht-
     lichen Inanspruchnahme Dritter abhängig gemacht wer-
     den;

   b) (Beschränkung auf Nachbesserung)
     die Gewährleistungsansprüche gegen den Verwender
     insgesamt oder bezüglich einzelner Teile auf ein Recht
     auf Nachbesserung oder Ersatzlieferung beschränkt wer-
     den, sofern dem anderen Vertragsteil nicht ausdrücklich
     das Recht vorbehalten wird, bei Fehlschlagen der Nach-
     besserung oder Ersatzlieferung Herabsetzung der Vergü-
     tung oder, wenn nicht eine Bauleistung Gegenstand der
     Gewährleistung ist, nach seiner Wahl Rückgängigma-
     chung des Vertrags zu verlangen;

   c) (Aufwendungen bei Nachbesserung)
     die Verpflichtung des gewährleistungspflichtigen Ver-
     wenders ausgeschlossen oder beschränkt wird, die Auf-
     wendungen zu tragen, die zum Zweck der Nachbesse-
     rung erforderlich werden, insbesondere Transport-, We-
     ge-, Arbeits- und Materialkosten;

    d) (Vorenthalten der Mängelbeseitigung)
       der Verwender die Beseitigung eines Mangels oder die
       Ersatzlieferung einer mangelfreien Sache von der vorhe-
       rigen Zahlung des vollständigen Entgelts oder eines unter
       Berücksichtigung des Mangels unverhältnismäßig hohen
       Teils des Entgelts abhängig macht;
    e) (Ausschlußfrist für Mängelanzeige)
       der Verwender dem anderen Vertragsteil für die Anzeige
       nicht offensichtlicher Mängel eine Ausschlußfrist setzt,
       die kürzer ist als die Verjährungsfrist für den gesetzlichen
       Gewährleistungsanspruch;
    f) (Verkürzung von Gewährleistungsfristen)
       die gesetzlichen Gewährleistungsfristen verkürzt werden;

11. (Haftung für zugesicherte Eigenschaften)
    eine Bestimmung, durch die bei einem Kauf-, Werk- oder
    Werklieferungsvertrag Schadensersatzansprüche gegen den
    Verwender nach den §§ 463, 480 Abs. 2, § 635 des Bürgerli-
    chen Gesetzbuchs wegen Fehlens zugesicherter Eigenschaf-
    ten ausgeschlossen oder eingeschränkt werden;

12. (Laufzeit bei Dauerschuldverhältnissen)
    bei einem Vertragsverhältnis, das die regelmäßige Lieferung
    von Waren oder die regelmäßige Erbringung von Dienst-
    oder Werkleistungen durch den Verwender zum Gegen-
    stand hat,
    a) eine den anderen Vertragsteil länger als zwei Jahre bin-
       dende Laufzeit des Vertrags,
    b) eine den anderen Vertragsteil bindende stillschweigende
       Verlängerung des Vertragsverhältnisses um jeweils mehr
       als ein Jahr oder
    c) zu Lasten des anderen Vertragsteils eine längere Kündi-
       gungsfrist als drei Monate von Ablauf der zunächst vor-
       gesehenen oder stillschweigend verlängerten Vertrags-
       dauer;

13. (Wechsel des Vertragspartners)
    eine Bestimmung, wonach bei Kauf-, Dienst- oder Werkver-
    trägen ein Dritter an Stelle des Verwenders in die sich aus
    dem Vertrag ergebenden Rechte und Pflichten eintritt oder
    eintreten kann, es sei denn, in der Bestimmung wird

a) der Dritte namentlich bezeichnet, oder

b) dem anderen Vertragsteil das Recht eingeräumt, sich vom Vertrag zu lösen;

14. (Haftung des Abschlußvertreters)
eine Bestimmung, durch die der Verwender einem Vertreter, der den Vertrag für den anderen Vertragsteil abschließt,

a) ohne hierauf gerichtete ausdrückliche und gesonderte Erklärung eine eigene Haftung oder Einstandspflicht oder

b) im Falle vollmachtsloser Vertretung eine über § 179 des Bürgerlichen Gesetzbuchs hinausgehende Haftung

auferlegt;

15. (Beweislast)
eine Bestimmung, durch die der Verwender die Beweislast zum Nachteil des anderen Vertragsteils ändert, insbesondere indem er

a) diesem die Beweislast für Umstände auferlegt, die im Verantwortungsbereich des Verwenders liegen;

b) den anderen Vertragsteil bestimmte Tatsachen bestätigen läßt.

Buchstabe b gilt nicht für gesondert unterschriebene Empfangsbekenntnisse;

16. (Form von Anzeigen und Erklärungen)
eine Bestimmung, durch die Anzeigen oder Erklärungen, die dem Verwender oder einem Dritten gegenüber abzugeben sind, an eine strengere Form als die Schriftform oder an besondere Zugangserfordernisse gebunden werden.

Zweiter Abschnitt. Kollisionsrecht

§ 12. Zwischenstaatlicher Geltungsbereich. Unterliegt ein Vertrag ausländischem Recht, so sind die Vorschriften dieses Gesetzes gleichwohl anzuwenden, wenn der Vertrag einen engen Zusammenhang mit dem Gebiet der Bundesrepublik Deutschland aufweist. Ein enger Zusammenhang ist insbesondere anzunehmen, wenn

1. der Vertrag auf Grund eines öffentlichen Angebots, einer öffentlichen Werbung oder einer ähnlichen im Geltungsbereich dieses Gesetzes entfalteten geschäftlichen Tätigkeit des Verwenders zustandekommt und

2. der andere Vertragsteil bei Abgabe seiner auf den Vertragsschluß gerichteten Erklärung seinen Wohnsitz oder gewöhnlichen Aufenthalt im Geltungsbereich dieses Gesetzes hat und seine Willenserklärung im Geltungsbereich dieses Gesetzes abgibt.

Dritter Abschnitt. Verfahren

§ 13. Unterlassungs- und Widerrufsanspruch. (1) Wer in Allgemeinen Geschäftsbedingungen Bestimmungen, die nach §§ 9 bis 11 dieses Gesetzes unwirksam sind, verwendet oder für den rechtsgeschäftlichen Verkehr empfiehlt, kann auf Unterlassung und im Fall des Empfehlens auch auf Widerruf in Anspruch genommen werden.

(2) Die Ansprüche auf Unterlassung und auf Widerruf können nur geltend gemacht werden

1. von rechtsfähigen Verbänden, zu deren satzungsgemäßen Aufgaben es gehört, die Interessen der Verbraucher durch Aufklärung und Beratung wahrzunehmen, wenn sie in diesem Aufgabenbereich tätige Verbände oder mindestens fünfundsiebzig natürliche Personen als Mitglieder haben,

2. von rechtsfähigen Verbänden zur Förderung gewerblicher Interessen oder

3. von den Industrie- und Handelskammern oder den Handwerkskammern.

(3) Die in Absatz 2 Nr. 1 bezeichneten Verbände können Ansprüche auf Unterlassung und auf Widerruf nicht geltend machen, wenn Allgemeine Geschäftsbedingungen gegenüber einem Kaufmann verwendet werden und der Vertrag zum Betriebe seines Handelsgerwerbes gehört oder wenn Allgemeine Geschäftsbedingungen zur ausschließlichen Verwendung zwischen Kaufleuten empfohlen werden.

(4) Die Ansprüche nach Absatz 1 verjähren in zwei Jahren von dem Zeitpunkt an, in welchem der Anspruchsberechtigte von der Verwendung oder Empfehlung der unwirksamen All-

gemeinen Geschäftsbedingungen Kenntnis erlangt hat, ohne Rücksicht auf diese Kenntnis in vier Jahren von der jeweiligen Verwendung oder Empfehlung an.

§ 14. Zuständigkeit. (1) Für Klagen nach § 13 dieses Gesetzes ist das Landgericht ausschließlich zuständig, in dessen Bezirk der Beklagte seine gewerbliche Niederlassung oder in Ermangelung einer solchen seinen Wohnsitz hat. Hat der Beklagte im Inland weder eine gewerbliche Niederlassung noch einen Wohnsitz, so ist das Gericht des inländischen Aufenthaltsorts zuständig, in Ermangelung eines solchen das Gericht, in dessen Bezirk die nach §§ 9 bis 11 dieses Gesetzes unwirksamen Bestimmungen in Allgemeinen Geschäftsbedingungen verwendet wurden.

(2) Die Landesregierungen werden ermächtigt, zur sachdienlichen Förderung oder schnelleren Erledigung der Verfahren durch Rechtsverordnung einem Landgericht für die Bezirke mehrerer Landgerichte Rechtsstreitigkeiten nach diesem Gesetz zuzuweisen. Die Landesregierungen können die Ermächtigung durch Rechtsverordnungen auf die Landesjustizverwaltungen übertragen.

(3) Die Mehrkosten, die einer Partei dadurch erwachsen, daß sie sich durch einen nicht beim Prozeßgericht zugelassenen Rechtsanwalt vertreten läßt, sind nicht zu erstatten.

§ 15. Verfahren. (1) Auf das Verfahren sind die Vorschriften der Zivilprozeßordnung anzuwenden, soweit sich aus diesem Gesetz nicht etwas anderes ergibt.

(2) Der Klageantrag muß auch enthalten:

1. den Wortlaut der beanstandeten Bestimmungen in Allgemeinen Geschäftsbedingungen;

2. die Bezeichnung der Art der Rechtsgeschäfte, für die die Bestimmungen beanstandet werden.

§ 16. Anhörung. Das Gericht hat vor der Entscheidung über eine Klage nach § 13 zu hören

1. die zuständige Aufsichtsbehörde für das Versicherungswesen, wenn Gegenstand der Klage Bestimmungen in Allgemeinen Geschäftsbedingungen sind, oder

2. das Bundesaufsichtsamt für das Kreditwesen, wenn Gegenstand der Klage Bestimmungen in Allgemeinen Geschäftsbedingungen sind, die das Bundesaufsichtsamt für das Kreditwesen nach Maßgabe des Gesetzes über Bausparkassen, das Gesetz über Kapitalanlagegesellschaften, des Hypothekenbankgesetzes oder des Gesetzes über Schiffspfandbriefbanken zu genehmigen hat.

§ 17. Urteilsformel. Erachtet das Gericht die Klage für begründet, so enthält die Urteilsformel auch:

1. die beanstandeten Bestimmungen der Allgemeinen Geschäftsbedingungen im Wortlaut;

2. die Bezeichnung der Art der Rechtsgeschäfte, für die die den Unterlassungsanspruch begründenden Bestimmungen der Allgemeinen Geschäftsbedingungen nicht verwendet werden dürfen;

3. das Gebot, die Verwendung inhaltsgleicher Bestimmungen in Allgemeinen Geschäftsbedingungen zu unterlassen;

4. für den Fall der Verurteilung zum Widerruf das Gebot, das Urteil in gleicher Weise bekanntzugeben, wie die Empfehlung verbreitet wurde.

§ 18. Veröffentlichungsbefugnis. Wird der Klage stattgegeben, so kann dem Kläger auf Antrag die Befugnis zugesprochen werden, die Urteilsformel mit der Bezeichnung des verurteilten Verwenders oder Empfehlers auf Kosten des Beklagten im Bundesanzeiger, im übrigen auf eigene Kosten bekanntzumachen. Das Gericht kann die Befugnis zeitlich begrenzen.

§ 19. Einwendung bei abweichender Entscheidung. Der Verwender, dem die Verwendung einer Bestimmung untersagt worden ist, kann im Wege der Klage nach § 767 ZPO einwenden, daß nachträglich eine Entscheidung des Bundesgerichtshofs oder des Gemeinsamen Senats der Obersten Gerichtshöfe des Bundes ergangen ist, welche die Verwendung dieser Bestimmung für dieselbe Art von Rechtsgeschäften nicht untersagt, und daß die Zwangsvollstreckung aus dem Urteil gegen ihn in unzumutbarer Weise seinen Geschäftsbetrieb beeinträchtigen würde.

§ 20. Register. (1) Das Gericht teilt dem Bundeskartellamt von Amts wegen mit

1. Klagen, die nach § 13 oder nach § 19 anhängig werden,

2. Urteile, die im Verfahren nach § 13 oder nach § 19 ergehen, sobald sie rechtskräftig sind,

3. die sonstige Erledigung der Klage.

(2) Das Bundeskartellamt führt über die nach Absatz 1 eingehenden Mitteilungen ein Register.

(3) Die Eintragung ist nach zwanzig Jahren seit dem Schluß des Jahres zu löschen, in dem die Eintragung in das Register erfolgt ist. Die Löschung erfolgt durch Eintragung eines Löschungsvermerks; mit der Löschung der Eintragung einer Klage ist die Löschung der Eintragung ihrer sonstigen Erledigung (Absatz 1 Nr. 3) zu verbinden.

(4) Über eine bestehende Eintragung ist jedermann auf Antrag Auskunft zu erteilen. Die Auskunft enthält folgende Angaben:

1. für Klagen nach Absatz 1 Nr. 1
   a) die beklagte Partei,
   b) das angerufene Gericht samt Geschäftsnummer,
   c) den Klageantrag;

2. für Urteile nach Absatz 1 Nr. 2
   a) die verurteilte Partei,
   b) das entscheidende Gericht samt Geschäftsnummer,
   c) die Urteilsformel;

3. für die sonstige Erledigung nach Absatz 1 Nr. 3 die Art der Erledigung.

§ 21. Wirkungen des Urteils. Handelt der verurteilte Verwender dem Unterlassungsgebot zuwider, so ist die Bestimmung in den Allgemeinen Geschäftsbedingungen als unwirksam anzusehen, soweit sich der betroffene Vertragsteil auf die Wirkung des Unterlassungsurteils beruft. Er kann sich jedoch auf die Wirkung des Unterlassungsurteils nicht berufen, wenn der verurteilte Verwender gegen das Urteil die Klage nach § 19 erheben könnte.

§ 22 Streitwert. *(aufgehoben)*

Vierter Abschnitt. Anwendungsbereich

§ 23. Sachlicher Anwendungsbereich. (1) Dieses Gesetz findet keine Anwendung bei Verträgen auf dem Gebiet des Arbeits-, Erb-, Familien- und Gesellschaftsrechts.

(2) Keine Anwendung finden ferner

1. § 2 für die mit Genehmigung der zuständigen Verkehrsbehörde oder auf Grund von internationalen Übereinkommen erlassenen Tarife und Ausführungsbestimmungen der Eisenbahnen und die nach Maßgabe des Personenförderungsgesetzes genehmigten Beförderungsbedingungen der Straßenbahnen, Obusse und Kraftfahrzeuge im Linienverkehr.

1a. § 2 für die Allgemeinen Geschäftsbedingungen einschließlich der darin festgelegten Leistungsentgelte der aus dem Sondervermögen Deutsche Bundespost hervorgegangenen Unternehmen, sofern die Allgemeinen Geschäftsbedingungen in ihrem Wortlaut im Amtsblatt des Bundesministeriums für Post und Telekommunikation veröffentlicht worden sind und bei den Niederlassungen der genannten Unternehmen zur Einsichtnahme bereitgehalten werden;

2. die §§ 10 und 11 für Verträge der Elektrizitäts- und der Gasversorgungsunternehmen über die Versorgung von Sonderabnehmern mit elektrischer Energie und mit Gas aus dem Versorgungsnetz, soweit die Versorgungsbedingungen nicht zum Nachteil der Abnehmer von den auf Grund des § 7 des Energiewirtschaftsgesetzes erlassenen Allgemeinen Bedingungen für die Versorgung mit elektrischer Arbeit aus dem Niederspannungsnetz der Elektrizitätsversorgungsunternehmen und Allgemeinen Bedingungen für die Versorgung mit Gas aus dem Versorgungsnetz der Gasversorgungsunternehmen abweichen;

3. § 11 Nr. 7 und 8 für die nach Maßgabe des Personenbeförderungsgesetzes genehmigten Beförderungsbedingungen und Tarifvorschriften der Straßenbahnen, Obusse und Kraftfahrzeuge im Linienverkehr, soweit sie nicht zum Nachteil des Fahrgastes von der Verordnung über die Allgemeinen Beförderungsbedingungen für den Straßenbahn- und Obusverkehr sowie den Linienverkehr mit Kraftfahrzeugen vom 27. Februar 1970 abweichen;

4. § 11 Nr. 7 für staatlich genehmigte Lotterieverträge oder Ausspielverträge;

5. § 10 Nr. 5 und § 11 Nr. 10 Buchstabe f für Leistungen, für die die Verdingungsordnung für Bauleistungen (VOB) Vertragsgrundlage ist;

6. § 11 Nr. 12 für Verträge über die Lieferung als zusammengehörig verkaufter Sachen, für Versicherungsverträge sowie für Verträge zwischen den Inhabern urheberrechtlicher Rechte und Ansprüche und Verwertungsgesellschaften im Sinne des Gesetzes über die Wahrnehmung von Urheberrechten und verwandten Schutzrechten.

(3) Ein Bausparvertrag, ein Versicherungsvertrag sowie das Rechtsverhältnis zwischen einer Kapitalanlagegesellschaft und einem Anteilinhaber unterliegen den von der zuständigen Behörde genehmigte Allgemeinen Geschäftsbedingungen der Bausparkasse, des Versicherers sowie der Kapitalanlagegesellschaft auch dann, wenn die in § 2 Abs. 1 Nr. 1 und 2 bezeichneten Erfordernisse nicht eingehalten sind.

§ 24. Persönlicher Anwendungsbereich. Die Vorschriften der §§ 2, 10, 11 und 12 finden keine Anwendung auf Allgemeine Geschäftsbedingungen,

1. die gegenüber einem Kaufmann verwendet werden, wenn der Vertrag zum Betriebe seines Handelsgewerbes gehört;

2. die gegenüber einer juristischen Person des öffentlichen Rechts oder einem öffentlich-rechtlichen Sondervermögen verwendet werden.

§ 9 ist in den Fällen des Satzes 1 auch insoweit anzuwenden, als dies zur Unwirksamkeit von in den §§ 10 und 11 genannten Vertragsbestimmungen führt; auf die im Handelsverkehr geltenden Gewohnheiten und Gebräuche ist angemessen Rücksicht zu nehmen.

§ 24 a. Verbraucherverträge. Bei Verträgen zwischen einer Person, die in Ausübung ihrer gewerblichen oder beruflichen Tätigkeit handelt (Unternehmer) und einer natürlichen Person, die den Vertrag zu einem Zweck abschließt, der weder einer gewerblichen noch einer selbständigen beruflichen Tätigkeit zugerechnet werden kann (Verbraucher), sind die Vorschriften dieses Gesetzes mit folgenden Maßgaben anzuwenden:

1. Allgemeine Geschäftsbedingungen gelten als vom Unternehmer gestellt, es sei denn, daß sie durch den Verbraucher in den Vertrag eingeführt wurden;

2. die §§ 5, 6 und 8 bis 12 sind auf vorformulierte Vertragsbedingungen auch dann anzuwenden, wenn diese nur zur einmaligen Verwendung bestimmt sind und soweit der Verbraucher auf Grund der Vorformulierung auf ihren Inhalt keinen Einfluß nehmen konnte;

3. bei der Beurteilung der unangemessenen Benachteiligung nach § 9 sind auch die den Vertragsabschluß begleitenden Umstände zu berücksichtigen.

Fünfter Abschnitt.
Schluß- und Übergangsvorschriften

§§ 25, 26. *(vom Abdruck der Änderungsvorschriften wird abgesehen)*

§ 27. Ermächtigung zum Erlaß von Rechtsverordnungen. Der Bundesminister für Wirtschaft kann durch Rechtsverordnung mit Zustimmung des Bundesrats die allgemeinen Bedingungen für die Versorgung mit Wasser und Fernwärme ausgewogen gestalten. Er kann dabei die Bestimmungen der Verträge einheitlich festsetzen und Regelungen über den Vertragsabschluß, den Gegenstand und die Beendigung der Verträge treffen sowie die Rechte und Pflichten der Vertragspartner festlegen; hierbei sind die beiderseitigen Interessen angemessen zu berücksichtigen. Die Sätze 1 und 2 gelten entsprechend für Bedingungen öffentlich-rechtlich gestalteter Versorgungsverhältnisse mit Ausnahme der Regelung des Verwaltungsverfahrens.

§ 28. Übergangsvorschrift. (1) Dieses Gesetz gilt vorbehaltlich des Absatzes 2 nicht für Verträge, die vor seinem Inkrafttreten geschlossen worden sind.

(2) § 9 gilt auch für vor Inkrafttreten dieses Gesetzes abgeschlossene Verträge über die regelmäßige Lieferung von Waren, die regelmäßige Erbringung von Dienst- oder Werkleistungen sowie die Gebrauchsüberlassung von Sachen, soweit diese Verträge noch nicht abgewickelt sind.

(3) Auf Verträge über die Versorgung mit Wasser und Fernwärme sind die Vorschriften dieses Gesetzes erst drei Jahre nach seinem Inkrafttreten anzuwenden.

§ 29. Berlin-Klausel. *(gegenstandslos)*

§ 30. Inkrafttreten. Dieses Gesetz tritt vorbehaltlich des Satzes 2 am 1. April 1977 in Kraft. § 14 Abs. 2, §§ 26 und 27 treten am Tage nach der Verkündung in Kraft.★

★ Ehemalige DDR: Vgl. Fußnote zum Titel dieses Gesetzes.

Buchanzeigen

ALLGEMEINES/PRIVATRECHT/

Haft
Aus der Waagschale der Justitia
Ein Lesebuch aus 2000 Jahren Rechtsgeschichte.
(Beck/dtv 10636)

Rohlfs/Schäfer
Jahrbuch der Bundesrepublik Deutschland 1995
Land und Leute, Gesellschaft, Infrastruktur, Wirtschaft, Sozialsystem, Politische Institutionen, Parteien, Interessenverbände, Kirchen, Innen- und Außenpolitik und Chronik.
(dtv-Band 5638)

Die Verträge zur Einheit Deutschlands
Staatsvertrag, Einigungsvertrag mit Anlagen, Wahlvertrag, Zwei-plus-Vier-Vertrag, Partnerschaftsverträge.
(dtv-Band 5564, Beck-Texte)

Textausgaben

BGB · Bürgerliches Gesetzbuch
mit Einführungsgesetz, Beurkundungsgesetz, AGB-Gesetz, Verbraucherkreditgesetz, Gesetz über den Widerruf von Haustürgeschäften, Produkthaftungsgesetz, Wohnungseigentumsgesetz, Ehegesetz und Hausratsverordnung.
(dtv-Band 5001, Beck-Texte)

ZPO · Zivilprozeßordnung
mit Einführungsgesetz, Gerichtsverfassungsgesetz (Auszug), Rechtspflegergesetz, Gerichtskostengesetz (Auszug) und Bundesgebührenordnung für Rechtsanwälte (Auszug).
(dtv-Band 5005, Beck-Texte)

JugR · Jugendrecht
Sozialgesetzbuch – Allgemeiner Teil (Auszug), Sozialgesetzbuch, Achtes Buch (VIII), Kinder- und Jugendhilfe, Adoptionsvermittlungsgesetz, Bürgerliches Gesetzbuch (Auszug), Regelunterhalt-Verordnung, Unterhaltsvorschußgesetz, Haager Minderjährigenschutzübereinkommen (Auszug), Gesetz zum Schutze der Jugend in der Öffentlichkeit, Gesetz über die Verbreitung jugendgefährdender Schriften, Jugendarbeitsschutzgesetz, Berufsbildungsgesetz (Auszug), Berufsbildungsförderungsgesetz, Bundesausbildungsförderungsgesetz (BAföG), Jugendgerichtsgesetz und andere Gesetze und Verordnungen.
(dtv-Band 5008, Beck-Texte)

FGG · Freiwillige Gerichtsbarkeit
Gesetz über die Angelegenheiten der freiwilligen Gerichtsbarkeit (FGG), Rechtspflegergesetz, Gesetz über die Kosten in Angelegenheiten der freiwilligen Gerichtsbarkeit (Kostenordnung).
(dtv-Band 5527, Beck-Texte)

GesundheitsR · Gesundheitsrecht
im vereinten Deutschland. Bundes-Seuchengesetz, Embryonenschutzgesetz, Geschlechtskrankheitengesetz, Laborberichtsverordnung (AIDS), Betäubungsmittelgesetz, Röntgenverordnung, Medizingeräteverordnung, Tierseuchengesetz und weitere Rechtsvorschriften.
(dtv-Band 5555, Beck-Texte)

Exempla Iuris Romani
Römische Rechtstexte.
(dtv-Band 5556, Beck-Texte)

Unser Recht
Die wichtigsten Gesetze für den Staatsbürger.
Verfassungsrecht, Bürgerliches Recht, Miet- und Wohnungsrecht, Handels-, Gesellschafts- und Wirtschaftsrecht, Arbeitsrecht, Sozialrecht, Strafrecht und Ordnungswidrigkeitenrecht, Straßenverkehrsrecht, Verwaltungsrecht.
(dtv-Band 5000, Beck-Texte)

Rechtsberater

Friedrich · Rechtsbegriffe des täglichen Lebens von A–Z
(dtv-Band 5045, Beck-Rechtsberater)

Niebling · Allgemeine Geschäftsbedingungen von A–Z
(dtv-Band 5066, Beck-Rechtsberater)

VERFAHRENSRECHT im

Deutscher
Taschenbuch
Verlag